오랜만에 연구소 수업 교재로 쓰고 싶은 책을 만나 무척이나 기쁘다. 수잰 스태빌은 에니어그램으로 내면 작업을 하는 사람들에게 '온전함'과 '균형'이라는 분명한 방향성을 제시한다. 에니어그램의 오랜 전통인 세 가지 중심을 내 성격에 '어떻게' 적용해야 하는지도 명료하게 전달한다. 에니어그램을 이미 알고, 삶의 여정에서 도구로 삼고 싶은 모든 이에게 'how to'를 보여 줄 수 있는 유일한 책이다. 강력히 추천한다.

김혜진 에니어그램해라연구소 소장

자신의 꼴을 아는 것은 어려운 일이다. 자신을 이해하는 것은 더욱 어려운 일이다. 이 책은 이제껏 나왔던 에니어그램 이론을 요약 정리해 주며, 우리가 자신을 받아들일 수 있도록 도와준다. 또한 온전함을 향해 균형을 찾는 실천 훈련 방법까지 친절하고 부드럽게 알려 준다.

윤미숙 그림에니어그램연구소 소장

수잰 스태빌은 오늘날 복잡한 삶의 정황 속에서 내면의 균형과 중심을 잡고 살아가는 법을 에니어그램의 지혜를 활용해 창의적으로 제시한다. 또 여성 특유의 섬세한 감각으로 각 유형별 심리와 감정선을 알기 쉽게 설명한다. 영성 훈련을 접목해 각 유형이 내면의 균열과 혼돈을 치유하고 균형과 성숙으로 나아갈 길에 영적 가이드를 제공하고 있어 더욱 좋다.

이재천 아름드리교회 담임목사, NOVO KOREA 대표

에니어그램의 인기가 최고조에 달하고 관련 논평이 난무하는 요즈음, 이 고대의 지혜가 얼마나 깊이 있는지 간과하는 경우가 많다. 수잰 스태빌은 에니어그램에 대한 보기 드문 이해와 이 시대에 적합한 내용을 풀어내는 재능, 스토리텔링에 대한 심오한 지식을 십분 활용해 『변화가 필요할 때, 에니어그램』을 펴냈다. 이 책은 자신의 삶과 주변 세상에 평화와 선을 더할 영적 변혁을 추구하는 이들에게 소중한 동반자가 되어 줄 것이다.

리처드 로어 행동과 관상 센터 창립자, 『물 밑에서 숨쉬기』 저자

파티나 교역자 수련회, 동네 친목 모임에서 에니어그램이 유행어가 되기 훨씬 전부터 수잰 스태빌은 에니어그램을 연구하고 자신의 통찰을 다른 사람들과 나누었다. 저자는 에니어그램에 대한 열정과 훌륭한 이야기꾼의 면모를 하나로 엮어서 학생과 전문가 모두 읽기 쉽고 도전이 될 만한 저서를 내놓았다. 저자의 가장 야심 찬 프로젝트라고 할 만한 책이다. 『변화가 필요할 때, 에니어그램』은 에니어그램 팬들의 관심을 끈 전통적인 주제, 곧 관계와 다양하고 예측 가능한 성격 특징을 묘사하는 데서 그치지 않고, 조금 더 비중 있는 에니어그램의 역학 관계를 탐색하면서 소망과 도전을 안겨 준다. 우리는 세상에 선물이 되는, 더 온전한 인간이 되기 위해서 자신을 세상에 드러내는 습관적 방식을 기꺼이 포기할 수 있는가?

테리사 맥빈 기독회복협회(National Association for Christian Recovery) 이사, 노스스타 커뮤니티(Northstar Community) 목사

에니어그램 분야에는 진정한 지혜의 목소리가 있는데, 수잰 스태빌이 그런 인물이다. 『변화가 필요할 때, 에니어그램』에서 저자는 에니어그램을 정확한 문맥에 배치한다. 바로 치유와 변혁, 우리 마음의 다양한 측면을 통합하여 적재적소에 제공하는 것이다. 저자는 자신의 경험 중 다른 사람들에게 도움이 될 만한 대단한 목격담도 나눈다. 이 놀라운 책은 영혼의 내면 작업에 대한 분명하고 이해하기 쉬운 통찰을 제공한다. 또한 어떻게 하면 더 의식적으로 은혜와 협력하고, 더 균형 잡히고 연민이 넘치며 진정으로 영적인 삶을 창조할 수 있는지 한결같이 친절하게 안내한다. 앞으로 오랫동안 에니어그램을 배우는 이들에게 귀한 책이 되리라 믿어 의심치 않는다.

러스 허드슨 『에니어그램의 지혜』 공저자

『변화가 필요할 때, 에니어그램』은 단순히 에니어그램 유형을 확인하는 차원을 넘어선다. 이 책은 우리가 온전하고 통합된 사람이 될 수 있는 능력을 타고난 존재임을 더 잘 이해하도록 인도한다. 수잰 스태빌은 깊이 있는 에니어그램의 가르침, 가슴 아픈 이야기, 도전적인 질문, 최상의 훈련 등을 제공하며, 우리 삶이 미로처럼 복잡하게 얽힐 수 있지만 그렇다고 해서 꼭 어려울 필요는 없다는 진리로 이끈다.

제롬 D. 러비 『뇌에 기반한 에니어그램』(The Brain-Based Enneagram) 저자

시의적절하고 현명한 책이다. 이 책에서 독자들은 지음받은 본연의 모습이 되어 가는 평생의 과정에서 자신을 인도해 줄 언어를 발견할 것이다. 또한 경계의 시대에 사는 지금 품위 있는 속도로 계속해서 여행할 수 있는 희망과 다음 단계들도 찾을 것이다. 이 책을 읽는 동안 누가 나를 지켜보고 이해해 준다고 느꼈고, 지금 있는 곳에서 더 깊이 들어가라는 도전을 받기도 했다. 수잰 스태빌은 이 책을 통해 내게 진정으로 말을 걸어 건넸다. 앞으로도 자주 이 책을 집어 들고 읽을 것 같다.

모건 하퍼 니콜스 『당신이 피어나는 내내』(All Along You Were Blooming), 『5번 유형으로 산 40일』(Forty Days on Being a Five) 저자

수잰 스태빌의 책은 무한히 확장된 삶을 살아갈 끝없는 길과 수많은 방법이 있음을 알려 줌으로써 우리를 자유롭게 한다. 수잰의 손자처럼 1번인 나도 성장기에 모든 규칙을 따르면서 착한 아이가 되려고 애썼다. 자신이 몇 번이든, 수잰은 우리가 자신과 타인을 바라보는 관점을 바꾸는 데 집중하라고 격려한다. 그렇게 하다 보면 우리의 창의성을 펼치고 실험해 볼 만한 여지를 찾을 수 있을 것이다.

후아니타 캠벨 라스무스 『자신이 되어 가는 법』(Learning to Be), 『1번 유형으로 산 40일』(Forty Days on Being a One) 저자

생각 없이 사는 것은 인생에서 가장 쉬운 일 가운데 하나다. 우리가 좀 더 의도를 갖고 의식적으로 살아가려면, 우리 영혼의 여정에서 가장 중요한 두 가지 특성인 친절과 정직이 필요하다. 오랜 시간 큰 존경을 받아 온 에니어그램 강사 수잰 스태빌은 여러 이야기와 실천에 지혜로운 조언을 담아낸 자신의 글을 통해 우리의 여정에 함께한다. 진귀하고 깊이 있는 지침을 찾는 독자들에게 강력히 추천한다.

록산느 호우머피 『에니어그램 딥 리빙』(*Deep Living with the Enneagram*) 저자

변화가 필요할 때
에니어그램

IVP(InterVarsity Press)는
캠퍼스와 세상 속의 하나님 나라 운동을 지향하는
IVF(InterVarsity Christian Fellowship)의 출판부로
생각하는 그리스도인을 위한 문서 운동을 실천합니다.

Originally published by InterVarsity Press
as *The Journey Toward Wholeness*
© 2021 by Suzanne Stabile
Translated and printed by permission of InterVarsity Press,
P.O. Box 1400, Downers Grove, IL 60515, USA. www.ivpress.com.

This Korean translation edition © 2024 by Korea InterVarsity Press
156-10 Donggyo-ro, Mapo-gu, Seoul 04031, Republic of Korea.

아홉 가지 성격 유형으로 진짜 내가 되는 방법

변화가 필요할 때
에니어그램

수잰 스태빌
이지혜 옮김

The Journey Toward Wholeness

Ivp

주세페

당신 곁에서 함께 걸으면서

모든 순간이 선함의 가능성으로 가득하고

기적은 늘 일어난다는 것을 배울 수 있어 감사합니다.

셰릴 풀러턴

당신의 지혜와 명료함, 절제와 유머, 친절함이 없었다면,

우리의 우정이 없었다면,

이 책은 빛을 보지 못했을 겁니다.

그리고

우리 손주들

윌, 노아, 샘, 그레이시, 엘, 졸리, 파이퍼, 제이스, 조지핀에게

이 책이 너희가 살아갈 세상에 선함을 더해 주기를 바란다.

얘들아, 사랑해!

무엇을, 어떻게 선택하느냐에 따라
우리와 세상의 미래가 달라진다.
성 보나벤투라

차례

추천 서문: 에니어그램, 마음의 거울   13

서문: 균형 잡힌 삶   19

1부 3중심: 지배적인 힘의 중심 파악하고 관리하기

개요: 우리는 어떻게 부서졌고…어떻게 치유될 수 있는가   35

1장   나는 무엇을 느끼는가? _ 가슴형의 스트레스 반응   53
   2번 나는 거절할 수 있다   62
   3번 나는 감정을 허용할 수 있다   72
   4번 내 감정…과 당신의 감정   80

2장   나는 무엇을 생각하는가? _ 머리형의 스트레스 반응   89
   5번 세상에서 평안 찾기   97
   6번 내 경험과 나 자신 신뢰하기   107
   7번 나는 만족하기로 선택할 수 있다   116

3장   어떤 필요를 채워야 하는가? _ 장형의 스트레스 반응   125
   8번 나는 속도를 줄일 수 있다   132
   9번 많이 결정하고 적게 합치기   142
   1번 둘 다 사실일 수 있다   150

2부 행동 방식: 억압된 힘의 중심을 확인하고 관리하기

개요: 억압된 중심을 끌어내 균형 찾기 161

4장 움츠림형 _ 타인을 회피하는 유형 171
    4번 평범함을 선택하기 180
    5번 세상에 충실하기 188
    9번 선택하기—마음은 얼마든지 바꿀 수 있다 196

5장 대항형 _ 독립적인 유형 203
    3번 나는 내가 하는 일보다 중요한 존재다 212
    7번 모든 감정이 중요하다 221
    8번 취약성은 약함과 다르다 230

6장 의존형 _ 타인에게로 향하는 유형 239
    1번 "그리고 좋았더라" 249
    2번 내게 무엇이 필요한가? 257
    6번 다 잘될 것이다 265

결론: 변화를 위해 무엇을 포기할 수 있는가? 275
감사의 말 281
주 284

추천 서문: 에니어그램, 마음의 거울

우리 모두는 나름대로 선의를 가지고 타인을 사랑하며 좋은 사람이 되고자 애쓰며 살아간다. 그런데 문제는 결과가 늘 좋지만은 않다는 것이다. 극한의 갈등으로 결별의 위기에 있는 사람조차도 각자는 나름의 최선을 다한다고들 주장한다. 관계에서 '최선을 다함'이 능사는 아닌 듯하다. 심지어 최선을 다하는 열정이 관계나 공동체에서 더 큰 문제를 일으키기도 한다. 최선을 다하되, 최선을 다하는 '자기에 대한 인식'이 없다면 최악이 될 수 있다. 나를 가장 잘 아는 사람은 나이지만, 자기 지식에 관한 한 어느 면에서 우리는 모두 원천적 무능의 상태에 놓여 있다. 내 눈으로 세상 모든 것을 다 볼 수 있는데 내 얼굴만은 볼 수 없는 것과 같다. 자기 밖으로 나가서 자신을 보는 것이 원천적으로 불가능하기에, 우리는 모두 일정 부분 나르시시스트일 수밖에 없다. 최선을 다했을 뿐인데 관계가 파국으로 가고, 공동체가 깨지는 이유가 바로 여기에 있다. 브레넌 매닝의 말을 빌리자면 "죄의 본질은 어마어마한 자기중심성"이다.

　나는 MBTI와 에니어그램을 좋아한다. 저마다 고유한 존재를 어떻게 열여섯이나 아홉 칸에 집어넣을 수 있느냐 하는 흔한 비판과 오명을 감수하고 싶을 만큼 좋아한다. 내가 볼 수 없는 내 얼굴을 비춰 주는 거울이 되기 때문이다. 특히 내게 에니어그램과의 만남은 일종의 구원 체험이었다. 신앙은 좋은데 인격은 그에 미치지 못하는 이율배반에 관한 고민을 해결하는 열쇠였다. 칼뱅의 『기독교 강요』 1장에는 이런 말이 나온다. "자신을 깊이 알지 않고는 하나님을 깊이 알 수 없으며, 하나님을 깊이 알지 않고는 자신을 깊이 알 수 없다." 내 마음을 외면한 채, '하나님에 대한 지식으로 충만한' 바리새인이었던 나를 세리의 자리로 안내해 준 것이 에니어그램이다. 모르고 있었고, 알고 싶지 않았던 내 마음을 비추었기에 많이 아팠지만, '자기 지식'의 눈을 뜨게 해 주었다.

직면하다, 직면시키다

　성격의 빛과 그림자를 동시에 보여 주는 에니어그램은 하나님의 형상이면서 동시에 죄로 인해 깨어진 존재인 기독교적 인간관을 잘 보여 준다. 특히 에두르지 않는 죄의 고발은 에니어그램이 가진 독보적인 특징이다. 아홉 가지의 성격 유형마다 타고난 성격적 선물이 있고, 그것을 뒤집으면 동전의 양면처럼 '근원적인 죄'라는 그림자가 된다. 그림자를 외면하고 선물로 주신 재능에만 과도하게 집착해 오직 그것으로 세상을 통제하려 할 때, 즉 열정이 하나님이라는 과녁을 빗나갈 때 분노, 교만, 거짓, 질투, 탐욕, 공포, 방종, 파렴치, 게으름의 죄가 된다는 것이다.

에니어그램은 이렇다 할 성찰 도구가 없는 한국 교회에 선물이 되었다. 교회와 선교 단체를 통해 조용하게 깊은 호응을 얻으며 전파되었다. 오용도 있었다. 죄를 '직면시키는' 수단으로 에니어그램이 사용되었기 때문일 터이다. 회개는 죄를 깨닫는 한 사람의 영혼 안에서 일어나는 주체적이며 자발적인 현상이다. 물론 성령 안에서의 수동적 주체성이겠으나, 적어도 강압하는 인간적 힘의 작용은 아닐 것이다. '직면시킨다'는 표현에는 영적 폭력 행사, 더 나아가 영적 학대의 위험성이 내포되어 있다. 에니어그램은 행동 이면의 내적 동기를 신기할 정도로 파헤친다. 그래서 '죄'라는 언표가 더해져 자신 아닌 타인을 판단하는 방식으로 사용될 때 매우 위험하다.

나는 '직면시키는 에니어그램'의 피해자를 많이 만났다. 이런 측면에서 보면 한국 교회의 영적 발전에 기여한 바가 적지 않은 에니어그램 교사들에게 반성과 성찰이 필요한 시점이 아닌가 싶다. 누구보다 에니어그램을 사랑해 열정을 쏟으며 에니어그램 교사를 자처한 나 자신에게 하는 말이다. 기독교 영성적 에니어그램을 개발하고 가르친 리처드 로어로 대표되는 1세대 에니어그램 교사들의 업적이 '죄성'의 발견과 자각이라면, 에니어그램을 오늘이라는 상황에 비추어 새로운 지혜로 가르치는 선생님들의 등장이 반가운 이유다.

균형의 에니어그램

『변화가 필요할 때, 에니어그램』은 기독교 영성적 에니어그램으로서는 드문 실용적인 안내서다. 에니어그램을 통해 내가 얻은 유익이 '죄 된 내면'을 만나는 일이었기에 가르치는 것도 거기서 크게 벗어나지 못했다. 에니어그램 세미나를 마치고 나면 수강한 분들의 표정에서 "그래서 어쩌라고요?" 하는 말을 읽는다. 돌아가는 뒷모습에서는 "근심하며 가니라"(마 19:22) 하는 말씀을 떠올리기도 한다. 화장기 없는 나의 민낯을 마주한 당황스러운 무거움을 안다. 속사람으로 향하는 여정이 시작되는 반가운 신호이기는 하지만, 정작 홀로 걸어가야 할 침묵 기도의 길은 낯설고 막막하니까.

이 책은 반갑게도 "그래서 어쩌라고?" 하는 물음에 답을 주고 있다. 에니어그램 아홉 개의 성격 유형은 장, 가슴, 머리, 세 개의 중심에서 출발한다. 어떤 정보나 상황을 접할 때, 이 셋 중 하나를 먼저 클릭한다는 뜻이다. 세 개의 중심 중 하나의 중심을 잘 쓴다기보다는 여기에 고착되어 있다고 하는 게 맞다. 그간의 에니어그램(특히 기독교 영성적 관점의) 교사들은 고착으로 인한 불균형을 바로잡는 방법에 대해 많이 가르치지 않았다. 이 책의 저자는 균형이 가능하다고 말하며, 균형으로 나아가야 한다고 말한다. 그리고 그 방법을 제시한다. 그 방법론보다 중요한 것은 이미 내 안에 있는 세 개의 중요한 힘을 균형 있게 활용할 수 있다는 그 자체다. 저자가 말하는 '균형'은 하나님의 형상을 담고 있는 우리 안에 그분에게까지 자랄 무한한 힘이 있다는 믿음을 반영하기에, 이는 참으로 성경적이고 기독교적이다.

1부에서는 지배적인 중심, 2부에서는 각 유형의 억압된 중심을 통해 균형으로 가는 길을 안내한다. 억압된 중심을 끌어내어 균형 찾기를 안내하는 2부는 에니어그램의 날개와 화살 그리고 신프로이트학파의 정신분석가 카렌 호나이의 행동 양식(움츠림형, 대항형, 의존형)의 개념을 먼저 이해하고 읽으면 도움이 될 것이다. 이 책을 펼친 독자라면 이미 충분히 아는 내용일 수도 있겠으나 다른 자료를 참고하면서 읽으면 유익할 터이다. 지배적 중심에 더욱 고착되는 이유로 저자는 '스트레스'를 든다. 불확실한 세상, 깨어진 세상을 살아가는 우리에게 스트레스는 평생 겪는 현실이다. "스트레스 대처, 균형, 변혁"이라는 원서의 부제처럼 진단을 넘어 처방까지 제시하는 에니어그램의 지혜를 향유해 보기 바란다.

에니어그램은 과학이 아니다

에니어그램을 연구하고 가르치는 벗들과 함께 "에니어그램은 과학"이라며 농담하는 때가 있다. 에니어그램 유형을 통해 알게 된 '자기 지식'으로 나 자신을 꽤나 이해했다고 생각하는 차에, 또다시 내가 모르던 내 마음을 만나게 된다. 특히 3중심, 날개와 화살의 역동으로 나를 설명하는 기가 막힌 언어를 발견할 때다. 그러나 에니어그램은 엄밀하게 말해서 과학이 아니다. 심리학이라는 과학의 틀에 가둬지지 않는 직관적인 도구다. 만든 사람이 누군지 모르는 채 짧게 잡아도 2천여 년의 영성사 안에 전해져 왔으니 현대 심리학으로 이론화할 수 없는 것이다.

그러다 보니 아귀가 딱 맞아떨어지지 않는 모호한 지점을 품고 있기도 하다. 예를 들면, 저자는 헨리 나우웬을 2번 유형으로 본다. 나는 나우웬을 4번 유형으로 보기 때문에 그 점이 조금 불편했다. 2번 유형인 저자는 존경하고 사랑하는 헨리 나우웬과의 '2유형적' 동질성에 더 많이 주목했을 테고, 나우웬에 대한 사랑이 저자 못지않은 나로서는 나우웬의 유형을 4번의 스트레스(또는 미성숙의 화살) 방향인 2번으로 추정하기가 싫다. 나우웬이 몇 번인지는 최종적으로 당사자만이 확인해 줄 수 있으니 천국 가서 여쭤봐야겠다. 역설적이게도 이것이 에니어그램의 매력이고 미덕이다. 용어에 매이거나 단정하지 않고 열어 두고 또 열어 둔 상태로 과정을 통해 자기를 찾아가는 길 위에 서 있는 것이 좋다. 『변화가 필요할 때, 에니어그램』은 그 길 위에 새롭게 세워진 또 하나의 이정표다.

정신실 소장
정신실마음성장연구소

서문: 균형 잡힌 삶

> 행복으로 가는 여정은 자신의 깊은 곳으로 내려가
> 거기 있는 모든 것에 책임질 용기를 내는 것이다.
> – 리처드 로어

2019년 여름, 댈러스의 어느 워크숍에서 이 책의 전체 내용을 맨 처음 가르쳤다. 워크숍을 앞두고 몇 달간, 나는 점점 빨라지는 변화의 속도와 우리 모두에게 미치는 변화의 영향에 대해 읽었는데, 그 내용에 매료된 상태였다. 과학 기술, 기후 변화, 세계화의 현상과 이 각각의 영역에서 과거에는 통하던 것이 더는 통하지 않는다는 사실에 특히 관심이 갔다. 현재는 격동의 시기였고, 미래는 알 수 없었다.

    나는 한동안, 우리가 요청하지도 않은 정체불명의 분노와 불안이 사방에 가득해 우리에게 영향을 미치고 있다고 말하고 다녔다. 정확히 무엇을 겨냥한 것 같지도 않은 그 분노는 가정과 교회, 정치와 직장, 지역사회 등 일상 구석구석에 자리를 잡았다. 내가 가르치는 전국 각지의 사람들은 보호받는다는 의식과 안정감이 무너져 내렸다고들 이야기했다. 내 삶도 평소보다 더 혼란스러웠고, 내가 늘 의지할 수 있었던 것들에도 일부 분명한 변화가 있었다.

관련 기사나 책을 읽으면 읽을수록 우리가 **경계**(liminality), 곧 내가 "사이"(betwixt and between)라고 표현한 실존적 상태를 경험하고 있다고 말하는 듯했다. 다시 말해, 그건 우리가 향하고 있는 곳도 아니요, 지나온 곳도 아니다. 나는 25년간 에니어그램의 지혜를 가르치면서 에니어그램이 그런 불확실한 시대를 헤쳐 나가도록 도와줄 수 있다고 확신했다. 필요한 것은 그저 에니어그램이 어떤 도움이 되고, 경계의 공간에 관해 어떤 부분을 가르쳐야 할지 명확히 할 공간뿐이었다.

그래서 댈러스에서 개최된 행사 첫날 저녁에, 강의실을 가득 채운 300명에게 마음이 평안하지 않고 내 질문들에 대한 답이 부적절하게 느껴진다고 고백했다. 그런데 그로부터 고작 9개월 후에 코로나바이러스가 퍼지기 시작하면서 우리가 얼마나 큰 불확실성에 맞닥뜨리게 될지 몰랐다.

그 이후로, 그리고 내가 이 글을 쓰는 지금도, 전 세계 사람들은 이 경계의 불확실성을 더 강렬하게 오랫동안 경험했다. 이 감염병이 사그라들기는 할지, 언제 사그라들지 우리는 오랫동안 궁금해했다. 백신이 개발되기를 간절히 기다렸고, 그다음에는 똑같이 간절한 심정으로 차를 타고 길게 줄을 서서 나까지 차례가 돌아올지 조급해하며 백신이나 푸드 뱅크 급식을 받으려고 기다렸다. 감염 속도가 줄어든 이후에도 우리에게 어떤 미래가 펼쳐질지 아무도 몰랐다. 과연 '일상' 회복을 기대해도 괜찮은 것일까.

경계의 시대 살아가기

코로나바이러스 팬데믹 같은 경계의 시대는 인류 역사에 처음도 아니고 마지막도 아니지만, 우리 시대에 일어난 일이기에 특히나 예민하게 느낀다. **지난** 시간과 **다가올** 시간을 구분하는 문턱에서 사이의 시간을 살아가는 것은 준비된 사람이 거의 없는 균형 잡기 행위다. 평소대로 삶을 영위하는 것이 더는 통하지 않기 때문이다.

우리는 주변 세상이 통제 불능 상태가 되는 것을 좋아하지 않지만, 거기에 대응해야 한다. 통제란 환상에 불과하기 때문이다. 통제는 내가 가장 사랑해 마지않는 환상이지만, 그렇다고 해서 현실이 되지는 않는다.

사실, 자신이 구축한 안전지대에만 머무르는 한 새로운 일은 전혀 일어나지 않는다. 더 중요한 것은, 평소와 다르지 않은 상태에서 창조적인 일은 전혀 생기지 않는다는 점이다. 매 순간, 심지어 경계의 순간조차도, 미래의 가능성을 향해 걸어가려는 바람과 용기만 있다면 가능성은 무궁무진하다. 그리고 에니어그램은 우리가 그렇게 할 수 있도록 도와주는 매우 유익한 도구다.

경계의 공간은 아주 까다롭기 때문에 역설적이게도 아주 훌륭한 배움의 장이 될 수 있다. 더는 불안과 불편의 원인을 하나로만 규정할 수 없고, 평소의 설명이나 습관이나 전제에 기댈 수 없다. 우리가 느끼는 불안과 염려, 분노, 수치, **불편함**의 의미를 파악할 수도 없다. 그래서 상황을 바라보고 의미를 만드는 새로운 방법, 불확실성으로부터 배우는 방법을 찾아야만 한다.

사람은 누구나 자신의 성격 유형에 따라 이 경계의 시대에 벌어지는 불편과 스트레스에 반응하는데, 종종 유감스러운 결과가 나타난다. 타고나기를 위험을 감수하는 이들이라면, 스스로 만들어 갈 미래를 향해 빨리 앞으로 나아가고 싶어 할 것이다. 이런 움직임은 성급하고, 과거의 가치 있는 부분을 종종 놓친다. 위험을 싫어하는 이들이라면, 본능적으로 "과거의 방식으로 돌아가려" 한다. 과거는 더 이상 존재하지 않고 우리 앞에 놓인 길 어딘가에서 위안을 찾아야 한다는 사실을 깨닫지 못한 채 말이다. 현재에 충실하지만 이 경계에서 무엇을 할 수 있을지 혼란을 경험하는 이들이 당장 눈앞에 닥친 일을 한다면 염려와 고민은 다소 줄어들겠지만, 임시변통에 불과하다.

균형 잡기

균형 잡힌 삶이 중요하다는 이야기는 여러 번 들었다. 균형 잡힌 삶의 비결을 가르쳐 준다는 워크숍에 참석했고, 그 주제를 다룬 책들을 탐독하기도 했다. 그에 대한 설교를 들었고, 균형 잡힌 삶을 잘 보여 주는 수도원을 방문했다. 물론, 그들이 스스로 균형 잡힌 삶을 살고 있다고는 말하지 않았지만 말이다. 균형 잡힌 삶은 그리 만만하지가 않았다.

때로 무언가 **필요한** 일이 있다는 사실을 알아차리면 내가 그 일을 해야 하는지 의문을 품고 손쉬운 변명거리를 찾곤 한다. 10년 전까지만 해도, 내 삶의 어떤 영역에서든 균형 잡는 일은 포기하다시피 했다. 균형 잡힌 삶을 살 준비가 되지 않았다는 것이 핑계였다. 하지만 알고 보니, 그 말은 틀렸다.

내게도 그 말이 틀렸듯, 당신에게도 틀렸다.

오히려 에니어그램의 지혜는 다음 두 가지를 제안한다. 첫째, 경계의 시대를 비롯한 어느 시대든 삶을 살아가는 열쇠가 곧 균형이다. 둘째, 모든 사람은 그 균형을 찾는 데 필요한 것을 정확히 갖추었다. 이것이 바로 이 책에서 말하려는 내용이다.

이미 에니어그램에 대해 많이 공부해서 자신의 동기를 잘 파악한 사

> **매 순간, 미래의 가능성을 향해 걸어가려는 바람과 용기만 있다면 가능성은 무궁무진하다.**

람들도 있을 터이다. 어떤 날개가 먼저 나왔고, 자신이 어느 중심에 속하며, 자기 번호와 관련된 죄나 격정도 알 수 있다. 이 모두가 매우 유익하다. 그런데 이 책은 세 가지 힘의 중심, 곧 **사고**(thinking)와 **감정**(feeling)과 **행동**(doing)을 다룬다. 세계 철학과 종교는 일반적으로 보통 인간이 이 세 가지 태생적인 힘을 갖고 태어난다고 인정한다. 에니어그램의 지혜는 이 세 힘이 세상을 만나는 세 가지 다른 방식이라고 우리에게 가르친다.

모든 사람에게는 이 세 특징의 다양한 조합이 존재한다. 그중 하나는 지배적이고, 다른 하나는 지배적인 힘을 지원하며, 나머지 하나는 억압되어 있다. 에니어그램에서 붙인 이름대로 이 힘의 중심들은 인간의 타고난 자원이며, 각각을 그 의도된 목적에 맞게 사용하는 법을 배울 수 있다면 훨씬 더 균형 잡힌 삶을 살 수 있다.

에니어그램의 아홉 번호는 3중심으로 알려진 세 가지로 구분된다. 정보를 접하거나 어떤 상황에 처했을 때 당신이 보이는 첫 반응, 즉 감정이나 사고나 행동이 그 유형을 결정한다. 주변 환경으로부터 정보를 받아들일 때 당신은 맨 처음 어떻게 반응하는가? "**나는 무엇을 느끼는가?**" "**나는 무엇을 생각하는가?**" "**나는 무슨 행동을 해야 할까?**" 이것은 직관적이고 자동적인 움직임이며, 이것이 당신의 **지배적 중심**이다. 이 반응을 바꾸려 애쓸 필요는 없지만, 그 반응이 당신의 다음 행동에 어떤 영향을 미치는지 알아야 한다.

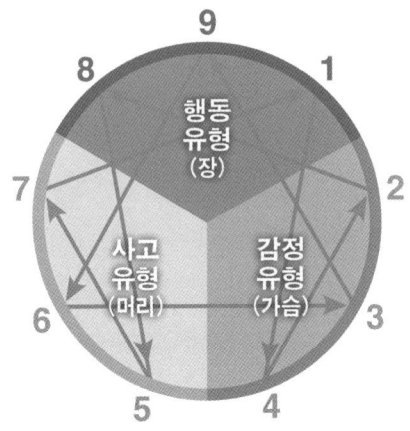

　나머지 두 중심도 있기는 하지만, 하나는 지배적인 중심을 지원하고 다른 하나는 억압하거나 사용하지 않는다. 앞으로 살펴보겠지만, 당신에게 지배적인 중심 이외에 다른 것이 더 있다는 사실을 알아차리지 못한다면 세상에서 벌어지는 일의 3분의 1만 보는 셈이다. 그러면서 균형이 깨지기 시작하는데, 타고난 자원 중 한 가지만 사용해 자신의 삶을 이해하려고 애쓰면 애쓸수록 그 불균형은 더욱 악화될 뿐이다.
　이것은 정말 중요한 문제다. 당신의 반응이 곧 당신이 세상을 이해하는 방식이며, 당신이 세상을 이해하는 방식이 당신의 세계관을 결정하기 때문이다. 세계관이 당신의 선택을 좌우하는데, 이 세상에는 평화와 선이 모두 필요하고, 당신이 하는 선택은 바로 그 평화와 선을 전달할 힘을 가졌다.

3중심과 지배적인 힘의 중심

3중심을 하나씩 탐색하고 그 3중심에 속한 각 번호가 자신의 지배적인

> **"에니어그램의 지혜는 경계의 시대를 비롯한 어느 시대든
> 삶을 살아가는 열쇠가 곧 균형임을 제안한다."**

힘의 중심을 어떻게 사용하는지 살피면서 이 책을 시작하려 한다. 자신의 지배적인 중심을 관리하는 법을 배워야 한다. 그것이 우리 모두가 맞닥뜨린 도전이다. 우리가 그 중심을 관리하지 못하면 그것이 우리를 관리할 테니 말이다.

3중심 모두, 지배적인 힘의 중심을 제대로 관리하지 못할 때 불균형이 발생한다. 앞으로 살펴보겠지만, 우리는 자신의 지배적 중심을 관리하는 법을 배울 수 있다. 지배적 중심의 한계와 당신이 하는 선택들을 더 잘 파악하기 위해 당신이 할 일이 있다. 이것을 알면 의도된 목적에 맞게 활용하는 법을 더욱 잘 배울 수 있다.

하지만 경고부터 해야겠다. 당신이 자신의 진면목을 제대로 이해하고 나서 과도한 감정, 사고, 행동을 없애기 위해 개인적·영적 작업을 수행하지 않는다면, 지배적인 중심을 관리하려고 아무리 노력해도 절대 성공하지 못할 것이다. 중세 시대 스페인 카르멜 수녀원 출신인 아빌라의 테레사(Teresa of Avila) 수녀는 관상적 삶을 가르친 신학자였다. 테레사 수녀의 말씀은 온전함을 향한 이 여정을 가는 우리 모두에게 많은 도움이 될 수 있다. 그녀는 잘 알려진 자신의 책 『영혼의 성』(The Interior Castle, 바오로딸)에서 "하나님도 여정 가운데 계신다고 느낀다"라고 말했다. 테레사는 자기 자신, 곧 자아의 모든 것에 가까이 다가가는 능력이 얼마나 중요한지 강조했다. 그녀에 따르면, 이렇듯 자아를 온전히 받아들이지 않고서는 결코 성장할 수 없다.

지배적인 중심 관리하기

2, 3, 4번의 지배적인 중심은 **감정**이다. 감정은 사랑, 공감, 연결, 상실, 고통 같은 것들이다. 하지만 인간은 감정을 만든다기보다는 허용한다. 그리고 어떤 감정도 궁극적이지 않다. 가슴형의 경우, 불안과 행동이 감정을 밀어낸다. 그런 일이 벌어질 때 건강하지 못한 방식으로 감정을 표출할 수 있다. 그 결과로 관계에 균열이 나기도 하는데, 이는 이들이 가장 원치 않는 일이다.

5, 6, 7번의 지배적인 중심은 **사고**다. 이들은 이성적이어서 감정보다 논리를, 반응보다 판단을 선택한다. 이들은 모두 두려움의 문제를 안고 있다. 5번은 두려움을 억압하고, 6번은 지나치게 표현하며, 7번은 긍정적으로 재포장한다. 이들의 감정과 행동은 모두 제 기능을 발휘하지 못할 수 있다. 두려움에 대한 역기능 반응이 생산적인 사고를 제한하기 때문에 게으른 사고에 만족하고, 그 때문에 자신들이 바라는 결과를 얻지 못한다.

8, 9, 1번의 지배적인 중심은 **행동**이다. 행동 중심에 속한 사람들은 모두 어느 정도는 통제에 몰두하고, 자신이 하는 일에 대한 감정이나 사고를 덜 인지하는 편이다. 이들은 다양한 감정을 직관적으로 분노로 바꾸어 버리는데, 그래서 분노형이라고도 불린다. 자기 삶에 일어나는 사건들에 반응하면서 분노를 조절하려 시도한다. 적응하기보다는 자기 입장을 고수한다. 그리고 세 번호 모두 경계 문제가 있다.

행동 방식과 억압된 힘의 중심

사고, 감정, 행동 중에 어떤 힘의 중심이 지배적인지에 따라 에니어그램

3중심이 결정되지만, 에니어그램 **행동 방식**(stance)은 어떤 중심이 억압되었는지에 따라 결정된다. 여기서 억압한다는 말은 그것을 덜 사용하거나 무시한다는 뜻이다. 움츠림형(Withdrawing Stance)에 속한 4, 5, 9번이 행동을 억압하는 이유는 세상과 연결되는 것이 불편하기 때문이다. 이 번호 유형들이 아무것도 하지 않는다는 말이 아니다. 문제는 이들이 해야 할 일을 하지 않을 때가 많다는 것이다.

대항형(Aggressive Stance)에 속한 3, 7, 8번은 감정을 억압한다. 이들에게는 사람들과 상황을 고치고 싶어 하는 무의식적 욕구가 있다. 이들에게 느낌이나 감정이 없다는 말이 아니라, 가능한 한 피한다는 뜻이다. 피할 수 없을 때는 자신의 감정을 에둘러 표현한다. 의존형(Dependent Stance)에 속한 1, 2, 6번은 사고를 억압한다. 이들에게 생각이 없다는 말이 아니다. 그들은 하나같이 자신이 늘 생각에 빠져 있다고 말한다. 문제는 이들이 생각하는 내용이다. 이 번호 유형들은 사고 중심이 덜 개발되어서 비생산적인 생각만 한다.

자신의 지배적인 중심을 관리하는 한편으로, 억압된 중심에 접근해 이를 **끌어내는** 법을 배우는 것이 온전함과 균형을 찾는 열쇠다. 에니어그램의 지혜에 따르면, 우리가 자신의 억압된 중심, 곧 우리가 가장 선호하지 않는 중심을 의식적으로 의지할 수 있을 때, 그것을 끌어낸다고 표현한다. 2번인 나는 사고와 더불어 나의 지배적 중심인 감정과의 균형을 찾아서, 무엇을 선택하고 결정할 때 감정을 더 많이 고려하는 법을 배워야 했다. 나는 억압된 중심을 적절히 활용하는 법을 배우지 않는다면 균형 잡힌 삶은 영원히 환상에 불과하다는 점을 배웠다.

세 유형 각각의 행동 방식과 거기에 속한 번호들은 2부에서 자세히 살펴볼 것이다. 지금은 간단한 개요만 소개한다. 균형 잡기의 첫 단계에

> **"의도적으로 해야 할 일을 하고, 그 뒤에는 놓아 버리라."**

서는 각 번호가 자신의 지배적인 중심을 관리할 필요가 있다는 사실을 받아들여야 한다. 두 번째 단계에서는 자신의 사고나 감정이나 행동이 억압되었음을 인식하고 인정하며, 그런 인식에 따라서 그 중심을 끌어낸다. 이 두 단계는 우리 자신과 우리가 관계를 맺는 사람들이 평안을 찾고 고통을 덜 경험하도록 도와준다. 이렇게 해서 우리는 균형으로 향하는 여정을 시작한다. 그런 선택에는 노력이 필요하지만, 그럴 만한 가치가 충분하다.

영혼의 작업이라는 도전

이 여정에 헌신하는 동안, 이것이 하나의 과정임을 염두에 두자. 우리는 평생에 걸친 작업을 위한 여지를 만들고 있다. 따라서 목적지에 도달한다는 생각은 에니어그램 지혜의 깊이를 잘못 이해한 것이다. 그러나 그 길을 따라가는 과정에서 쏟아부은 모든 노력은 그 수고에 걸맞은 성장으로 보답을 받는다.

에니어그램을 가르치고 피정과 워크숍을 진행하고 영적 지도를 제공하면서 남편인 조와 나는 사람들이 영적 작업을 할 수 있도록 밥상을 차려 줄 필요가 있음을 배웠다. 복잡한 거리와 소음, 세상을 떠나 와서 곧장 자기 삶을 의미 있게 돌아볼 수 있는 사람은 없다. 영성 지도자들은 그 사실을 항상 알았다. 많은 대성당의 신도석 돌바닥에 미로가 새겨진 것도 바로 그런 이유다. 대성당에 들어오는 사람들은 일종의 묵상을 하는 형태로 미로를 걷는다. 그러는 가운데 세속에서 신성한 곳으로 옮겨 간다.

나도 독자들에게 시간을 내서, 깊이 있는 에니어그램 작업을 포함해 영성 훈련을 할 공간을 만들라고 권하고 싶다. 지금 우리 부부가 사는 집에는 다행스럽게도 빈방이 있어서 기도와 묵상을 위한 공간을 마련했다. 하지만 아이들이 어릴 적에 좁은 목사관에 살 때는 의자 하나로 만족해야 했다. 공간 자체는 당신이 거기서 하는 일(과 하지 않는 일)보다 중요하지 않다. 작은 탁자에 켜 놓은 초 한 자루와 기도 책 한 권으로도 충분할 수 있다. 에니어그램 번호에 따라서, 균형과 온전함을 찾는 여정에서 자신의 과거와 미래를 나타내는 의미 있는 물건이나 일기를 원하는 사람도 있을 터이다.

지배적인 중심과 억압된 중심에 대해 어느 정도 안다면, 그 여정 가운데서 어떤 영적 훈련이 자신에게 최선인지 분별할 때 매우 도움이 된다. 우리가 실천하는 영적 훈련은 우리의 영적 여정에 크게 영향을 미친다. 지배적인 중심에 기초한 훈련만 고른다면 성장과 균형의 기회를 놓치고 만다. 억압된 중심에 많이 의존하는 연습과 훈련을 선택하기란 쉽지 않다. 그러나 그것이 바로 우리가 성장해야 할 지점이다. 그러면 더 균형 잡힌 방식으로 힘의 중심을 활용하도록 인도해 줄 터이다.

댈러스에 있는 우리 사역의 거점 마이카 센터(Micah Center)에서 하듯이, 이런 영혼의 작업은 공동체의 맥락에서 최선의 효과를 거둔다. 모든 사람에게는 이 여정을 함께할 동반자가 필요하다. 알아차림과 자기 관찰에 헌신하는 일이 위험하게 느껴지기 때문이다. 관상 기도, 일기 쓰기, 고독이나 침묵을 위한 하루, 금식(음식 이외에도), 나와 생각이 다른 저자들의 책 읽기, 자원봉사, 기도 같은 영성 훈련을 추가로 더 하려면 힘들고 불길하게 느껴지고 겁이 난다. 확실히 그 과정 중에 만나는 위험을 감수하고 어떤 면에서는 부서지는 경험도 할 텐데, 오히려 다른 면에서는 더 많은 깨달음과 치유를 얻을 수 있다. 중요한 일은 날마다 조금씩 일어나는데, 혼자 여행하다 보면 그 낌새를 놓칠 수도 있다. 이것은 용기 있는 여정이니 당신 자신과 동반자들에게 친절을 베풀자. 그리고 아무리 사소하더라도 그 여정에서 얻은 모든 성공을 진심으로 기뻐하자.

이 책을 읽고 나서 온전함을 향한 개인적이고 변혁적인 작업에 헌신된 친구나 소그룹을 만나고 싶은 마음이 생기기를 바란다. 그런 이유로 이 책의 스터디 가이드(*The Journey Toward Wholeness Study Guide*)도 집필했다. 이 책에서 배운 내용을 일상에 적용하려 할 때 방향을 제시해 줄 내용을 여섯 과에 담았다.

본격적으로 책을 시작하기 전에 마지막으로 한 가지만 더 조언하겠다. 의도적으로 해야 할 일을 하고, 그 후에는 놓아 버리라.

헨리 나우웬(Henri Nouwen)은 내가 존경하는 영적 거장 중 한 사람이다. 내가 그에게 끌린 이유는 그가 2번이기 때문이기도 하지만, 영적 성장과 신실함에 대한 그의 글을 읽으면서 나도 할 수 있다고 느꼈기 때문이다. 그는 친구들과 독자들에게 수많은 이야기를 나누었는데, 그중에 내가 가장 좋아하는 이야기는 로드레이 가족(Rodleighs)과의 만남을 설명한 부분이다. 이들은 나우웬이 독일 프라이부르크에서 만난 남아프리카공화국 출신 공중그네 곡예단이었다. 그는 이들의 공연을 보고 "황홀했다"라고 기록했다. 다음 날 그는 다시 공연을 보러 갔고, 공연이 끝난 후에는 그들의 팬이라고 자신을 소개했다.

이후로 며칠 동안 로드레이 가족은 나우웬을 훈련장으로 초대하고 무료입장권을 건넸다. 그를 저녁 식사에 초대하고는 일주일 동안 투어에 함께하자고 제안하기도 했다. 그는 즉시 승낙했다. 그 투어에서, 나우웬은 곡예단 대표(그의 이름도 로드레이다)와 공중 날기에 대해 이야기를 나누었다.

로드레이가 말했다. "저는 공중 날기를 할 때 저를 잡아 주는 사람을 완전히 믿습니다. 대중은 나를 대단한 스타라고 생각할지 모르지만, 진짜 스타는 나를 잡아 주는 조입니다. 그는 1초의 몇 분의 몇까지 맞힐 만큼 정확하게 내가 갈 자리에 와 있어야 하고, 내가 그네에서 길게 점프할 때 공중에서 나를 잡아채야 하니까요. 공중을 나는 사람은 아무것도 하지 않습니다. 잡아 주는 사람이 모든 것을 하지요. 이것이 공중 날기의 비밀이에요. 조에게 날아갈 때 저는 그저 팔하고 손만 뻗으면 돼요. 그다음엔 조가 나를 잡아 앞 무대로 안전하게 끌어가기를 기다리면 되지요."

나는 사람은 날기만 하고, 붙잡아 주는 사람은 붙잡기만 해야 한다. 나는 사람은 붙잡아 줄 사람이 자기를 위해 제자리에 와 있다는 것을 믿고 팔을 뻗어야 한다.

에니어그램 지혜의 가르침을 받는 이 진지한 여정에서 당신은 변혁에 이르는 변화를 경험할 것이다. 당신이 아는 어떤 사람들은 이 변화에 기뻐하겠지만, 당신의 '옛 모습'이 더 믿을 만하고 좋다고 말하는 사람도 있다. 곧 드러나겠지만, 사람들은 당신의 진면목, 당신의 성격 배후에 있는 진정한 자아를 사랑하지 않는다. 사람들은 당신의 성격을 알고 좋아할 뿐이다.

다른 한편으로, 당신은 영혼 깊은 곳으로부터 당신을 사랑하고 존중하는 기회를 얻을 것이다. 하지만 삶이 당신을 붙잡아 주고 더 균형 잡힌 삶의 방식이라는 선물을 준다고 믿고 자신을 던질 수 없다면, 그 기회를 잡지 못할 것이다.

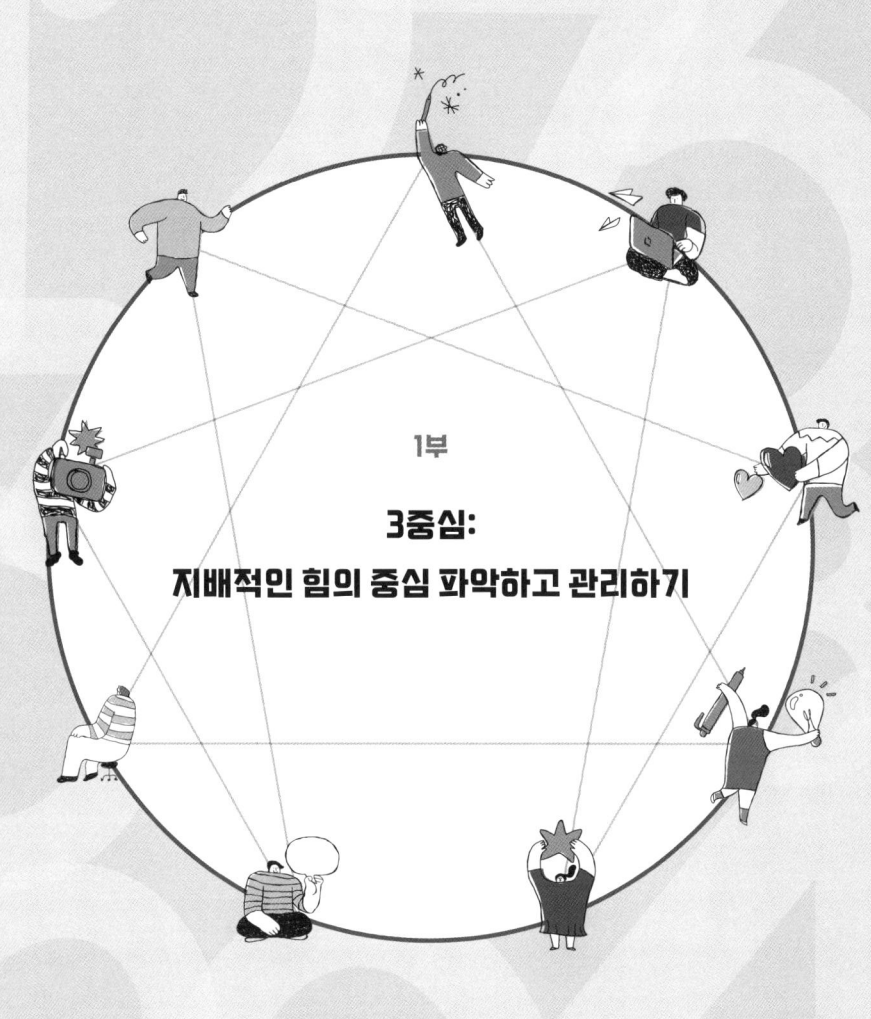

1부

3중심:
지배적인 힘의 중심 파악하고 관리하기

개요: 우리는 어떻게 부서졌고⋯ 어떻게 치유될 수 있는가

목회자의 배우자로 살면서 맞닥뜨리는 현실 중 하나는, 일요일 아침마다 남편이 우리가 섬기는 교회의 강단에 선다는 것이다. 다른 교회에서 예배할 기회는 매우 드물다. 아이들이 아직 어렸을 적 어느 일요일, 우리는 그 흔치 않은 기회를 사용하기로 했다. 흑인 역사의 달(Black History Month)에 아이들이 아프리카계 미국인들의 교회에서 예배를 경험할 수 있게 해 주고 싶었다. 여기 댈러스에 있는 세인트 루크 연합감리교회는 환대와 훌륭한 음악과 뛰어난 설교로 유명하다. 그래서 우리는 그 교회의 일요일 예배에 참석하기로 했다.

세인트 루크 교회의 안내원들이 따뜻하게 인사하며 우리 가족을 맞아 주었다. 주보를 건네고 예배당 맨 앞줄로 안내하면서, 목사님이 우리 가족을 만나면 좋아할 거라고 말해 주었다. 당시에 우리 네 아이 중 여섯 살밖에 되지 않았던 막내 비제이(BJ)는 약을 복용 중이었다. 아이가 차분하고 규칙을 따르고 집중할 수 있게 도와주는 약이었다. 의사는 주말에 약을 먹일지 말지를 우리에게 선택하라고 했는데, 우리는 주중에만 약을 먹이기로 했다. 예배가 두 시간을 넘어서자 간식도, 그림 그릴 종이도, 인내심도 바닥이 났다. 비제이는 처음 한 시간 동안은 아주 상태가 좋았지만, 얼마 지나지 않아 한계에 도달했다. 그로부터 20분 뒤에는 나도 (예배가 아니라 비제이 때문에) 한계에 도달했다. 남편이 목회하던 교회에서는, 예배 전에 식당에 가는 것을 좋지 않게 여겼고 미식축구 경기의 시작을 놓치는 일은 용납할 수 없다고 여겼다. 그래서 우리 아이들은 한 시간짜리 예배에 익숙해져 있었다.

알고 보니, 성가대 전체가 우리를 지켜보고 있고 설교자가 내 코앞에 있거나 오른쪽이나 왼쪽으로 1.5미터 정도 거리에 있을 때는 내가 아이들을 구슬릴 대안이 몇 가지 없다. 내가 자주 사용하는 엄한 표정, 화난 표정, "지금 당장 가만히 있지 않으면" 표정은 금세 바닥났다. 너무 스트레스를 받아서 뺨에서 열기가 느껴지고 목과 어깨가 굳는 것 같았다. 아이들과 함께 자리에 앉아 예배를 드린 경험이 거의 없다시피 한 남편은 아무 도움이 되지 않았다. 그는 나중에 "평생 경험한 최고의 예배 가운데 하나"였다고 고백한 그날의 예배 순서 하나하나에 열정적으로 참여했다.

마지막 찬양을 부르는 사이에 내가 남편에게 속삭였다. "차에 돌아가자마자 비제이에게 약을 먹여야겠어요! 너무 힘들어서 안 되겠어요! 다음 주말에 건너뛰면 되죠!" 차에 도착하자마자 딸 제니에게 비제이에게 물병을 주라고 했다. 그런 다음, 비제이에게는 약을 먹을 수 있게 뒤로 기대라고 했다. 남편과 큰아이들이 끊임없이 예배 이야기를 입에 올리는 사이, 나는 가방 바닥에서 간신히 약병을 찾아냈다. 그러고는 허둥지둥 자그마한 알약을 두 개 꺼내서 아무 생각 없이 아이 대신 내 입에 털어 넣고 삼켜 버렸다. 나머지 다섯 명은 웃겨 죽겠다는 표정이었다. 복용량이 미량이라 몸에 별다른 영향은 없었을 거라고 믿는다. 하지만 그날의 경험으로 비제이에 대한 내 인내심이 부족하다는 사실을 깨달았다. 그 일은 그 후로도 오랫동안 우리가 서로 이해하기 위한 다리가 되어 주었다.

스트레스 반응

스트레스는 모든 사람이 거의 평생 겪는 현실이다. 때로는 별로 중요하지 않은 상황 때문에 스트레스를 받기도 하고, 때로는 삶을 뒤바꿔 놓은 사건의 결과로 스트레스를 받기도 한다. 우리 삶은 몇 분, 몇 시간, 몇 주, 몇 달 혹은 몇 년 동안 스트레스에 시달릴 수 있다. 어느 경우든, 스트레스는 끔찍하게 느껴지고 엄청난 피해를 준다.

스트레스는 나이와 상관없이 내가 아는 모든 사람의 삶에 영향을 미치는 듯하다. 개인적 차원에서 전 세계적 차원에까지 걸쳐 있는 공동체에서 살다 보면, 우리는 다른 사람들이 살아가는 이야기를 듣는다. 그들의 이야기가 나와 상관이 있든 없든, 하나같이 스트레스로 가득한 것을 알 수 있다.

아무 말 없이 가만히 오랫동안 앉아 있어야 하는 초등학교 1학년 아이들은 스트레스를 받는다. 학교 식당에서 함께 앉아서 식사할 친구가 없는 아이들은 끔찍한 기분이라고 말한다. 중학교에 다니는 거의 모든 사람이 대부분의 시간에 스트레스를 받기는 마찬가지다.

우리 아이들은 20대 초반이었을 때 '어른 노릇' 때문에 스트레스가 크다고 입을 모으곤 했다. 직장을 구하고, 실적을 내고, 일자리를 잃고 새 일자리를 찾는 것이 모두 스트레스다. 집을 얻고, 월세나 대출금을 갚고, 에어컨을 교체하고, 가전제품을 고치고, 집을 관리하는 일도 스트레스다.

우리가 다양한 연령대와 삶의 단계에서 부딪히는 다른 스트레스에는 이런 것들이 있다.

- 중독에 시달리거나 중독에서 회복 중인 가족과 함께 사는 것.
- 노화와 그에 수반된 모든 것.
- 우리 자신이나 친구들, 가족의 건강 문제.
- 급변하는 과학 기술을 따라가는 것도 어떤 사람들(바로 나)에게는 도전이 될 수 있다. 그 때문에 자신이 무능하다고 느낄 수 있기 때문이다.
- 자신이 지지하는 당이나 정치 신념과 관계없이, 국가와 지역의 정치 상황을 이해하는 것.

모든 것이 빠르게 변하는데, 그것은 어쩔 수 없는 일이다. 우리 중에 많은 사람이 그런 변화에 적응하느라 힘들어한다. 이 목록은 끝도 한도 없고, 사람마다 모두 다르다. 마찬가지로, 어떻게 하면 스트레스가 우리 몸과 영혼에 미치는 영향을 완화할지 알려 준다는 자료도 끝이 없다. 내가 보기에 그 자료들은 하나같이 실망스러웠다. 대부분 우리에게 스트레스를 "관리하라"라고 권하기 때문이다. 그 말은 우리가 아무리 원하더라도 스트레스를 피할 수 없다는 뜻이다.

살면서 스트레스를 겪을 수밖에 없는 현실을 고려하면, 건전하고 효과적인 방식으로 스트레스를 확인하고 다루어야 할 필요가 있다. 다행히도, 에니어그램에는 인류에 대한 심오한 지혜가 담겨 있다. 에니어그램은 우리가 어떻게 망가졌고, 어떻게 치유될 수 있는지를 체계적으로 보여 준다. 에니어그램의 장점은, 우리가 자신의 지배적 힘의 중심(사고, 감정, 행동)을 다루는 내면 작업을 배우는 동안, 조금 더 안정적이고 평화롭게 스트레스에 대처할 도구를 제공한다는 것이다. 힘의 중심은 세상에 대한 우리의 자연스러운 반응에서 우리가 사람이나 상황을 마주하는 주요한 방식을 가리킨다. 이 세 가지 힘의 중심을 각각의 고유한 목적에 맞게 활용하는 체계적이고 정리된 방법을 개발하는 것이 우리의 목적이다.

3중심과 힘의 중심

에니어그램의 아홉 번호는 3중심으로 묶을 수 있는데, 각 3중심은 지배적인 힘의 중심을 공유한다.

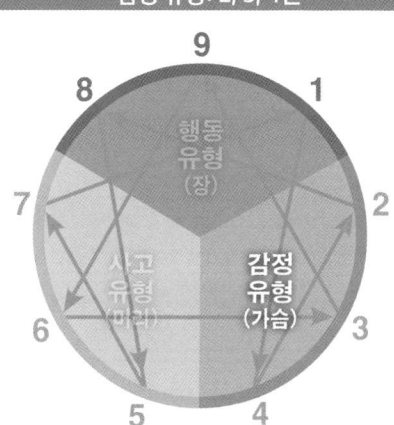

- 감정(또는 가슴) 유형에 속한 2, 3, 4번은 정보, 사건, 사람들에 다음 질문으로 반응한다. "나는 무엇을 느끼고 있는가?"
- 다른 사람들의 필요와 의제를 온전히 인식하고, 항상 거기에 집중한다.
- 다른 사람들에게 인정받으려는 상당한 필요를 느끼면서도, 자신이 있는 모습 그대로 사랑받을 만한 존재라고 믿기 어려워한다. 삶에 대해 이들은 부분적으로 외부에서 사랑과 존재 가치를 찾으려 반응하

기 때문이다.
- 2, 3, 4번은 불안에 아주 익숙하다. 실제로, 이들 중 다수는 자기 몸에 어떻게 불안이 나타나는지를 말할 수 있을 정도다. 이들은 대부분의 시간에 "어느 정도 불안"을 느끼기 때문에 다른 감정도 불안으로 바뀌기 쉽다.
- 감정 유형에 속한 사람들은 자기 외부에 있는 모든 것에 집중함으로써 외부 세계에 끌려간다. 외부 세계에 대한 이런 집중은 다른 사람들과 활동을 정리함으로써 자신의 환경을 통제하려는 욕구를 낳는다.
- 사람을 좋아한다. 또한 다른 사람들이 무언가 자신에게 바라는 상황에 쉽게 적응한다. 실제로, 가끔은 이 번호 유형 사람들이 다른 사람들의 느낌에 너무 쉽게 빨리 적응하는 바람에 정작 **자신은** 무엇을 느끼는지 모르는 경우가 있다.

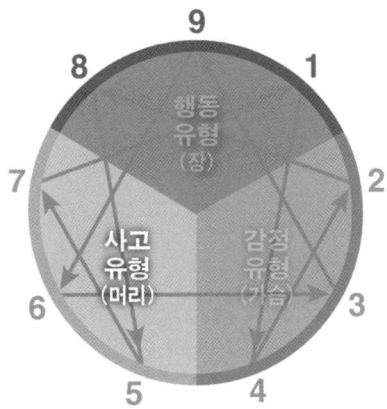

- 사고(또는 머리) 유형에 속한 5, 6, 7번은 자기 주변에 벌어지는 일에 다음 질문으로 반응한다. "나는 무엇을 생각하는가?"

- 이 유형에 속한 사람들은 관심이 있는 모든 것을 온전히 이해하고 싶어 한다. 무언가를 인지하고 나서 행동하려는 경향이 있다. 다른 사람들과 관계를 맺지 않고 혼자 머릿속에서—자신의 내면세계에 초점이 맞추어져 있다—문제를 정리할 때가 자주 있다.
- 이 유형에게는 지능과 이해, 지적 연결이 중요하다. 따라서 정보화 시대를 편안하게 느낀다.
- 정보를 모으고 정리하기 좋아한다. 이들이 논리적이고, 관심 있는 것들에 대해 대체로 잘 알기 때문이다. 이들은 기억과 전략에 관심이 많아서 체제가 겹치는 부분을 찾는 데 정말로 재능이 있다.
- 이들의 삶은 계획이 거의 전부다. 계획을 세우면서 행복해한다고 해도 과언이 아니다.
- 5, 6, 7번은 자신의 내면세계를 통제하거나 정리하려 애쓰는 면에서 안전을 찾는다. 그러면서 때로는 안전에 과도하게 집착한다. 머릿속으로 생각하기를 가장 좋아하는데, 자신이 인식한 것들을 자신에게 맞는 방식으로 배열할 수 있기 때문이다.
- 사고 유형에 속한 사람은 감정 유형에 속한 친구가 비논리적이거나 지나치게 감정적으로 반응한다면서 무시할 수도 있다. 지배적 중심을 잘 관리하는 것이 건강과 온전함에 필수적인 3중심의 균형을 잡는 열쇠다.

행동 유형: 8, 9, 1번

- 행동(또는 장) 유형에 속한 8, 9, 1번은 다음 질문으로 삶에 반응한다. "무슨 일이 필요한가?" (그렇다고 그것을 꼭 자신이 해야 할 일로 보지는 않는다.)

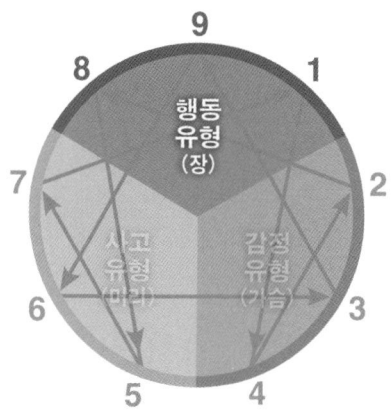

- 자신의 신체적·정서적·관계적 안전을 추구하면서도, 성취와 즐거움을 찾는 데 집중한다. 이 유형에 속한 사람들은 대체로 바쁜데, 활력이 넘치고 때로는 고집스럽게 보일 정도로 단호한 그들에게 그런 방식이 딱 맞기 때문이다.
- 행동 유형의 사람들은 외부와 내면세계 모두에 이끌려, 번갈아 가면서 거기에 집중한다. 이들은 둘 다 통제하고 싶어 한다.
- 다양한 감정을 분노로 전환한다. 이들은 분노를 좋아하지는 않지만, 거기에 익숙하다. 일부는 자기 관찰을 통해, 자신이 자기 입장을 고수하고 경계 문제가 있다는 점을 발견한다.
- 행동 유형에 속한 사람은 사고 중심 유형인 사람을 잘 참지 못한다. 사고 유형은 어떤 문제를 충분히 검토하지 않고서는 앞으로 나가는 법이 없기 때문이다.
- 이 유형의 사람들이 행동을 관리한다는 말은 의도적이고 생산적으로 행동한다는 뜻이다. 그렇지 않으면, 무엇을 느끼거나 생각하기 전에 바로 행동으로 들어가서 본능적 행동에 끌려가게 된다. 그러면 다른 사람들과의 관계에 부정적인 영향을 미치기 쉽다.

스트레스 번호가 주는 선물

자신을 잘 인지하는 사람이라면, 자신의 에니어그램 번호 내에서, 세 힘의 중심 사이에 어느 정도 균형을 유지하느냐에 따라 달라지는 행동 유형을 관찰할 수 있다. 예를 들어, 감정 유형에 속한 2번이 감정과 사고와 행동 사이에 균형을 잡지 못하면, 모든 일을 개인적인 감정으로 받아들인다. 2번이 생각을 가동하지 않으면, 만사를 자기와 관련이 있거나 자기 때문에 벌어진 일로 생각할 가능성이 있다. 하지만 세 힘의 각각의 중심을 그 목적에 맞게 활용한다면, 즉 자신의 감정을 사고와 행동으로 균형을 맞추어 활용한다면, 내 삶에 생기는 많은 일이 실제로는 나와 (혹시 관계가 있더라도) 별 상관이 없다는 점이 분명해진다. 나는 잠시 멈춰서, 나 자신을 이 장면의 관찰자로 상상하는 법을 배웠다. 그렇게 하면 이 세상에서 내 진짜 자리를 알 수 있다.

스트레스가 너무 길어지지만 않는다면, 자기 인식이 가능한 대부분의 사람은 세 힘의 중심을 모두 의지할 수 있다. 하지만 어떤 일로 그 균형이 깨지면, 사람들은 다시 통제력을 얻으려고 자신의 지배적인 중심을 과장한다. 그게 뜻대로 되지 않을 때 사람들은 같은 행동을 반복해 보지만 헛수고일 뿐이다. 자신이 반복해서 찾는 똑같은 중심을 더 많이 활용해 보상하기보다 균형을 되찾는 것이 그 문제의 해결책이다.

각 번호가 나머지 네 번호와 역동적인 관계를 맺는다는 점은 에니어그램이 주는 선물이다. 다음에 나오는 다이어그램을 보면, 그중에 두 번호는 양쪽에 위치하고(날개), 또 다른 두 번호(스트레스와 안전 번호)는 화살표로 연결된다. 이 네 번호는 다양한 행동 패턴에 접근하게 해 주는 자원으로 볼 수 있다. 당신의 핵심 동기와 번호는 바뀌지 않지만, 이 번

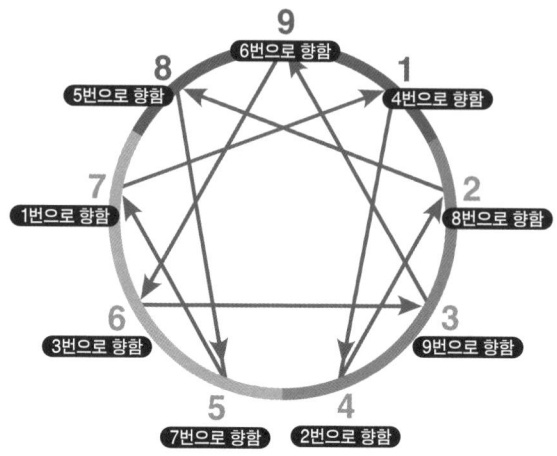

호들은 당신의 행동에 영향을 줄 뿐 아니라, 이 번호들처럼 보이게 만들 수 있다.

살면서 피할 수 없는 스트레스를 만날 때 그 스트레스를 유발한 원인이 무엇이든 간에 우리의 초기 반응은 평소 행동을 과장하는 것으로 나타난다. 에니어그램식 사고를 따르면, 자신의 성격에 사로잡히게 된다. 평소 행동하는 방식이 과거에도 효과가 있었기 때문에 **더욱더** 그런 행동을 하게 된다. 그러다 보면 행동이 과도해진다. 지나친 행동도 효과가 없을 때는 더 강한 느낌을 얻기 위해 다른 번호의 자원들에 직관적으로 의지한다. 그 번호가 바로 다이어그램에 있는 자신의 번호에서 뻗어 나가는 화살표로 표시되는 스트레스 번호다.

자신의 에니어그램 번호, 즉 자신의 유형을 정확하게 확인하고 나서, 그다음으로 이해해야 할 가장 중요한 번호는 당신이 스트레스를 받을 때 움직이는 번호다. 스트레스 번호는 부정적 움직임으로 인식되는 경우가 많다. 하지만 사실은 우리가 스트레스를 받을 때 향하는 번호가 없다면 자신을 돌볼 수 없다.

> **"사실은 우리가 스트레스를 받을 때 향하는 번호가 없다면 자신을 돌볼 수 없다."**

때로 우리가 정신을 차리고 마음을 챙길 때는 지금 이 순간에 걸맞은 바른말이나 바른 행동을 한다. 하지만 너무 많은 일이 발생하거나 잠을 충분히 자지 못하거나 집중력이 흐트러지거나 슬프거나 무섭거나 혼란스럽거나 화가 날 때는 미끄러져 떨어지기도 한다. 그곳이 바로 자기 번호의 건강한 행동에서 보통의 행동으로, 거기서 다시 건강하지 못한 행동과 과잉 행동으로 미끄러져 내리는 비탈길이다. 그런 과잉 행동은 거의 항상 우리가 문제로 향하고 있다는 뜻이다. 그때 우리는 직관적으로 그 스트레스 번호를 의지하는 셈이다.

스트레스 번호를 의지하는 것이 수평 이동이라는 점을 알아야 한다. 자기 번호의 과잉 행동에서 벗어나 선택할 대안을 늘려 주기는 하지만, 자동으로 스트레스 번호의 건강한 측면으로 이동하는 것은 아니다. 당신을 스트레스 번호의 건강하지 못한 측면으로 데려가는 수평 이동은 확실히 도움이 되지 않는다. 자기 번호의 과잉 행위에 유감스러운 행위를 더해 줄 뿐이기 때문이다.

하지만 오랫동안 에니어그램을 가르쳐 보니, 에니어그램은 **항상** 도움이 된다고 믿게 되었다. 에니어그램은 우리에게 이렇게 많은 지혜를 주고 여러 대안을 제공해 궁극적으로는 건강한 관계로 이끄는 더 좋은 선택을 할 수 있게 하는 체계다. 이런 체계에 상황을 악화하는 이런 움직임이 있다는 사실이 내가 보기에는 말이 되지 않는다.

그런데 이 점을 생각해 보자. 스트레스 번호로 향하는 본능적 움직임은 사람과 상황에 대한 제한적이고 미성숙한 반응으로 향한다. 나는 2번인데, 건강하지 못한 2번이 건강하지 못한 8번으로 움직이는 것은 내 삶을 개선하는 데 아무 도움이 되지 않는다. 나와 관계를 맺고 있는 사람들의 삶을 개선하는 데도 도움이 되지 않기는 마찬가지다. 하지만 건강하지 못한 2번이 건강한 8번의 특징으로 이동하면 내 삶에서 스트레스를 없애 주는 주요 요인이 된다.

그 이유는 이렇다. 일반적으로 2번은 경계 문제가 심각하다. 자기가 할 일이 아닌데 허락하기 일쑤고, 한 가지 일을 승낙하면 다른 어떤 일은 거절해야 하기 마련이다. 내가 스트레스를 느끼기 시작하는 것을 알아차리고 멈춰서 일정이나 우선순위를 살펴보면, 대개는 내가 헌신한 모든 일과 그 헌신을 지킬 만한 시간이 부족하다는 사실에 당황하거나 부끄러움을 느낀다. 나는 어렸을 때부터 거절을 힘들어했다. 그런데 자기가 하고 싶지 않거나 자기 일이 아니라고 생각하는 일을 거절하기 힘들어하는 8번을 본 적이 없다. 그래서 내 번호에서 좋지 않은 행동을 하는데 8번의 건강한 측면에서 배우거나 경험한 행동을 선택할 만큼 충분히 상황을 알아차릴 때면 거절할 수 있다. 내가 스트레스를 받을 때 움직이는 번호는 내가 할 일이 아닌 일을 하지 않도록 예방해 주는 잠재력을 선물한다. 그러면 지쳐서 나가떨어지지 않고, 내 번호에서 과잉 행동이나 스트레스를 받지 않도록 보호해 준다.

이것이 사실이기는 하지만 그리 간단하지만은 않다. 스트레스 번호의 좋은 자원을 받으면 막대한 도움이 되지만, 그뿐이다. 모든 문제가 쉽게 해결되지는 않기에 문제를 해결해 주지 못할 수도 있다. 우리는 우리가 삶에 반응하는 여러 방식을 알아차리는 법을 배울 필요가 있다. 이것도 말은 쉽지만, 실제로는 그리 녹록지 않다.

우리는 스트레스 번호의 가장 건강하고 유익한 자원에 접근하는 법을 배우는 데 투자해야 한다. 말 그대로 그 번호로 움직이는 것이 아니고 그 번호가 되지도 않지만, 그 번호의 특정한 행동 패턴을 받아들이는 것이다. 그리고 자신에게 필요한 자기 돌봄을 달성하고 자신의 핵심 성격 유형을 다시 의지하기 시작할 때까지 충분히 그 패턴에 따라 행동한다. 그래서 자신의 유형을 정확히 확인한 다음에 알아야 할 가장 중요한 번호는 바로 스트레스를 받을 때 움직이는 번호다.

스트레스에서 배울 수 있는 점들

- 1번은 4번에게서 자기 내면에 고칠 필요가 없는 감정이 있다는 것을 배울 수 있다.
- 2번은 8번에게서 개인의 경계를 확인하고 존중하는 법을 배울 수 있다.
- 3번은 9번에게서 모든 일을 다 하려고 애쓸 필요가 없다는 것을 배울 수 있다.
- 4번은 2번에게서 다른 사람에게 베풀면 두려움과 버림받은 느낌을 밀어낸다는 것을 배울 수 있다.
- 5번은 7번에게서 움츠러들거나 다른 사람을 관찰만 하지 않고 그들에게 다가가는 법을 배울 수 있다.
- 6번은 3번에게서 실수하지 않고도 사고를 행동으로 옮길 수 있다는 것을 배울 수 있다.
- 7번은 1번에게서 미완성 프로젝트를 완수하는 법을 배울 수 있다.
- 8번은 5번에게서 결정을 내리기 전에 조금 더 생각하는 법을 배울 수 있다.
- 9번은 6번에게서 자신의 불안을 행동하기 위한 에너지로 활용하는

법을 배울 수 있다.

3중심에 속한 각 번호를 다루는 다음 장들에서는 자기 번호에서 과잉의 경험을 피하는 데 도움이 되는 아이디어를 발견하고 스트레스 번호에서 최선을 활용하는 법을 배우기 시작할 것이다. 당신이 스트레스 번호가 되는 것도 아니고, 스트레스 번호의 시간 지향(이에 대해서는 나중에 더 자세히 다룬다)이나 날개를 따르는 것도 아님을 염두에 두자. 의도적인 작업을 통해 스트레스 번호의 좋은 측면을 습득할 뿐이다. 이는 충분히 해 볼 만한 작업이다. 무엇을 투자하기로 결정했든 간에 후회하지 않을 것이다.

안전 번호가 주는 선물

우리가 스트레스를 받을 때 다른 번호에서 무언가를 얻듯이, 안정감을 느낄 때도, 곧 자신의 지배적인 중심만을 의지하지 않을 때 역시 또 다른 번호의 행동을 의지한다. 감정 유형의 사람에게 안정감이란 압도되는 느낌이 없고 관계에 문제가 없으며 원하고 해야 할 일을 할 시간이 충분하고 만사가 잘 풀린다는 뜻이다.

다음 에니어그램 도표를 살펴보자. 당신의 번호에서 **출발하는** 화살표가 안전 번호로 향하는 움직임을 표시한다. 예를 들어, 7번은 안정감을 느낄 때 5번의 행동 방식을 따른다. 과잉에 대한 욕구를 내려놓고 "적을수록 풍요롭다"라는 사고방식을 받아들인다. 전인적 치유를 경험하(고 유지하)기 위해서 모든 성격 유형은 자신의 안전 번호에서 활용할 수 있는 행위가 필요하다.

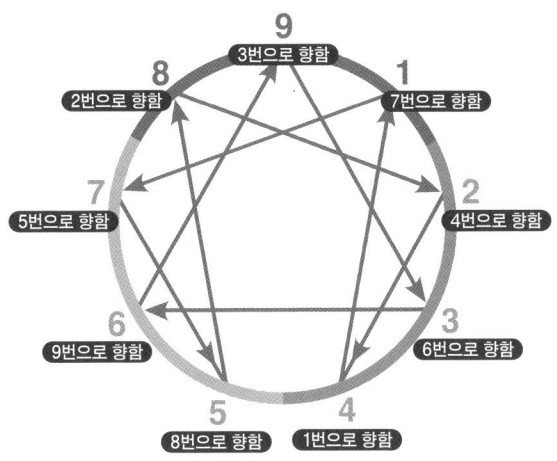

마음 챙김과 자각이 있고 크게 스트레스를 받지 않는다면, 안전 번호의 특징과 선물을 의도적으로 사용하는 법을 배울 수 있다. 손가락만 한 번 튕기면 원하는 때 언제라도 이용할 수 있는 것은 아니지만, 자신에게 맞는 새로운 삶의 접근법을 얻을 때까지 한 번에 한두 개씩 그 번호로부터 효과적인 행동 변화법을 배울 수 있다. 안정적일 때 4번과 연결되는 2번의 예를 들어 보자. 2번은 거의 항상 외부에 집중하고, 4번은 거의 항상 내면에 집중한다. 4번이 자기 외부를 내다보는 법을 조금씩 배울 때 삶에 스트레스가 줄어드는 것을 발견한다. 2번은 안정적일 때, 그리고 내면에 집중할 수 있을 때, 자신에 대해 만족하는 데 필요한 인정이 사실상 내면에서부터 저절로 생긴다는 사실을 깨닫는다.

안전 번호에서 배울 수 있는 점들

- 1번은 7번에게서 진짜 즐기는 법을 경험할 수 있다. 내면의 비판자로부터 잠시 벗어나면, 자신의 좋은 점에 마음이 열릴 것이다.
- 2번은 4번에게서 자신의 창조적인 재능에 집중하고 의미 있는 자기

표현 방식을 탐색하는 법을 배울 수 있다.
- 3번은 6번에게서 사람들의 관심을 받는 것에 애쓸 필요가 없다는 점을 배울 수 있다. 보이지 않는 곳에서도 얼마든지 중요하게 기여할 수 있다.
- 4번은 1번에게서 더 좋은 결과를 얻기 위해 내면의 감정 경험에서 벗어나 다른 사람들과 더 많이 행동하는 법을 배울 수 있다.
- 5번은 8번에게서 조사는 적당히 하고 결정을 내린 후 그 결정에 따라 신속하게 행동하는 법을 배울 수 있다.
- 6번은 9번에게서 일어날 수도 있지만 일어날 가능성이 적은 일에 집중하기보다는 현실을 편안하게 받아들이는 법을 배울 수 있다.
- 7번은 5번으로 이동할 때 자신의 흥미를 끄는 일에 더 깊이 몰두하도록 이끄는 방식으로 내면의 삶을 개발하는 데 시간을 사용할 수 있다.
- 8번은 2번으로 이동함으로써 자신의 생각뿐 아니라 마음에서 결정을 걸러 내는 데 더 많은 시간을 보낼 수 있다.
- 9번은 3번에 있을 때 더 품위 있게 행동하고 손쉽게 일을 달성하는 것을 깨달을 수 있다.

통제는 환상에 불과하다. 우리는 날마다 무슨 일이 생길지, 어떤 어려움이 닥칠지, 그런 일들에 준비가 되어 있을지 알 방법이 없다. 하지만 나는 우리가 좋은 일이 생길 만한 환경을 조성할 수는 있다고 제안하고 싶다. 에니어그램은 긍정적인 결과를 주는 방식으로 우리가 상황에 접근하도록 도와줄 지혜를 제공한다. 그러나 그러려면 우리가 할 일이 있다.

> **"자신의 유형을 정확히 확인한 다음에 알아야 할 가장 중요한 번호는 바로 스트레스를 받을 때 움직이는 번호다."**

이 책에서는 어떻게 에니어그램의 아홉 번호가 각 스트레스 번호의 장점을 끌어와서 새로운 선택을 습관화하고 스트레스와 함께하는 삶의 방식이 덜 파괴적일 가능성을 만들 수 있는지 살펴보려 한다. 그러려면 자신이 건강할 때는 어떤 모습인지 파악하고 건강하지 못할 때는 어떤 일이 벌어지는지—자기 번호가 과도하게 작용하면 그 점이 드러난다—를 포함해 자신의 성격을 솔직하게 평가해야 한다. 하지만 생명을 주는 방식으로 스트레스 번호를 관리하는 것 역시 우리 삶의 일부가 될 수 있다.

자기 성격의 건강한 공간에서 더 많은 시간을 보내는 법을 배운다면, 적절하면서도 생명을 주는 스트레스 관리법을 찾는 데 성공한다면, 안정적인 공간에서 더 많은 시간을 보낼 수 있다. 그리고 우리가 안정적인 삶을 살 때 이 세상에 선함과 평안과 관대함을 더 많이 보낼 수 있다. 내 손주들은 이런 말로 이 안정적인 공간을 묘사하곤 했다. "할머니, 주스는 확실히 힘들게 짜낸 보람이 있네요!"

더 나은 길

우리가 보이는 많은 반응이 얼마나 습관적이고 특정한 양식이 있으며 예측 가능한지 아는 사람이 별로 없다는 점이 분명해졌다. 에니어그램의 지혜는 우리가 그런 현실을 인식하게 도와주며 더 나은 길을 보여 준다. 통제에 대한 환상은 아무 생각 없는 반응일 경우가 많다. 하지만 거기에 이름을 붙이고 더 나아가 우리 자신을 위해 그것을 확인하고 이름 붙이는 법을 배우기 전까지는 그 사실을 알 수 없다.

내 조교 로라는 삼위일체의 삶 사역 연구소(Life in the Trinity Ministry, 이하 LTM)를 대표해서 훌륭한 일을 해 주었다. 함께 일하기 시작한 지 얼마 되지 않았을 때 로라가 이렇게 정중하게 말한 적이 있다. "선생님이 어떤 일을 하고 싶지 않을 때는 이렇게 말씀하지 않으셨으면 좋겠어요. '그러는 게 좋겠네요. 로라와 상의해 주세요.' 그런 말씀을 하시면 저는 선생님이 승낙하신 일을 거절해야 하거든요."

로라가 옳았다. 나는 교회에서 강의나 강연을 부탁받으면 번번이 "좋습니다"라고 반응한다. 사실, 그게 습관이 되어서 그냥 그렇게 답했다. 내가 정직하지 못하다는 생각은 미처 하지 못했다. 내가 로라를 존중하지 않고 있다는 사실도 깨닫지 못했다. 솔직히 말해서, 이게 2번의 흔한 반응이다. 하지만 에니어그램을 배우기 전까지는 몰랐다.

이 이야기를 독자들과 나누는 이유는 이 이야기가 우리의 살아가는 환경에 습관적이고 예측 가능한 반응을 탐색할 길을 만들어 줄 수 있기 때문이다. 우리가 어떻게 하는지 볼 수 있으면, 우리에게 필요한 변화뿐 아니라 변혁과 온전함에 이르는 성장에 주의를 기울일 수 있다.

1장 나는 무엇을 느끼는가?

가슴형의 스트레스 반응

몇 년 전, 루시와 함께 베일러 대학교에서 강의를 마치고 댈러스로 돌아가는 중이었다. 당시에 루시는 LTM 이사였다. 루시는 3번이다. 2번인 내게 집으로 돌아가는 길은 내 감정을 돌아보고 나눌 최적의 시간이었다. 루시로 말하자면, 그간의 일을 돌아보는 데 아무 관심이 없었다는 말은 아주 절제된 표현이다. 루시는 계획대로 강의가 진행되고 학생들 반응도 좋았다는 것을 확인하는 차원에서 기본적인 질문을 두어 가지 던졌다. 루시가 신경 쓰지 않았다는 말이 아니다. 오히려 늘 다음 일을 챙기는 편이다. 미래 지향적인 그녀는 다음 행사를 성공시키기 위해 이미 애를 많이 썼다.

평소에 우리가 같이 차로 이동하는 동안 루시는 대개 잘 들어주는 편이었지만, 그날은 아니었다. 승차 구매(Drive Through) 음식점에서 음료를 사서 나오면서 나는 그 주에 있었던 가장 기억에 남는 이야기를 들려줄 참이었는데, 그녀는 휴대전화를 카 오디오에 연결하면서 자기가 좋아하는 신곡을 들려주고 싶다고 말했다. 내가 뭐라고 대답하려는 찰나, 이미 그녀가 튼 음악이 차 안을 가득 채웠다. 지금 기억하기로도, 좋은 노래였다. 노래가 끝나고 내가 노래가 좋았다고 말하자 그녀는 이렇게 대답했다. "플레이리스트에 있는 다른 곡들도 다 들어보면 어때요? 같이 들을 생각을 하니까 너무 신나요."

그래서 그날의 추억은 거기서 끝이다. 솔직히 말하자면 감정이 상했지만, 나는 루시가 강의에 참석한 수많은 사람에게 더 많이 신경 썼다는 걸 잘 알았다. 3번인 그녀는 LTM 행사에 처음 참석한 사람이 몇 명인지, 관련 상품을 샀는지 안 샀는지, 베일러 대학교에서 우리를 다시 초청할 것 같은지 이외에도 여러 성공 지표에 신경 썼다. 3번이 세상을 보는 방식이 그렇다. "에니어그램을 알아서 얼마나 다행인지." 나는 이렇게 생각하면서, 루시가 그토록 들려주고 싶어 한 음악을 들으면서 집으로 향했다.

감정으로 세상에 참여하기

감정 유형(가슴형이나 정서 중심 유형이라고도 불린다)에 속한 사람들의 기준점은 타인이다. 사람을 좋아하고, 다른 사람들이 자신을 어떻게 볼지 궁금해한다. 상대방이 인정하거나 반대하는지 타인의 마음을 읽고, 타인이 자신에게서 원한다고 생각하는 것에 쉽게 적응할 수 있다. 이 유형에 속한 사람들의 인생 과제는 타인과 연결되는 세상을 만드는 것이다. 그러기 위해서 이들은 사랑받을 만하고 호감이 가며 곁에 둘 만한 자아상을 만들려고 노력한다.

감정 유형에 속하는 세 성격 유형 2, 3, 4번은 한 가지 예외를 제외하면 같은 점보다 다른 점이 더 많다. 이들의 공통점은 환경에서 얻는 정보에 모두 다음과 같은 질문으로 반응한다는 것이다. "나는 무엇을 느끼는가?" 그다음에는 그 느낌이 명령하는 대로 행동한다.

> **이 유형에 속한 사람들의 인생 과제는
> 타인과 연결되는 세상을 만드는 것이다.**

    삶은 이들을 외부 세계로 끌어당긴다. 거기에는 그들을 필요로 하는 사람들, 이끌어야 할 사람들, 반응해야 할 사람들이 있다. 이들은 안정감을 얻고자 타인과 그들의 행위를 통제하려는 즉흥적인 반응을 보인다. 하지만 모든 사람에게 그렇듯, 이들에게도 통제는 그리 오래가지 못한다.

    이 유형을 살펴볼 때는, 에니어그램의 맥락에서 이해하는 대로 모든 사람이 감정과 느낌에 대해 같은 정의를 공유하는 편이 중요하다. 감정(emotion)은 내면의 느낌을 밖으로 표현한 것이다. 느낌(feeling)은 외부 자극에서 유발되고, 감정은 당신의 사고나 어쩌면 영혼에서 비롯된다. 예를 들어, 두려움은 느낌이고 불안은 감정이다. 기쁨은 느낌이고 행복은 감정이다. 분노는 느낌이고 화는 감정이다. 수치심은 느낌이고 죄책감은 감정이다. 비탄은 느낌이고 슬픔은 감정이다. 느낌은 일시적일 때가 많고 외부의 자극이 사라지면 잦아든다. 감정은 우리의 사고에 자리하기 때문에 오랫동안 남을 수 있다.

    한 가지 예를 들어 보면 이런 차이점이 더 분명해진다. 아버지가 울혈성 심부전을 치료하기 위해 입원했을 때 우리는 아버지가 살날이 얼마 남지 않은 것을 알았다. 병상을 지키려고 모여든 우리 가족들은 중환자실 면회 시간에 들어갈 차례가 돌아오기만을 기다렸다. 나는 아버지를 정말 사랑했다. 차례가 되어 중환자실에 들어갈 때마다 비탄에 빠졌다. 이토록 모든 감정을 아우르는 복잡하고 미묘한 감정을 느껴 본 적이 없었다. 아버지의 장례를 치르는 내내 탄식했다. 이렇게 상심한 채 몇 주를 지내고 나서야, 아버지와 함께한 추억을 조금씩 떠올리기 시작했다. 아버지가 우리 아이들이나 남편과 함께한 시간, 특히 어머니와 함께한 아름다운 추억을 곱씹어 보았다. 그러는 사이, 내 비탄은 슬픔으로 바뀌었다. 31년이 지난 지금도 가끔은 슬프고 우울하지만, 더는 비탄에 빠지지 않는다.

2, 3, 4번은 타인의 감정에 따라 굉장히 빨리 반응이 바뀌기 때문에 자신의 욕구나 필요는 고사하고 자신의 감정이 무엇인지 제대로 확인하지 못할 때가 많다. 때로는 자신이 정말로 어떻게 느끼는지 알거나 집중하기가 너무 힘들어서 지나치게 유쾌하거나 우울하다는 인상을 줄 수 있다. 그런데 대부분은 진정한 감정에서 나온 것이 아니다. 이 성격 유형들은 상당한 내면 작업을 하기 전까지는 자신의 진정한 필요와 감정에 연결되기 어렵다. 오히려 그저 타인의 감정을 흉내 내거나 다른 사람들을 관찰해 그들이 기대하는 대로 따르기 쉽다.

가슴형은 어떻게 느끼는가

2번은 감정을 외면화한다. 이 말은 2번의 감정이 외부에 집중되고 대체로 과장되어 있다는 뜻이다. 2번은 자신의 감정과 필요보다 다른 사람들이 느끼는 것을 느낀다.

3번은 감정을 제쳐 둔다. 3번은 감정을 예측하기 힘들다는 이유로 자신의 감정을 가장 멀리하는 사람들이다. 3번은 효율성과 효과에 집중하는 데 감정이 방해될까 봐 염려한다. 나중에 감정을 다루겠다고 늘 계획하지만, 실행에 옮기는 일은 드물다.

4번은 감정을 내면화한다. 4번은 자신의 감정을 곱씹는다. 슬프면 더 슬퍼하기 원하고, 행복하면 더 행복해지기를 원한다. 타인과 정서적으로 연결되고 싶어 하지만, 동시에 연결되지 않기를 원한다. 4번은 에니어그램에서 가장 복잡한 번호인데, 이런 면에서 아주 뚜렷하게 눈에 띈다. 4번은 감정, 곧 자신의 감정에 대해 외부적으로 허심탄회하게 표현한다. 이들이 안전하다고 느끼지 않으면, 깊이 있는 진정한 감정을 나누는 위험을 감수할 가능성은 별로 없다.

감정형 사람들은 자신의 감정과 복잡한 관계일 뿐 아니라, 자기 외부에 거의 항상 집중하는 편이다. 따라서 하나같이 타인의 감정을 흉내 내거나 다른 사람들을 관찰해 그들이 기대하는 대로 따르기 쉽다.

2, 3, 4번은 **두려움**이나 **분노**를 주장하는 경우가 드물다. 그들에게 두렵거나 화가 나지 않느냐고 물으면 "실망했어요"라거나 "도대체 무슨 일인지 모르겠어요"와 같은 반응이 돌아온다. 이들은 자신이 어떤 감정인지 정확히 파악하지 못하는데도, 행동으로 그 감정을 조절해 보려 애쓴다. 대청소를 한다며 집 안을 뒤집어엎는다든지, 직장에서 필요 이상으로 일을 많이 맡는다든지, 누군가를 병원에 태워다 주겠다고 제안한다. 어떤 경우에는 혼자 있거나 운전할 때 내면에서 끓어오르는 불안을 해결하기 위해 상상 속의 타인과 대화하기도 한다.

아주 심오한 차원에서 이들의 마음 상태가 이들 **정체성**의 근원이다. 하지만 다른 사람들을 돌보려고 애쓰는 사이에 이들은 그 정체성에서는 멀어진다. 자신이 가치 있고 사랑받는다고 느끼지 못하기 때문에 수치심을 느낀다. 수치심은 언제라도 이들의 정체성을 차지할 준비를 갖추고 속에서 기다리고 있다. 사실은, 세 유형 모두 자아상을 통해 스스로 가치 있다고 느끼려고 애쓴다. 이것이 수치심을 탈피하기 위한 직관적인 방법이기 때문이다. 2번은 다른 사람을 돌보고 섬기려고 애쓰느라 극단적으로 좋은 사람이 된다. 3번은 완벽한 실적과 탁월한 성취를 얻기 위해 애쓴다. 4번은 상실과 상처를 과장해 자신을 피해자로 여긴다.

이 성격 유형을 **불안형**(Anxiety Triad)이라고도 할 수 있는데, 이들이 관계나 계획 수립, 목표 설정, 성취감, 이해받는 것 등에 대해 염려하기 때문이다. 이들은 직관적으로 다른 감정을 염려로 바꾼다. 염려는 아주 불편한 느낌이지만 이들에게는 익숙하기도 하다. 베네딕토회 수녀이자 에니어그램의 현명한 교사인 수잰 주에르케르(Suzanne Zuercher)는 "사람이 감정을 만들어 내는 것이 아니라, 그런 경험을 하도록 허용한다. 그래서 2, 3, 4번의 모든 불안 행위는 감정을 밖으로 몰아낸다"라고 말한다. 감정 유형은 자신의 불안을 다루는 법을 배워야 한다. 그래야 일어날지도 모른다고 염려하는 일이 아니라 실제로 벌어지고 있는 일에 반응할 수 있다.

이 유형에 속한 번호들은 스트레스를 느낄 때 자신의 **스트레스 번호**의 에너지에 의존한다. 에니어그램 도표의 화살표에서 보듯이, 이것을 '움직임'(move)이라고 한다. 2번은 8번으로, 3번은 9번으로, 4번은 2번으로 움직인다. 이것은 수평적인—자기 스트레스 번호의 평균 측면으로 가는—본능적 기본 움직임이다. 하지만, 그 번호의 건강한 측면이나 '좋은 면'에 접근하는 법을 배울 수 있다면 더 풍성한 생명력을 제공할 잠재력이 생긴다.

이쯤 되면 감정 유형이라고 해서 2, 3, 4번이 자기감정을 가장 잘 다루는 에니어그램 유형은 아니라는 점이 분명해진다. 오히려 그 반대가 맞다.

> **"아무리 할 일이 많아도 가장 먼저
> 우리 영혼을 지켜야 한다."**

영혼의 보호 장치

나는 다음 세 가지가 우리가 지역 생태계와 더 큰 지구 공동체와 상호 작용하는 방식—우리가 느끼는 방식과 생각하고 말하는 내용—을 형성한다는 사실을 오래전부터 알았다.

우리의 관점(에니어그램 번호)
우리의 취약성(사회적 배경)
자신보다 더 큰 무언가에 대한 우리의 신념(믿음)

우리는 주변 세상의 영향을 끊임없이 받는다. 그러나 특이한 일이 벌어지지 않는 한, 우리는 거의 그 사실을 의식하지 않는다. 샘 소머스(Sam Sommers)는 『무엇이 우리의 선택을 좌우하는가』(*Situations Matter*, 청림출판)에서 "인간 본성을 이해하려면 상황의 힘이 얼마나 큰지 인식해야 한다"라고 말한다. 안타깝게도, 이 유행병으로 우리는 가장 특이하고 **강력한** 상황을 마주했다. 이제는 주의를 기울여야 할 수밖에 없다.

나는 전 세계적인 팬데믹 기간을 살면서 배운 것이 많다. 그중에서도 가장 두드러진 지혜는, 아무리 할 일이 많아도 가장 먼저 우리 영혼을 지켜야 한다는 점이다. 물론, 영혼을 지킨다는 의미는 사람마다 다르겠지만, 감정 유형에 속한 사람들의 가장 큰 과제는 자신을 사랑하는 법을 배우는 것이다.

명심하자. 2, 3, 4번은 마음 상태를 표현함으로써—이들의 지배적인 중심은 감정이다—가치와 정체성을 찾는다. 하지만 이런 마음 상태는 거의 항상 **외부에** 초점이 맞추어져 있다. 그래서 이들은 기분이 어떠냐는 질문에, 다른 사람들에게 유익을 준 자신의 성취를 비롯해 자신의 관계를 반영해 대답한다. 이들은 타인에게 다가가고 상대가 다가오기를 기대하면서 많은 시간을 할애하는데, 그럴 때 기분이 좋고 옳다고 느껴지기 때문이다.

게다가 이들은 "나는 쓸모 있다"라거나 "나는 성공했다", "나는 진정성 있다"처럼 스스로 만든 자기 이미지에 기댈 때가 많다. 의도적이지는 않지만, 이들의 사고와 행동은 남들이 가치 있게 봐 준다고 스스로 생각하는 이미지를 표현하는 수단이 된다.

이런 유형이 자신을 사랑하는 법을 배운다는 것은 다른 사람을 사랑하거나 자아상을 사랑하거나 자신의 역할을 사랑하는 것 이상을 의미한다. 이 마지막 문장을 가볍게 여겨서는 안 된다. 그들에게는 굉장히 도전적인 과제다.

가슴형을 위한 영성 훈련

우리 영혼을 보호하는 법을 배우는 **첫걸음**은 여기서 배운 진실을 인정하는 것이다. 그다음에는 느낌과 감정을 세세히 적어 보라. 억눌린 감정들을 발견할 테지만, 하루나 한나절, 혹은 한 시간만 주변의 기대를 무시하면 그 감정들을 드러낼 수 있다. 이 작업을 하면서 다음 사실을 기억하라. 타인의 기대를 채워 주면 자신이 원하는 인정을 받을 수 있지만, 그것은 더 친밀한 욕구의 보잘것없는 대체품에 불과하다.

당신은 하나님의 사랑을 받는 사람이다. 있는 모습 그대로 사랑받고 있다. 자신의 감정을 다룰 용기를 낼 수만 있다면, 자신에 대한 애정과 내재한 가치에 대한 인정을―다른 사람의 칭찬이 없더라도―경험할 것이다. 그리고 자신을 있는 모습 그대로 기뻐하게 될 것이다. 그러면 그게 어떤 형태가 됐든 자기 돌봄을 훈련할 준비가 된 셈이다. 당신이 하는 일은 당신이 어떻게 느끼는지로만 측정할 수 있다는 점을 명심하라.

우리 모두에게는 중세 신학자이자 명상가 아빌라의 테레사가 "영혼의 성"이라고 묘사한 장소가 필요하다. 우리가 누구이고 누구의 소유인지 기억할 수 있도록 때때로 돌아갈 장소 말이다. 그 영혼의 성이 우리가 또 다른 하루를 살아갈 힘과 성품을 줄 것이다. 문제는 그 성을 우리 스스로 세워야 한다는 점이다.

2번

나는 거절할 수 있다

나는 2번이다. 어느 자리에 가면 거기 모인 사람들에게 무슨 일이 벌어지고 있는지, 어떤 문제는 없는지, 그 문제를 해결하려면 어떻게 해야 하는지를 읽어 낸다. 2번이 아닌 사람들은 우리가 어떻게 이런 것들을 아는지, 왜 우리가 남의 인생 문제를 해결하려고 애쓰는지 정말 이해하기 힘들 것이다.

에니어그램을 가르치기 시작한 지 얼마 되지 않았을 때 일이다. 강의실에 들어갔는데 맨 앞줄에 앉은 한 여자가 눈에 띄었다. 단상 옆에 가방을 내려놓는데, 뭔가 느껴졌다. 확연한 분노였다. 나는 여자를 보고 물었다. "안녕하세요?"

"별로 안녕하지 못하네요" 하고 여자가 대답했다.

"아이고, 제가 뭐 도와드릴 일이 있을까요?"

"글쎄요. 오늘로 35년 됐네요."

"35년이요?"

"네. 35년 전 바로 오늘, 남편이 그 여자랑 집을 나갔어요. 시간까지도 거의 비슷하네요."

흠. 그 사건을 돌이킬 방법은 없었다.

우리 둘 다 그녀의 분노를 신경 쓰고 있다는 걸 알았기에, 내가 해 줄 것은 워크숍밖에 없었다. 그래서 나는 최대한 밝은 목소리로 이렇게 말했다. "좋아요, 여러분. 이제 시작할 시간이네요. 안녕하십니까!"

그렇게 함께하는 하루가 시작되었다.

2번이 세상을 바라보는 방식

2번은 다른 사람들과 이렇게 연결된다. 우선 그들의 감정을 알아차리고, "이 사람의 욕구나 필요는 무엇일까?"라는 질문을 던지고 나서, 그에 따른 행동으로 반응한다. 자신의 인식이 타당한지 질문하는 법은 거의 없다.

세상을 바라보고 반응하는 이런 방식은 다음과 같은 다른 방식들에도 잘 드러난다.

- 2번에게는 모든 것이 관계다. 이들은 자신이 만나는 모든 사람과 관계를 맺으면서 발전한다. 에니어그램 유형 중에 사회적 지능이 가장 높다.
- 2번은 다른 사람이 정보를 주지 않는 한 자신이 누군지 잘 모른다.
- 2번은 돕는 사람이다. 자신의 필요는 잘 알지 못하더라도 다른 사람들의 필요를 읽는 묘한 능력이 있어서 그들의 필요를 예측하고 채워 주려 한다. 필요한 사람이 되지 않으면 사람들이 자신을 원하지 않으리라고 생각하기 때문이다.
- 2번은 감정을 쉽게 표현하지만, 이들이 겉으로 표현한 감정이 진짜 자신의 감정인 경우는 드물다.
- 2번은 자신의 필요나 욕구를 표현하기를 두려워한다. 아무도 거기에 반응해 주지 않으면 그 고통과 실망감을 어찌할 수 없을까 봐

두려워하기 때문이다.
- 2번은 대개 자신의 너그러움이 이타적 행위라고 믿는다. 자기 자신과 그 친절을 받는 사람 모두에게 기쁨을 주기 때문에 그런 관대한 행위를 베푼다고 믿는다. 자신들이 대가로 무언가를 바라고 있다는 생각은 하지 못하는 편이다.
- 미성숙한 2번(나이는 상관없다)은 비판적인 사고 대신 예감 같은 충동에 따라 행동한다.
- 2번은 타인에 대한 사랑과 그들을 돌보려는 쉼 없는 노력을 사람들이 당연하게 받아들인다고 생각하기 때문에 분노를 느끼는 경우가 많다.
- 때로 2번은 다른 사람들에게 너무 많이 시간과 에너지를 쏟는 바람에 가장 사랑하는 사람들에게는 정작 시간을 내지 못한다. 이 점 때문에 늘 수치심을 느낀다.
- 많은 문화권에서 여성들에게 2번 성향을 권장한다. 그 때문에 여성들은 자신의 필요와 욕구를 알아차리지 못한다.

2번이 스트레스를 받을 때

에니어그램의 아홉 유형에 대해 배울 때 격정(이나 죄)과 스트레스의 연관성을 간과하기 쉽다. 자만(2번의 격정)이 이들의 삶에서 스트레스의 원인이라고 말하는 것이 정확하다고 할 수는 없지만, 그 연관성을 부인하기는 힘들다. 2번의 자만은 자신의 필요를 알지 못하거나 그 실체를 확인하기 꺼리는 형태를 띤다. 이타적으로 다른 사람들을 보살피느라 너무 바쁘기 때문이다.

"당신의 가장 좋은 부분이 가장 나쁜 부분이기도 하다"라는 말은 에니어그램 지혜의 원리 중에 하나다. 이 경우, 2번의 너그러움은 좋은 면이다. 하지만 그 너그러움이 매우 건강하지 못한 경향을 띨 수 있는데, 실제로도 그런 경우가 많다. 대개 2번은 주고 또 주어서 아무것도 남지 않을 때까지 계속 준다. 그러고 나서 자기 삶으로 돌아오면, 자신을 돌볼 에너지는 바닥난 상태다.

필요한 사람이 되어야 한다는 2번의 욕구에는 경계가 거의 없다. 그리고 안타깝게도, 그 **필요한** 사람의 기준은 자신이 **필요한 존재**라고 얼마나 느끼는지로 결정된다.

예를 들어 보자. 다른 사람의 감정을 감지한 2번은 도움이 되어야 한다는 불안을 느끼고 어떤 행동을 취한다. 따라서 2번은 타인의 필요를 감지하고 그 필요를 채워 줌으로써 관계를 맺을 것이다. 다른 사람들은 이런 유형을 쉽게 허용한다. 크고 작은 일로 조언이나 도움을 구하려고 2번에게 연락할 때마다 2번이 늘 나서 주는 것을 알기 때문이다. 실제로, 2번은 그렇게 나설 수밖에 없다. 자신이 친구를 위해 나서지 않거나 나서지 못하면 관계가 끝날까 봐 두려워하기 때문이다.

하지만 2번의 친구가 너무 많아진다고 해 보자. 그 모든 '친구'가 자신들이 요청할 때마다 2번이 달려와 주고, 하던 일을 멈추고 경청해 주며, 적절한 조언을 해 주고, 시간을 내서 어떤 식으로든 도와줄 거라고 기대하게 된다. 그러다 보면 2번은 금세 지쳐서 어쩔 줄 모르고 원망을 품게 된다.

결국 과도한 스트레스가 발생한다. 2번은 다른 사람들의 필요를 채우기 위해 노력한 여러 방식과 자신의 필요가 충돌하기 때문에 분노한다. 하지만 2번은 어렸을 때부터 자신의 필요와 다른 사람들의 필요가 상충하면 불안해했다. 어린 시절에 이들은 자신이 사랑받는다는 것을 알았지만, 사랑에는 조건이 따른다고 믿었다. 있는 모습 그대로가 아니라, 쓸모 있고 남을 만족시키는 사람이어야 사랑을 받았다. 다른 사람들의 바람과 필요와 욕구를 채우는 일에 평생 헌신했다고 믿는 2번이, 자신의 필요를 밝히면 자신이 소중히 여기는 관계와 간절히 바라는 애정을 잃게 될까 두려워할 때 그 필요를 밝히기란 매우 힘들다.

이런 스트레스는 대개 2번이 자초했다는 점을 명심하자. 다른 사람들을 보살피는 일이 너무 기분이 좋기 때문에 2번은 자신이 얼마나 많이 주고 있는지, 혹은 그것이 자신의 신체에 어떤 영향을 미치는지 알지 못하는 듯하다. 2번은 그리 심하지 않은 신체적 고통은 참는 법을 부지불식간에 배운다. 이는 그들이 자기 몸과 단절되어 있기 때문이다. 고통이 더 심해져서 자기 뜻대로 살아갈 능력을 방해할 때, 분노가 찾아오고 자신을 제대로 돌보지 못했다는 수치심과 후회가 따라온다.

스트레스를 받을 때 8번으로 이동

2번은 스트레스를 받을 때 더 강하게 나가서 스트레스를 유발하는 일을 더 많이 한다. 피곤하고 화가 난 2번은 사람들에게 더 많이 퍼 주는데, 분별력과 만족감은 훨씬 더 떨어진다. 이런 행동을 계속 유지할 수는 없기 때문에 어쩔 수 없이 8번으로 움직이게 된다.

나는 우리가 스트레스를 받을 때 움직이는 그 번호가 없다면 자신을 돌볼 수 없다고 확신한다. 2번은 바닥을 쳤을 때 가장 성숙한 행위를 할 수 있도록 8번의 가장 큰 장단점을 알고 이해해야 한다. 문제는 2번이 8번의 건강하고 좋은 특징을 이용할 수 있느냐다. 건강하지 못한

> **"자신의 감정과 필요를 인식하게 될 때까지 우리는 계속 스트레스를 유발하는 똑같은 행동 패턴을 반복한다."**

8번의 행위가 건강하지 못한 2번의 행위와 결합하면 문제를 해결하기보다 오히려 더 많은 문제를 만들어 내기 때문이다.

8번의 건강하지 못한 측면을 받아들인 2번은 자신의 불행을 남 탓으로 돌린다. 화를 터뜨린다. 공허함과 분노를 느끼면서도 그것을 정확히 밝히지 못하기 때문에 불평한다. 지금까지 사람들이 자기를 사랑하는 시늉만 했을 뿐 자신의 도움을 당연히 여겼다면서 말이다. 자기 이야기를 들어줄 사람이 있는 이 위치의 2번은 자기가 다른 사람들을 위해 한 일, 곧 자신이 해 줄 거라 당연히 여기는 남들의 기대와 그러면서도 알아주지는 않은 자신들의 수고를 장황하게 나눈다. 이들은 요구가 많아지고 남을 통제하려 한다. 이들을 사랑하고 신경 쓰는 사람들은 어디서 이런 공격성이 나오는지, 어떻게 효과적으로 대응해야 할지 몰라 허를 찔린다.

2번은 약간의 훈련을 통해 맨 처음 스트레스를 느끼기 시작할 때 건강한 8번의 행위를 선택하는 법을 배울 수 있다. 이는 엄청난 차이를 낳을 수 있다. 8번의 건강한 측면을 받아들인 2번은 자신감이 커지고 다른 사람의 생각에 덜 신경 쓰게 된다. 자신이 할 일이 아닌 것은 거절할 수 있고, 일의 진행 과정과 개인적인 차이도 더 잘 견딜 수 있다.

2번은 현재를 지향하기 때문에 경계를 잘 구분하지 못한다는 점을 잊지 말라. 이들은 지금 당장 자기 앞에 있는 사람과 사물을 다루는데, 거절을 힘들어하기 때문에 대개 지나치게 헌신하는 경향이 있다. 이들은 자신의 시간과 일정, 헌신을 존중하는 훈련이 거의 되어 있지 않다.

8번의 에너지는 2번이 자기가 할 일에 우선 집중하게 함으로써 더 건강해지도록 도와줄 수 있다. 2번인 내게 날마다 도움이 되는 질문들은 다음과 같다.

왜 나는 이 사람에게 끌리는가?
내가 그 대가로 기대하는 것은 무엇인가?
이 사람은 정말로 내 도움을 원하는가?

더 건강하고 좋은 8번의 특징을 이용할 수 있을 때 2번의 경계는 좀 더 분명해진다. 눈앞에 닥친 긴급한 요구 사항을 들어주기 위해 애쓰지 않는다. 오히려 반드시 자신이 해야 할 일이 있다면 좀 더 확실히 저절로 드러날 것이라고 믿으면서, 자신이 그날 해야 할 일을 계속해 나간다.

2번인 나는 마트에서 장 볼 시간이 부족할 때조차 내 도움이 필요한 누군가를 찾는 경우가 있다. 얼마나 터무니없는가! 하지만 바로 그 순간에는, 그것이 위안이 된다. 8번이라면 **절대** 고려하지 않을 행동이다. 솔직히 말해서, 내가 8번의 에너지를 받을 때 다른 사람들의 부탁을 거절하는 능력이 향상될 뿐 아니라, 나 자신을 거절하는 일도 더 잘할 수 있다.

핵심: 자신의 필요를 알아차리기

에니어그램에서는 세 힘의 중심 사이에 균형(각 중심을 원래 의도한 목적대로 활용하는 것)을 찾으면 더 건강하고 온전한 삶을 살 수 있다고 가르친

> **"2번에게는 모든 것이 관계다."**

다. 세 중심이 할 일을 두 중심에만 맡긴다면, 2번은 더 풍요로운 삶을 살 수 있는데도 아주 기계적이고 낮은 차원에서만 살아가고 있다는 뜻이다.

늘 "나는 무엇을 느끼는가?"를 가장 먼저 묻는 2번은 하루를 살면서 자신을 관찰함으로써 이 균형을 찾고 유지하는 일을 시작할 수 있다. 나는 2번에게 그럴 때 따라오는 느낌과 감정을 지켜보고, 자신의 반응에 주목하라고 제안한다. 그렇게 하면서 우리는 외부보다(우리가 대체로 하는 일) 내면에 집중하는 법을 배운다. 자신의 감정과 필요를 인식하게 될 때까지 우리는 계속 스트레스를 유발하는 똑같은 행동 패턴을 반복한다.

실전 훈련

2번을 위한 감정 관리 연습

- 다른 사람의 필요가 당신의 감정을 좌우하는 때를 알아차린다.
- 외부에서가 아니라 내면에서부터 당신의 정체성을 파악하는 법을 배운다. 어떤 상황에 대한 **당신의** 반응은 무엇인가?
- 언제 개인의 욕구와 솔직한 감정에서 다른 사람들의 감정으로 관심이 옮아 가는지 인식한다.
- 헌신하는 관계를 줄이고, 이미 맺고 있는 관계를 더 잘 누린다.
- 억울한 마음이 들려고 할 때 건강한 경계를 설정한다. 자신에게 필

요한 것을 요청하고 적절하지 않은 요구는 거절한다.
- 원망을 피하려면, 다른 사람들에게 맞춰 줄 방법을 모색하기보다는 당신이 할 일에 집중하는 법을 배운다.
- 요가나 명상, 마음 챙김 산책 등 자기 몸과 연결되는 훈련을 한다. 머리나 마음이 당신을 속일 수는 있어도, 몸은 거짓말하지 않는다. 당신에게 말하는 것에 집중하는 법을 배운다.
- 홀로 있는 시간을 마련한다. 이런 시간을 통해 자신의 욕구와 필요를 더 잘 파악할 기회가 생길 것이다.
- 알아차리는 순간은 금세 사라지곤 한다. 자신에 대해 알게 된 것을 확보하는 방법으로 일기를 써 본다. 그러면 이 좋은 일을 기반으로, 당신에게 도움이 되지 않는 행동을 서서히 줄일 수 있다.

안전하다고 느낄 때 4번으로 이동

세상만사가 제대로 돌아갈 때, 곧 세상이 더할 나위 없이 좋고 우리도 어느 정도 안전하다고 느낄 때, 에니어그램에서 당신의 번호를 향하는 화살표가 보여 주듯, 우리는 안전 번호의 예측 가능한 행위에 접근할 수 있다.

2번에게 그 번호는 4번이다. 2번인 나는 대체로 외부에 관심이 집중되어 있는데, 4번은 거의 항상 내면에 초점을 맞춘다. 4번으로 이동하면서 나는 내게 필요한 것을 찾기 위해 내면을 들여다보는 법을 배운다. 이런 움직임이 없다면, 나는 외부에서 들어오는 것으로만 내 가치를 평가하고 내 필요를 채울 수 있다. 그렇게 되면 다른 2번들처럼 나도 승패를 동반하는 비교와 경쟁에 빠진다. 내 나이쯤 되자, 이런 움직임이 점진적이라는 사실을 알았다. 나이가 들수록 자신의 안전 번호에 더 많이 접근하는 듯하기 때문이다. 어쩌면 나이가 들수록 자연스럽게 우리가 있는 모습 그대로를 더 편하게 느끼기 때문인 듯하다.

4번의 선물을 경험할 때 2번은 자기 내면에 조금 더 집중해 자신의 정서 생활을 살펴볼 수 있다. 이는 2번이 자주 소홀히 여기는, 자기 돌봄을 향한 좋은 움직임이다. 이들은 남을 돕는 것과는 별개로 자기 가치를 발견한다. 많은 2번이 4번의 세계관을 받아들이고서 자신의 창의성과 자기표현을 발견했다고 내게 털어놓았다. 하지만 나는 방 안에 다른 사람이 한 명만 더 있어도 2번은 내면에 집중하기가 어렵다고 경고하곤 했다. 우리는 적어도 어느 정도는 다른 사람의 필요와 관심사를 늘 인지한다. 그것이 바로 우리가 세계를 바라보는 방식이기 때문이다. 그래서 2번은 혼자만의 시간이 반드시 필요하다.

2번이 4번과 섞이면 2번에게는 최소한 하나의 선물이 더 있다. 2번은 4번의 관점에서 자신의 감정을 확인하고 받아들이고 인정할 수 있다. 이런 감정은 분노, 외로움, 질투, 두려움 등 온갖 다양한 느낌으로 표현될 수 있다.

이런 감정을 받아들임으로써 2번은 자신이 모든 사람을 사랑하지는 않는다고 인정할 수 있는데, 이 점은 아주 중요하다. 그리고 2번만이 이해할 수 있는 의미에서, 이 점은 큰 해방감을 준다.

3번
나는 감정을 허용할 수 있다

브라이언과 로라는 둘 다 3번이다. 브라이언을 만난 사람들은 그가 유머 감각이 좋다는 사실을 금세 알아차린다. 그는 준수한 외모의 똑똑하고 매력이 넘치는 사람이다. 로라도 똑같이 매력적이고 영리하며 훌륭한 아이디어를 많이 내는 사람이다. 나는 어느 학회에서 두 사람을 의도적으로 같은 테이블에 배치했다. 서로 조금 더 친해져서 3번으로 살아가는 것에 대해 생각을 나눌 수 있도록 말이다. 그리고 정말 그렇게 되었다.

쉬는 시간에 브라이언이 휴대전화를 꺼내더니 로라에게 그림을 하나 보여 주었다. 알록달록한 파이 그래프 내부에 여러 개의 도넛 모양과 바큇살 모양이 들어 있었다. 그는 이 '감정 바퀴'를 사용해 자신의 감정에 알맞은 표현을 붙여 준다고 말했다. 로라는 놀라면서도 호기심을 보였다. 그러자 브라이언은 이 바퀴를 어떻게 활용하는지 예를 들어 주었다.

'기쁘다'라는 항목 바로 바깥쪽 원에는 '창의적이다', '기운이 넘친다', '흥분된다' 등의 단어가 적혀 있고, 그 바깥쪽 원에는 '흥미롭다', '활력을 준다', '유쾌하다' 같은 단어가 적혀 있었다. 브라이언은 이 원이 자신의 감정을 알아차리는 데 도움이 된다고 설명해 주었다. 그 덕분에 다른 사람들과 함께 있을 때, 특히 개인 관계에서 그 순간에 더 충실할 수 있다고 했다. 그는 3번으로서 또 다른

> **"마음 상태는 자기 존재의 진정한 근원이다."**

3번에게 자신의 감정을 확인하기 위해 이 그림을 얼마나 자주 찾게 되는지 모른다고 털어놓았다.

3번이 세상을 바라보는 방식

3번도 2번과 4번처럼 가슴형이지만, 한 가지 중요한 면에서 나머지 두 유형과 다르다. 3번은 자신의 감정과 단절되어 있다. 이는 부분적으로, 감정이라는 것이 성공을 향한 열망에 도움이 되지 않는다는 사실을 어려서부터 배웠기 때문이다. 감정의 예측 불가능한 성격도 낙관주의와 행복처럼 이들이 잘 만들어 놓은 이미지에 도움이 되지 않기는 마찬가지였다.

3번 중에는 자신이 내면세계와의 아주 중요한 연결점을 잃어버렸다는 사실을 전혀 인식하지 못한 채 평생 살아가는 사람도 있다. 일과 활동이 천연 항우울제 역할을 해서 이들을 자신의 감정에서 더 멀리 떨어뜨려 놓는다. 3번은 바쁘기 때문에 감정과 삶이 그들에게 다가가지 못한다. 어떤 의미에서 3번들은 미국 사회를 고스란히 대변한다. 우리 문화는 성공을 가치 있게 여기고, 많은 사람이 성공을 위해 치르는 개인(과 사회)의 대가는 무시하는 경향이 있다.

3번은 감정 유형의 중심 번호다. 중심 번호들은 힘의 중심이 지배적인 동시에 억압되어 있다. 감정 유형에서 그 말은 이런 뜻이다. 3번은 "나는 무엇을 느끼는가?"라는 질문을 던져서 주위 환경에 반응하지만,

자신이 받은 정보를 이해하거나 앞으로 할 일을 결정할 때 감정 중심을 사용하지는 않는다.

이 점을 염두에 두고, 3번에 대해 고려해야 할 다른 중요한 내용을 살펴보자.

- 3번은 아주 어릴 때부터 자신의 감정을 무시하고 주변 사람들의 기대를 채워 주는 존재가 되어야 한다고 배웠다.
- 3번은 감정을 행동과 사고로 대체하고, 행동으로 주변 환경을 통제한다.
- 다른 사람의 감정을 쉽게 읽어 내는 2번과 달리, 3번은 타인의 감정을 읽고 자신의 감정을 알아차리는 것을 모두 다 어려워한다.
- 3번은 자신의 감정을 억압하고 다른 사람들의 호감과 인정을 원하기 때문에, 때로 자신이 경험하지 않는 감정을 겉으로만 드러내기도 한다.
- 이기고 성공하고 싶은 욕구가 사랑받고자 하는 3번의 욕구를 가린다.
- 3번은 효율성과 효과성에 집착한다. 자의식을 가진 3번은 자신이 사람들의 필요보다 효율을 우선시할 때가 있다고 말한다. 또한 비효율적이고 게으른 사람들을 정말 견디기 어렵다고 털어놓는다.
- 3번의 주의 집중은 선택적이다. 부정적인 면은 무시하고 긍정적인 면에만 집중한다. 3번은 전혀 흔들리지 않고 일과 정체성을 바꿀 수 있다. 충분한 활동만 있다면, 부정적인 감정은 얼마든지 막을 수 있다.
- 3번은 사람이 아니라 결과를 통제하는 데 투입된다.
- 3번은 다른 사람들이 원하는 대로 어떤 모습이든 될 능력을 갖추었다. 그리고 나서는 자신을 속여서, 남들을 기쁘게 하려고 변형

된 모습이 바로 자신이라고 믿는다.
- 3번은 미래와 그 미래가 가져다줄 더 큰 성공과 성취와 긍정의 가능성에 푹 빠져 있다. 현재는 대부분 방해만 될 뿐이고, 과거를 돌아보는 일에서는 아무 가치를 찾지 못한다.
- 3번은 경쟁심이 강하다. 그래서 실패했을 때는 그것을 부분적인 승리로 재포장하거나 외부 요인이나 다른 사람들을 탓하기도 한다.
- 성과에 집중하는 삶은 친밀감과 정서적 질문에 뿌리를 둔 내면의 삶을 희생시킬 수밖에 없다. 친밀감은 3번에게 상당히 어려운 부분이다. 친밀해지려면 약해져야 하고, 약해지려면 현재에 충실하고 좋든 나쁘든 있는 모습 그대로를 보여 주어야 하기 때문이다. 3번에게 이것은 굉장히 큰 위협이다. 이들이 친밀감을 원하는 건 분명하지만, 친밀함을 경험하고 나서 잃는다는 생각은 너무 위험하게 느껴진다.

3번이 스트레스를 받을 때

3번이 스트레스를 받을 때는 다른 유형과 마찬가지로 좋지 못한 행동을 하기 시작한다. 이들은 매우 경쟁심이 강해서 자신의 기분을 위해서 남을 깎아내리기도 한다. 자신의 성취를 자랑하다 못해 성공한 이야기를 꾸며 내기도 한다. 자신을 남과 비교하고, 언제 자신을 승자라고 생각하는지도 주목한다. 이럴 때 3번은 다른 사람의 주목을 받는 일에 자주 필사적으로 매달리기 때문에, 무슨 수를 쓰든 사람들이 자신에게 집중하게 한다. 이들은 다른 사람의 감정과 반응을 정확히 읽지 못하기 때문에 종종 사람들이 자신을 잘 받아 준다고 스스로를 속이고 그렇게 믿는다. 실제로는 그렇지 않은데 말이다.

> **"성과에 집중하는 삶은 친밀감과 정서적 질문에 뿌리를 둔 내면의 삶을 희생할 수밖에 없다."**

에니어그램 언어로 3번의 죄 혹은 격정은 기만이다. 이것은 흔히 사회에서 통용되는 **기만**의 정의, 곧 부정직이나 거짓말과는 의미가 다르다. 에니어그램의 지혜에서 기만이란, 3번이 내적 자아를 희생하면서 자신의 외적 이미지와 정체성을 개발하는 데 너무 많은 에너지를 쏟는 것을 가리킨다. 3번은 다른 사람이 원하는 모습이 되는 데 정말 능통한데, 그 모습은 집단에 따라 다를 수 있다.

3번은 자신이 속한 모든 집단에서 자신을 재해석하고 재창조하기 때문에 그 일이 얼마나 힘들고 얼마나 큰 스트레스를 유발하는지 그저 상상만 할 뿐이다. 환경이 바뀐다. 친구 집단이 바뀐다. 새로운 가족 구성원이 생긴다. 그럴 때마다 만나는 예상치 못한 환경은 에니어그램 번호와 상관없이 모든 사람에게 스트레스를 유발한다. 3번은 공적으로나 사적으로 자신이 속한 공동체에서 알려진 이미지를 유지해야 하는 도전에 맞닥뜨린다. 이들은 적절한 때와 시간에 맞는 적절한 이미지를 지닌 적절한 사람이 되어야 한다는 압박이 얼마나 큰 스트레스를 주는지 내게 토로한다. 그것도 항상 말이다.

안타깝게도, 이 모든 노력은 3번이 진정한 자신의 모습이 아니라 잘 만들어 놓은 자신의 이미지 덕분에 사랑받는다고 믿게 만든다. 자신은 자신이 만든 이미지와 성취의 조합에 불과하다고 3번이 믿을 때 기만이 발생한다. 그들은 그 이상의 존재이기 때문에 이것은 너무나 가슴 아픈 일이다.

스트레스를 받을 때 9번으로 이동

3번은 스트레스를 받으면 9번으로 움직인다. 9번은 경쟁하고 이겨야 할 필요는 적고 매우 평화롭다. 3번들은 9번의 좋지 않은 면으로 움직이는 수평 이동조차 건강하지 못한 3번에 머무르는 것보다는 낫다고 말한다. 9번의 좋지 않은 면에는 일종의 마비가 있어서 거기서 3번은 아무것도 성취하지 못한다. 끊임없이 움직이지만 되는 일은 아무것도 없다. 우선순위를 정하고 결정을 내리는 데 어려움을 겪다 보니, 변죽만 울리고 정말로 중요한 과제는 무시할 때가 많다. 이 모든 일은 3번이 이미 겪고 있는 스트레스에 대처하는 데 아무 도움이 되지 않는다. 따라서 9번의 건강한 측면으로 이동하는 법을 배우는 것이 중요하다.

9번의 건강한 측면이 3번에게 주는 가장 중요한 교훈은 모든 일을 다 하려고 애쓰지 않아도 된다는 것이다. 건전한 내면 작업을 통해 삶의 속도를 줄이고, 때로는 이미 벌어지고 있는 일에서 자신의 자리를 찾는 것도 좋다는 사실을 배울 수 있다. 이런 움직임을 통해 3번은 다른 사람들과 그들의 생각에 마음을 더 열 수 있다. 조금 더 여유를 갖고 덜 경쟁하면서, 이기는 것 이외의 면에 집중할 수 있다. 여전히 성공을 바라지만, 홀로 애쓰기보다 더 큰 집단의 일부가 되어 함께 성공을 추구할 것이다. 그리고 성공이 인생의 전부가 아니라는 사실도 깨닫는다.

핵심: 자신의 감정을 허용하기

에니어그램의 지혜는 세 힘의 중심 각각에 고유한 목적이 있다고 가르쳐 준다. 감정 중심은 자신과 타인의 감정을 알아차리고 필요를 인지한다. 사고 중심과 행동 중심만 사용해서는 불가능한 일이다.

세 중심이 해야 할 일을 두 중심에만 맡긴다면, 우리는 더 풍요로운 삶을 살 수 있음에도 아주 기계적이고 낮은 차원에서만 살게 된다. 자신의 감정을 주장하기 위해서는 적어도 다음 두 가지를 해야 한다. 우선, **멈춰야** 한다. 감정이 의식으로 자리 잡아야 하는데, 여러 일을 동시에 처리하느라 분주하면 감정을 밀어낸다. 둘째, 기억에 남을 만한 방식으로 감정이 온전히 자신에게 영향을 미치도록 마음을 열어야 한다. 부디 이 점을 곰곰이 생각해 보길 바란다. 마음 상태는 자기 존재의 진정한 근원이다.

실전 훈련

3번을 위한 감정 관리 연습

- 개인적인 감정을 마주하고 확인하고 주장하려는 욕구를 개발한다. 이 일을 미루지 말고 실시간으로 인식한다.
- 감정이 표면으로 드러날 수 있도록 일정에 여유 시간을 마련한다. 개인적인 감정을 알아차릴 수 있도록 충분히 활동을 쉰다.
- 당신이 하는 일이 당신 자체는 아니다. 칭찬을 받으면, 당신이 한 일이 아니라 당신 개인에게 하는 것으로 받아들인다.
- 당신이 투영하는 이미지가 반드시 당신의 정서적 관점을 나타내지는 않는다는 사실을 알아차린다. 진정으로 자신이 선호하는 감정과는 상관없이, 자신이 오랫동안 사용해 온 이미지로 살고 있지는 않은지 생각해 본다.
- 하루에 두세 번 시간을 내서 성찰(Examen) 영성 훈련을 한다. (성찰 영성 훈련은 하루 동안의 주요한 경험과 그에 따른 반응을 돌아보면서 하나님

을 만나는 전통 방식이다. 그러고 나서 이렇게 질문한다. 내 행동으로 인해 하나님과 가까워졌는가, 아니면 멀어졌는가?) 하루를 돌아보면서 이렇게 묻는다. 사람들이 내게 잘 반응하고 있는가? 그들은 나와 가까워지고 있는가, 아니면 멀어지고 있는가? 내 경험의 다른 부분을 무시하고 있지는 않은가? 나는 어떤 감정들을 억눌렀는가?

- 활력을 얻거나 지치는 경험을 한 뒤에는 스스로 점검해 보라. 두 경험 모두 느낌이나 감정의 지표가 될 수 있다.

안전하다고 느낄 때 6번으로 이동

6번의 세계관에 영향을 받은 3번은 더는 스포트라이트에 목매지 않는다. 이들은 관계와 공동체를 위해서 자신이 별다른 영향력을 미치지 않는 프로젝트에 기꺼이 동참한다. 뜻은 좋지만 실패할 확률이 높은 프로젝트에까지 참여할 것이다. 6번의 영향을 받은 3번은 자신이 자신보다 더 큰 무언가에 연결되기 원한다는 사실을 발견하고, 집단을 위해 가장 좋은 것을 가치 있게 여긴다. 6번의 행동과 결합한 3번에게서 나올 수 있는 가장 좋은 결과는, 자신과 다른 사람들의 감정을 많이 알아차리는 것이다. 감정이 점점 강해질 때 거기에 집중하고 필요한 경우에 그 감정을 다루는 훈련은 안정적인 3번이 의지할 수 있는 선물 중 하나다. 건강한 3번과 6번의 행동이 결합하면, 3번에게 더 많이 허용하고 덜 통제할 수 있는 자리를 마련해 준다.

4번
내 감정…과 당신의 감정

내가 만든 3년짜리 실습 프로그램 하나에 참석한 4번들은 거기서 사람들에게 자신을 보여 주고 알리며 자신이 이해받고 사랑받고 인정받는 시간을 발견했다. 그들에게는 아주 드문 일이다. 그리고 그들은 나머지 참가자들에게 아주 많은 것을 가르쳐 주었다.

루시도 그 4번 중 한 사람이었는데, 지난번에 우리가 한자리에 모였을 때 이런 시를 나누어 주었다. 이 시는 모든 사람이 느끼면서도 어떻게 표현할 줄 몰랐던 바를 잘 드러내 주었다. 4번의 예리한 관점에는 종종 이런 선물이 숨겨져 있다.

부스러기

루시 스트랜들런드 지음

온 동네 마당과 들판을 활보하고 다니던 어린 시절,
눈에 띄는 제일 예쁜 꽃을 꺾어서 엄마에게 주려고
땀투성이 작은 꽃다발을 손에 들고 집으로 돌아오곤 했습니다.
나도 엄마에게 줄 게 있어요.

하지만 작은 야생화는 금세 시들어 버리죠.

그래도 우리는 성만찬을 나누었습니다.

나중에 질은 자기 머리에 크루아상 부스러기를 묻혔어요.

질은 버터 빵 껍질로 번들거리는 조의 손에서

축복을 받았다고 말했어요.

그 손이 흔적을 남기지 않는 척하지 않고 그녀의 머리 위에 내려앉았어요.

그 흔적이 머리에 남았는데 다른 사람들에게는 보이지 않았어요.

머리와 가슴과 배가 열리면서

우리가 서로를 향해 따라가는 이 부스러기들이.

이게 내가 줄 수 있는 거예요.

지금의 나는 과거의 내가 아니라는 확신,

우리가 주고받은 조각들로 표시된 나라는 확신입니다.

4번이 세상을 바라보는 방식

4번은 에니어그램에서 가장 복잡한 번호다. 이들이 세상을 보는 방식은 극단적이면서도 조금 더 미묘한 차이가 있다. 이들은 모든 것에서 아름다움을 찾고, 아름다움이 없는 곳에서는 아름다움을 만들어 내려 애쓴다. 4번은 언뜻 목격한 아름다움을 나머지 사람들의 상상을 초월하는 방식으로 확장할 수 있다.

4번은 사람들이 자신을 보아 주고 들어주고, 심지어 알아주기를 원한다. 사람들이 자기 이야기에 귀 기울이고 정말로 잘 들어주기를 바란다. 다른 사람들과 대화하는 시간을 원한다. 질문을 주고받으면서 서로 알아 가는 시간을 기대한다. 4번에게는 어느 정도 강렬함이 필요하다.

그것이 바로 이들이 삶을 대하는 방식이기 때문이다.

4번과 관련해 염두에 두어야 할 사항이 몇 가지 있다.

- 4번은 하루에도 다양한 기분이 왔다 갔다 양극단을 오간다. 이런 모습은 4번과 관계를 맺고 있는 사람들뿐 아니라 4번 자신에게도 혼란스러운 것 같다.
- 4번은 버림받는 상황과 자신의 감정을 관리하지 못하는 상황에 대해 많이 염려하기 때문에 정서적으로 완전히 헌신하기를 꺼린다.
- 4번은 비극에서 에너지를 얻는다. 이들은 다른 사람의 고통을 해결하려 하지 않고 그저 지켜봐 줄 수 있는 유일한 에니어그램 유형이다. 이런 재능은 독특하고 필요하지만, 평범한 관계로 자리 잡기가 쉽지 않다.
- 4번은 우울감을 편안하게 받아들인다. 그런 모습을 보며 주변 사람들은 이런 질문을 자주 한다. "뭐가 그렇게 슬퍼?", "너 우울해 보인다.", "기운 좀 내. 날이 이렇게 좋은데." 하지만 우울감은 감정을 유지하는 비이원론적 방법이다. 4번은 기분 좋은 사고의 순환 속에서 만족과 슬픔을 동시에 느낄 수 있다.
- 4번은 관계를 중요하게 여기기 때문에 다른 사람들과 함께할 방법을 계획하고 실천한다.
- 4번은 새로운 기회를 접하거나 새로운 사람을 알아 갈 때 나중에 실망하거나 놀라지 않으려고 단점을 찾는다.
- 4번은 자신이 감당할 수 있는 수준보다 많은 일을 떠안아서 스스로 성공을 방해한다. 자신의 능력치보다 더 많이 헌신하고, 그에 따른 실패와 자신을 지나치게 동일시한다.

> **4번은 다른 사람의 고통을 해결하려 하지 않고 그저 지켜봐 줄 수 있는 유일한 에니어그램 유형이다.**

4번이 스트레스를 받을 때

4번은 어릴 때부터 자신이 근본적으로 무언가 잘못되었다고 믿기 시작한다. 그리고 그 신념대로 살아가는 데 특히 능숙하다. 에니어그램을 훈련하는 내 제자 로즈는 "저는 항상 너무 과하거나 아예 아무것도 아닌 것 같아요"라고 말한다. 내 친구 엘리자베스는 "공간에 들어맞는 적정 크기"에 대해 이야기한다. 이들의 열정은 때로 다른 사람들에게 당혹감을 준다.

나는 어린 시절 트라우마를 경험한 모든 유형의 아동을 제외한다면 4번 유형의 어린 시절이 조금 더 스트레스가 많다고 믿게 되었다. 4번은 관계를 아주 소중히 여기기 때문에 어떤 상황에서 자기 자리를 찾는 것이 이들의 행복에서 기본이다. 그런데 이들은 자신의 경험을 바라보고 거기에 반응하는 방식 때문에 그것이 쉽지 않다. 우리 아들 비제이는 어릴 적에 모르는 사람을 **친구**라고 하고, 얼굴만 아는 사이를 **절친**이라고 불렀다. 아이는 이렇게 말하곤 했다. "빨리 시작해야 관계가 끝나기 전에 즐길 수 있어요."

4번은 사람들이 시간을 들여 자신의 이야기를 들어주고 자신을 보아 주고 알아주기를 바란다. 하지만 사람들은 더는 관계에 그렇게 투자하지 않는다. 그것이 스트레스가 된다. 4번이 관계를 맺는 방식은 소셜 미디어와 잘 맞지 않는다. 이들은 가벼운 대화가 더 심오한 대화로 이어지지 않으면 거기에 별 가치를 두지 않는다. 이들의 삶은 모든 사람에게 더 의미 있는 세상을 만드는 데 일조할 수 있는 색감과 질감과 꿈으로 가득 차 있다. "무슨 일 하세요?"나 "어디서 오셨어요?", "이 칵테일 어때요?" 같은 질문들에 간단히 대답하는 것으로는 이런 꿈들을 진정성 있게 나누기 힘들다. 4번은—자신과 다른 사람들의—진정성을 그 무엇보다도 가치 있게 여긴다. 우리가 사는 시대도 그런 가치와는 거리가 멀다.

　4번의 격정 혹은 죄는 시기인데, 이것은 이들이 받는 많은 스트레스의 배경이다. 시기와 질투는 다르지만, 대부분 둘을 구별하지 않고 사용한다. 질투는 남이 가진 것을 바라는 마음이고, 시기는 내 것이 아닌 것에 대한 갈망에 더 가깝다. 4번은 남의 소유를 질투하는 것이 아니라, 세상에서 안락하게 살기를 갈망한다. 4번은 편안하게 살아가는 것처럼 보이는 다른 유형들을 부러워하는데, 어떻게 하면 그런 안락함을 소유할 수 있는지 모른다. 다른 사람들이 각자의 경험으로 삶을 헤쳐 나가는 모습을 보면서, 4번은 자신에게 어떤 결함이 있다고 느낀다. 그리고 그 문제를 해결하기 위해 자신이 할 수 있는 것은 전혀 없다고 믿는다.

　4번이 자기 번호에서 좋지 못한 행동을 할 때는 허세를 부리고 자신이 가진 것보다 더 누릴 자격이 있는 것처럼 행동한다. 자신의 상상이 사실이라고 믿는 덫에 빠진 채, 요동치는 기분에 굴복해 제멋대로 행동할지도 모른다. 4번이 정말로 건강하지 못할 때는, 다른 사람이 자신을 원하는지 시험하기 위해서 만날 수 없는 체하는("비싸게 구는") 경향이 있다. 비슷한 방식으로, 이들은 다른 사람이 자신을 '구해' 줄지 보려고 약한 척할 수도 있다.

> **"그저 있는 그대로 느끼라."**

스트레스를 받을 때 2번으로 이동

스트레스 상황에서 4번의 움직임은 큰 도움이 될 수 있다. 건강하든 건강하지 않든 2번은 외부에 집중하고 4번은 거의 항상 내면에 집중하기 때문이다. 2번으로 수평 이동한다는 말은 4번이 관계에서 자신의 중요성을 보장하면서도 버림받지 않으려고 자신을 보호하는 방편으로 다른 사람들에게 주기 시작한다는 의미일 수도 있다. 혹은 똑같은 이동을 통해 4번은 자신이 지속적으로 관계를 맺기 원하는 누군가를 지나치게 의존할 수도 있다.

내 제자 중 한 사람이 이런 이야기를 해 주었다. 그가 처음 "다른 사람에게 진심으로 관심을 집중하기" 시작할 때 자신이 "약하고 도움이 필요한 사람"이 되고 싶은지 아니면 "너그럽게 주는 사람"이 되고 싶은지를 결정해야 한다는 것이다. 지금 생각해도 그 젊은이가 기꺼이 나누어 준 이 통찰이 매우 놀라웠다. 그는 관계를 맺고 있는 자신의 모습을 상상하는 데 아주 많은 시간을 투자했기 때문에 자신을 어느 역할로도 볼 수 있었다. 4번은 주는 사람도, 받는 사람도 될 수 있다.

4번이 자기 번호에서 건강하지 못할 때는 버림받을까 봐 두려워한다. 하지만 그런 두려움에 대한 이들의 반응은 반직관적이다. 그들이 당신을 너무 많이 사랑해서 잃고 싶지 않다고 느끼면 당신을 밀어낼 것이다. 그리고 그들이 당신을 얼마나 사랑하고 얼마나 같이 있고 싶어 하는지 당신이 모른다고 생각하면, 당신을 다시 끌어당길 것이다. 4번은 사람들이 자신을 떠날 것이라고 생각하고, 그 결과 때로는 정말 그런 일이 생긴다. 외부에 집중된 2번의 에너지를 가지고 4번은 자신과 자신의 감정에 집중하는 것만큼 타인과 그들의 감정에 집중할 수 있다. 이는 대화의 역동과 깊이를 더 좋은 방향으로 바꾸어 놓는다.

핵심: 속도 늦추기

4번은 아주 감정의 범위가 넓어서 금세 왔다 갔다 한다. 그래서 그중에 어떤 감정을 선택해야 할지 모르겠다고 말한다. 어느 4번은 이렇게 말했다. "손을 내밀어 그중에 한 감정을 잡을 수 있을 것 같지만, 그런 감정이 너무 빨리 찾아와서 분별할 시간이 없어요. 그러니까 차라리 눈을 감는 편이 나아요." 4번이 감정을 다스리는 열쇠는, 속도를 늦추고 그중에 하나를 고르는 법을 훈련하는 것이다. 그렇게 하면, 시간이 어느 정도 흐를 때까지 말하거나 반응하지 않는 법을 연습할 다른 기회도 얻을 수 있다. 이들은―자신이나 환경에 어떤 변화가 있기를―기다리고 나서 반응하는 법을 배울 것이다. 그 결과로 더 큰 균형과 평정심을 얻는다.

실전 훈련

4번을 위한 감정 관리 연습

- 의식 속으로 들어온 어떤 느낌이나 감정을 당신이 받거나 선택하거나 붙잡았다면, 멈춘다. 일단 멈추고 숨을 쉰다. 서서히 속도를 줄인다.
- 감정 기복을 관리하려면, 느낌과 감정을 구분하는 훈련을 해야 한

다. 느낌을 외부로 표현한 감정에 만족하지 말고, 당신이 느끼는 것을 확인하는 법을 배운다.
- 평범한 감정이 얼마나 가치 있는지 알아 간다. 우리 삶은 대부분 평범한 시간과 공간에서 이루어진다. 당신은 거기서 남들이 보지 못하는 아름다움을 발견하는 독특한 재능이 있다.
- 깊이와 의미를 찾을 때는 조금 더 편안한 관계에 따라오는 선물을 놓치지 않도록 주의한다.
- 현재의 감정에 충실한 법을 배운다. 거기서 관계를 맺을 수 있다. 당신이 지향하는 시간인 과거로 도피하거나 미래에 대한 백일몽에 빠지면, 지금 당신의 감정과는 멀어진다.
- 음악과 시, 미술 등으로 슬픈 느낌을 더 키우지 않는다. 행복한 느낌을 더 키우려고도 애쓰지 않는다. 그저 있는 그대로 느끼고, 그 느낌에 따른 감정을 통해 지금 이 순간에 오롯이 충실하려고 애쓴다.
- 주변 사람들이 당신의 감정에 어떻게 반응해야 하는지, 곧 당신의 변화무쌍한 감정을 멀리하지 않고, 일부러 끈기 있게 당신의 기분에 온전히 관심을 쏟아야 한다는 점을 이해하도록 돕는다.
- 감정을 잘 조절하지 못하면 자칫 자신에게만 몰두할 수 있다. 해결책은 다른 사람들에게 기대어 그들과 함께 **그들에게** 중요한 점에 집중하는 것이다.
- 당신의 장점과 그것을 다른 사람들과 나누는 방식을 기록하는 일기를 쓴다. 당신에게는 남들이 부러워할 만한 좋은 자질이 많다. 그것을 확인하고 주장하면, 시기의 문제를 해결하는 데 도움이 될 것이다.
- 과거의 모든 고통과 거절감을 연결할 때는 주의해야 한다. 그렇게 할 때, 자칫 사실과는 거리가 먼 이야기를 자신에게 들려주게 된다.

안전하다고 느낄 때 1번으로 이동

4번은 안정적일 때 그들의 중심 자리인 1번으로 움직인다. 거기서 생각과 꿈을 확인하고 어떤 식으로든 기록할 수 있다. 4번은 풍요롭고 내면적이며 정서적인 삶과 분리되어, 생산하고 성취하기 시작한다. 세상으로 나가 일을 잘할 수 있다. 자신이 상상한 결과를 내놓으면서, 세상에서 자신들의 관점을 원한다는 사실을 발견한다. 그리고 그것을 긍정하면 그들은 용기를 내서 색감과 질감과 진리로 가득 찬 세상을 계속 꿈꿀 수 있다.

1번의 영향에 따른 또 다른 유익은, 4번이 자신의 감정을 표현하거나 그에 따라 행동할 필요를 느끼지 않고 감정을 편하게 느낄 수 있다는 점이다. 4번은 진정성을 중요하게 여기기 때문에 불안할 때 감정부터 나타난다. 왜 그렇지 않겠는가? 감정 유형에 속한 그들의 관점에서는, 감정이야말로 의사소통을 주고받는 확실한 장소다. 하지만 분별력 없는 말과 행동은 4번이 맺는 관계에서 분열을 낳을 때가 많다. 따라서 4번이 개인의 경계를 세우고 소중히 여기는 법을 배울 때 1번의 행동을 추가하면 도움이 된다.

또한 1번의 일부 행동을 추가함으로써 4번은 지금 이 순간에 벌어지고 있는 일에 조금 더 적절히 대응할 수 있다. 이들은 과거를 지향하기 때문에 과거에 묶여 있고, 가능성을 상상하고 꿈을 꾸고 공상하면서 열정적으로 미래를 바라본다. 이들이 반복되는 일상의 평범한 순간에 충실하려면 훈련과 의도가 필요하다. 1번의 시선으로 보면, 4번이 상상한 것보다 현재가 조금 더 흥미롭다. 4번의 삶에서 관계는 정말 중요한데, 관계는 현재에 존재한다.

2장 나는 무엇을 생각하는가?

머리형의 스트레스 반응

1980년대 초, 우리 부부는 영적 성장 모임에 참여했다. 영성 형성을 다룬 책을 함께 읽고, 몇몇 훈련을 함께 실천하며, 기도하는 모임이었다. 영적 실천에 헌신하도록 격려하면서 서로 사랑하는 것이 이 그룹의 목적이었다. 당시 나는 에니어그램을 알지 못했다. 그런데 지금 돌아보니 우리 모임 중 세 사람이 사고형(머리형이나 두려움형이라고도 알려졌다)이었다.

그중 5번은 모임에서 주로 관찰자였다. 그는 겉으로는 우리가 하는 작업에 몰두하는 것처럼 보였지만, 확신하기는 힘들었다. 그는 우리가 읽은 내용이나 그 전주에 영성 훈련이 어땠는지를 묻곤 했다. 하지만 자신이 똑같은 질문을 받으면, 개인적인 이야기는 피하고 모호한 이야기만 늘어놓았다.

6번은 모임에서 같이하기로 약속한 활동에 충실했다. 하지만 다른 사람들에게 질문을 던지는 것 외에는 적극적으로 참여하기를 꺼리는 듯 보였다. 대개는 6번들이 대화에 참여할 방법을 찾으려 애쓴다는 것을 나는 이제 안다. 6번들이 생각하는 참여란, 모임에 충실하겠다는 약속을 존중하는 것이다. 이런 사실을 그때도 알았으면 좋았을 것이다. 그랬다면 6번에게 더 적극적인 참여를 권했을 테고, 그것은 모든 조원에게 유익이 되었을 것이다.

7번은 모임에 나오기는 하지만, 책을 읽어 오는 일이 드물었고 토론에도 그다지 관심이 없었다. 그는 영성 훈련 실천이 흥미롭기는 하지만, 자신이 찾는 것은 아닌 듯하다고 말했다. 그는 가장 먼저 모임을 그만두었다. 7번들이 영성 형성에는 흥미가 있지만 반복되는 행동과 한 그룹으로 우리가 같이하려 했던 훈련에 거부감이 있다는 사실을 이제는 알겠다.

어느 시점에 어떤 이유로 만들어졌든지, 에니어그램과 그 아홉 가지 세계관을 이해하는 데서 유익을 얻기 힘든 집단을 나는 상상하기 어렵다.

생각으로 삶에 참여하기

사고형으로 알려진 5, 6, 7번은 세상과 삶을 우리가 예측하고 해결해야 할 일종의 문제들과 잠재적인 위협으로 바라본다. 사고가 이들의 지배적인 중심이기에 이들은 사고를 활용해 자신의 내면세계를 정리한다.

이 유형에 속한 사람들은 잠재적인 문제를 다루기 위해 인식과 관찰, 분석, 계획 세우기를 통해 사람, 사건, 어려움 등 모든 것에 반응한다. 이들은 삶과 사람에 대한 인식을 모두 끌어모아서 자신이 편안한 방식으로 배열한다. 이들은 머릿속으로 이 모든 것을 해결한다면 외부의 위협으로부터 안전해지고, 자신의 적절한 위치가 어디인지 알아내고, 미래에 가능한 일들을 책임질 수 있다고 믿는다. 이들은 자신의 경험에 대해 생각하기 전에는 절대로 그것을 느끼거나 반응하지 않는다.

이렇듯 사고에 집중하면, 두 눈이 핵심이 된다. 이 유형에 속한 이들은 눈으로 정보를 받아들이고, 자신이 인식하는 것보다 훨씬 더 많이 그 정보를 머릿속에 담아 둔다. 그리고 이 모든 정보를 기존의 사실과 통합하려고 끊임없이 노력한다. 이들에게는 '직감'이라는 것이 거의 없고, 경계가 분명해서 좀처럼 남에게 관심을 두지 않는다. 마치 머릿속에 모든 항목에 이름을 붙이고 적절한 장소에 배치해 두는 문서 처리 장치가 있는 듯하다. 하지만 새로운 정보가—어마어마하게, 때로는 감당하기 힘든 수준으로—날마다 쏟아져 들어오는 세상에서, 그 모든 정보를 수용하고 이해하고 보유하려면 엄청난 스트레스를 받을 것이다.

머리형은 어떻게 생각하는가

5, 6, 7번에게는 상세한 미래 계획이 있다. 이들은 온종일 관찰과 계산을 반복하지만, 어떻게 미래로 나아갈지 결정을 내리기 어려워한다.
5번에게는 수집하고 고려할 정보가 항상 더 있다.
6번에게는 만일의 사태에 대비한 계획이 적어도 한 가지, 대개는 한 가지 이상이 필요하다.
7번은 흔히 실제 경험보다 계획에서 더 큰 즐거움을 누린다. 그래서 계획이 더는 즐겁지 않을 때까지 번번이 실행을 연기하는지도 모른다.

사고가 지배적인 사람들에게는 이 유형에만 존재하는 어려움이 있다. 정보를 받아서 곧바로 사고의 중심으로 가져가면, 이들은 자기 머릿속에서 모든 문제를 다 해결할 수 있다는 잘못된 믿음을 갖는다. 이들은 삶이 자기에게 가르쳐 주는 것처럼 보이는 순서대로 자기 생각을 배열하고, 그것을 개인적으로 실천하는 편을 선호한다. 하지만 에니어그램의 지혜 덕분에, 그런 종류의 선택은 제2의 천성이 된다. 그리고 그들에게는 새로운 방식으로 자신의 생각을 존중하고 신뢰하기 시작할 자유

> **"생각으로 두려움을 해결하려는 행동의 문제점은
> 두려움이 사람을 마비시킬 수 있다는 점이다."**

가 있다.

두려움에 대한 집착 때문에 사고형을 흔히 **두려움형**이라고도 부른다. 세 번호 유형 모두 두려움과 염려를 경험하지만, 그 방식은 다 다르다. 5번은 지식이 부족할 때, 6번은 안정감을 느끼지 못할 때, 7번은 지루함이나 고통에 빠지는 상황을 예상할 때 두려워한다.

가슴형이나 장형은 불안할 때 그것을 누그러뜨려 줄 어떤 행동을 하려 한다. 하지만 사고형은 불안을 일상적으로 경험한다. 이들은 염려를 느낄 때 즉시 머릿속으로 이동해 앞으로 무슨 일이 벌어질지 생각하는데, 똑같은 생각에 강박적으로 사로잡히는 경우가 많다. 앞으로 닥칠 일에 대한 사소한 염려로 스트레스를 받을 때 이들은 그 생각을 더 많이 하는 경향이 있다.

모든 사람이 대부분의 시간에 위험에 노출되지만, 사고형은 크든 작든, 생각뿐이든 실제든, 그 위험에 대비하는 것을 가장 크게 염려한다. 이들은 안정감을 느끼기 위해 직관적으로 사고를 활용하려 애쓴다. 이는 정보를 수집하고, 그들의 가정에 도전하지 않고 비슷한 생각을 하는 사람들에게 자신의 생각을 확인받으려는 형태로 나타나는 경우가 많다. 사고형에 속한 이들은 무언가가 자신의 사고 체계에 적절히 들어맞는 경우에만 사실로 인정한다.

그러나 사고를 통해 안정감을 얻으려는 노력은 두 가지 이유에서 무용지물이다. 첫째, 대중 매체를 비롯한 다른 세력들은 세상이 위험한 곳

> **❝ 당신의 선량함을 축소하기보다 확장하는 방식으로
> 영혼과 연결되는 것은 항상 당신의 선택에 달려 있다. ❞**

이라고 끊임없이 말한다. 바이러스, 정치, 자연재해, 교육, 고용, 기후 변화 등 우리에게 공포를 조성할 가능성은 끝이 없다. 다시 말해, 이들의 염려에 불을 붙일 다른 요인이 항상 존재한다.

사고로 두려움을 해결하려는 행동의 두 번째 문제점은 두려움이 사람을 마비시킬 수 있다는 점이다. 6번은 신속하게 혹은 적절하게 반응할 만큼 자신을 신뢰하지 않기 때문이다. 사고는 행동과 다르고, 사고는 감정을 속일 수 있는데, 이 유형에 속한 이들은 그 사실을 알지 못한다. 이들은 얼마나 충분히 생각해야 행동으로 옮길 수 있는지도 모른다. 이 유형에 속한 이들이 이런 사고의 한계를 깨닫는 법을 배울 때 자신의 감정을 알아차리게 해 주고 그 진짜 감정이 사고를 행동으로 바꿀 에너지를 줄 수 있다는 사실을 발견한다.

정보 수집에 지나치게 의존하고 계속 생각만 하면, 이 번호들은 참여 기회를 **보류하고** 결국 놓치게 된다. 자기 생각을 다른 사람들과 나누기 전에 너무 오래 기다린다면, 다른 사람들이 자신을 잊어버렸거나 무시한다고 느낄 수 있다. 이들이 머릿속에서 문제를 해결하려 애쓰는 동안, 주변 상황과 사람들은 한 단계 앞으로 나아갔기 때문이다. 하지만 이들이 상황에 참여하고 자기 생각을 나눈다면, 이 모든 생각이 그들의 기여를 가치 있게 만들 것이다. 그들이 그 사실을 항상 알아차리지는 못한다 해도 말이다. 흥미롭게도, 이들은 다른 사람들 일에 관여하지 않는 태도가 자신의 사생활을 보호해 준다는 이유로 참여를 보류하기도

한다. 이들의 관점에서는, 남에게 자신을 드러내려면 굳이 그런 위험을 감수할 가치가 없는 약함도 드러내야 하기 때문이다.

사고형은 다른 사람의 영향을 어떻게든 피하려 한다. 문제는, 그런 경우에는 자신의 두려움과 그 두려움에 따른 반응에만 영향을 받는다는 것이다.

사고형의 경우, **무엇을 신뢰할 수 있느냐**의 기준이 개인에게 있다. 따라서 그들 자신이 어떤 정보가 옳거나 그른지 결정하는 유일한 판단자다. 5, 6, 7번은 자신의 생각에 의미를 부여할 수 있어야 한다. 그렇지 않다면, 불편함을 느끼고 통제라는 환상을 제어할 수 없게 된다. 정보를 신뢰하지 못하면, 자신에 대한 신뢰도 줄어든다. 그렇게 되면 이들은 자신과 똑같은 관점을 지닌 다른 사람을 찾아서 자신의 생각을 입증해야 한다.

사고형의 경우, 자신들이 받아들인 정보에 접근하는 데서 스트레스가 발생한다. 때로는 끊임없는 정보 수집으로 인해 5번은 과부하를 느끼고 정보의 신뢰성을 의심할 수 있다. '어떤 정보가 보유할 가치가 있을까? 어떤 정보가 믿을 만한가?' 불확실성이 너무 크다면, 어떻게 생각해야 할지 알 수 없다. 6번은 끊임없이 생각하고 최악의 경우를 염려하며 "…라면 어쩌지?"라고 질문한다. 하나같이 비생산적이다. 7번은 부정적인 것을 긍정적인 것으로 재구성하지 못할 때 스트레스를 경험한다. 각 번호가 각기 다른 스트레스 번호로 가기 때문에 스트레스에 반응하는 방식이 다르다. 5번은 7번으로, 6번은 3번으로, 7번은 1번으로 움직인다. 앞서 감정형에서 보았듯이, 이것은 본능적인 기본값의 움직임이다. 그 움직임은—보통 행위로 가는—수평 이동일 수도 있고, 건강하고 좋은 측면으로의 이동일 수도 있는데, 우리는 이 움직임을 학습할 수 있다.

영혼의 보호 장치

샘 소머스는 『무엇이 우리의 선택을 좌우하는가』에서 상황의 힘을 탐색한다. 감정형이라는 내 위치와 내가 하는 에니어그램 작업 덕분에 나는 사람이 중요하다는 사실에 집중할 수 있었다. 하지만 전 지구적 팬데믹을 헤쳐 가면서 아홉 가지 관점을 구별하려 애쓰는 가운데, 나는 상황이 얼마나 중요한지 절실하게 깨달았다. 이것이 내가 계속 소머스의 지혜를 찾는 한 이유다.

나는 우리의 관점이 에니어그램 번호를 결정한다고 오랫동안 가르쳐 왔다. 우리가 보는 방식**과** 보는 대상이 우리가 에니어그램 주변을 움직이는 방식을 부분적으로 결정한다. 사고형에 속한 사람들의 경우, 그들이 보는 방식과 대상을 **스스로 어떻게 생각하느냐**가 그들의 건강을 결정할 것이다.

하지만 사고형에 속한 모든 번호의 경우, 겉모습 아래 숨어서 드러나기만을 기다리고 있는 두려움이 그들의 건강을 결정하기도 한다. 심리학자 제임스 홀리스(James Hollis)는 『나를 숙고하는 삶』(*What Matters Most*, 마인드빌딩)에서 두려움이 적이라고 일깨워 준다. "두려움이 가능성이라는 저택의 좁다란 복도로 당신을 몰아냈다." 사람들은 사고형을 신뢰한다. 지금 바로 간단한 목록을 만들어서 당신을 신뢰하고 당신을 믿을 만하다고 생각하는 열 명의 이름을 손쉽게 적을 수도 있다. 당신에게 용기가 더 필요하다고 생각하고 싶은 유혹을 피하라. 오히려 당신이 믿음에 대해 아는 바를 적극적으로 끌어안고, 당신이 스스로를 믿을 수 있는 논리적인 이유를 의지하라.

머리형을 위한 영성 훈련

당신이 사고형이고 영혼을 위한 작업에 몰두하고 있다면, 두려움과 함께 살아가는 것에 대해 결정을 내려야 한다. 두려움이 당신의 삶을 얼마나 지배하고 있는지 알 수 있도록 솔직한 목록을 적어 보기를 권한다. 그런 다음에는 그 두려움을 다루어야 한다. 그렇지 않으면, 당신은 결국 두려움에 끌려갈 것이다. 당신의 선량함을 축소하기보다 확장하는 방식으로 영혼과 연결되는 것은 항상 당신의 선택에 달려 있다.

당신이 하나님의 사랑받는 자녀요 하나님이 기뻐하시는 자임을 믿는 것은 당신에게 달려 있다. 당신의 머릿속은 정반대 주장으로 가득 차 있기 때문에 그렇게 생각하기가 힘들다. 하지만 당신은 새로운 사고방식에 따라 살아갈 수 있다. 신학자 폴 틸리히(Paul Tillich)는 은혜란 우리가 받아들일 수 없는 존재임에도 불구하고 받아들여졌다는 사실을 수용하는 것이라고 가르쳐 준다. 하나님은 사랑이시다. 그래서 하나님은 우리를 사랑하지 **않으실** 수 없다. 우리가 할 일은 그 사랑을 느낄 수 있도록 충분히 깨어 있는 것이다.

5번

세상에서 평안 찾기

나는 인구가 5천 명 정도 되는 텍사스주 사우스플레인스의 작은 동네에서 자랐다. 그곳 사람들은 다들 착했지만, 마을 밖 외부인들과 세상을 보는 관점은 동네 사람들에 대한 시선처럼 늘 너그럽지만은 않았다.

어린 시절 내 친한 친구의 오빠가 우리 동네를 떠나 살다가, 말년에 가족과 함께 살기 위해 농장으로 돌아왔다. 그는 인간 면역 결핍 바이러스(HIV) 양성이었고, 결국 그 끔찍한 병으로 목숨을 잃었다. 1980년대 우리가 살던 작은 동네는 그 사람이나 에이즈라는 현실에 전혀 준비되어 있지 않았다. 목사님을 포함한 동네 사람들은 그와 그의 가족들을 어떻게 대해야 할지 몰랐다. 에이즈에 대한 교육이 부족한 데다 미지의 것에 대한 공포까지 겹쳐서, 목사님은 그가 사망하고 나서도 그 가정을 방문하기를 주저했다.

용감하고 아름다운 우리 어머니는 간호사에 에니어그램 5번 유형이었다. 어머니는 조용하게 사람들을 보살피는 지혜로운 여성으로 동네 사람들의 사랑을 받았다. 어머니는 누군가를 사람들의 반응으로 판단하는 법이 없었다. 사랑하는 가족을 잃고 슬픔에 빠진 가족들에게 전해 주던 어머니의 피칸 파이도 주민들 사이에서는 유명했다. 어머니는 동네 사람들이 내 친구의 죽음을 대하는 모습을 관찰하다가 이 상황에서 무슨 일을 할 수 있을지 연구하고 생각해 보기로 결심했다. 어머니는 HIV 관련 자료를 구할 수 있는 대로 모두 찾아서 읽고, 의사들과 HIV에 대해 이야기를 나누었다. 나중에 어머니는 자신의 반응을 두고 날마다 기도했노라고 말씀했다.

개인적으로 연관된 상황이 아니면 개입하지 않는 것이 5번의 본능이기에 어머니는 머릿속에서 모든 상황을 정리한 후에 어떻게 할지 결정했다. 내 친구의 오빠가 죽고 나서 며칠 후, 어머니는 목사님께 전화해서 운전을 부탁했다. 어머니를 차로 모실 사람이 없을 때(어머니는 당시 여든두 살이었다) 목사님은 이전에도 몇 번 어머니를 위해 차량 봉사에 나선 적이 있었다. 어머니는 처리할 일이 하나 있는데 한 시간 반 정도 걸릴 것 같다고 목사님께 설명했다. 목사님은 정해진 시간에 어머니를 태우러 오겠다고 흔쾌히 동의했다.

목사님이 어머니를 태우러 집 앞에 도착하자, 어머니는 주방에 있는 피칸 파이 두 개를 차로 가져다 달라고 부탁했다. 목사님은 파이를 안전하게 배달하려고 상자에 넣어 차로 가져왔다. 두 사람이 차를 타고 출발하려는데 목사님이 어머니에게 물었다. "어디로 모실까요?"

어머니는 목사님께 여기서 40킬로미터 정도 떨어진 시골에 사는 내 친구 가족에게 파이를 가져다주고 싶다고 말했다. 나중에 어머니는 그때 목사님의 심기가 불편해 보였다고 말씀했다. 예상한 대로였다. 그래서 어머니는 목사님께 교회 사역에 대해 묻거나 목사님이 잘하고 있는 일에 대해 칭찬하는 등 차를 타고 가는 내내 중립적이고 유쾌한 분위기를 유지하려고 애썼다.

목적지에 도착하자 목사님이 차에서 내려 문을 열어 주었다. 목사님은 어머니께 파이가 담긴 상자를 건네면서 자신은 차에서 기다리겠다고 말했다. 어머니는 이렇게 말했다. "안 돼요. 저 혼자 가방과 파이를 들고 가다가 넘어질지도 몰라요. 목사님이 같이 가 주셔야죠." 그래서 목사님도 함께 갔다고 한다.

5번이 세상을 바라보는 방식

사고 유형 중에서도 가장 내면에 집중하는 번호인 5번은 가능한 한 많이 알려고 한다. 이들이 이 모든 정보를 모으는 이유는 자기들 생각에 위협적이면서도 예측하기 힘든 환경으로부터 자신을 보호하기 위해서다. 5번은 자신이 통제할 수 없는 상황이 되면, 할 수 있는 한 많이 인식하거나 온전히 이해해야 할 필요성에 기댄다. 그런 식으로, 남들과 마찬가지로 5번도 자신이 할 수 있는 것을 통제한다.

5번은 이 세상에서 편안해서는 안 된다는 메시지를 어린 시절부터 터득해서, 절대 편안한 법이 없다. 이들은 머릿속에 머물면서 편안함을 찾고, 직관적으로 두려움을 관리하며, 스스로 정보와 지식을 수집함으로써 문제를 해결하려 한다. 하지만 우리가 다 그렇듯, 때로는 두려움을 관리하려는 이 모든 일 때문에 또 다른 결론에 도달하기도 한다. 우리 어머니도 동네 사람들처럼 HIV를 무서워했다. 하지만 어머니가 늘 하던 대로 정보를 수집하고 이해하려고 애쓰는 동안, 우리 친구들이 처한 어려움에 개입하려는 용기를 내게 되었다.

5번은 때로 자신의 개인적인 자원과 능력이 부족할까 봐 두려워서 남의 일에 개입하기 주저하기도 한다. 이들은 무능하거나 실력이 없는 사람으로 비치기를 원치 않는다. 이들은 우리가 희소성의 세계에 산다는 사회의 이야기를 믿고는 자신의 행동과 필요를 축소하고 뒤로 물러선다. 내 친구 브라이언 맥클라렌(Brian McLaren)은 이렇게 말한다. "당신이 무엇에 집중하느냐가 무엇을 놓치느냐를 결정한다." 5번이 줄어드는 것들, 곧 에너지, 돈, 독립성, 선택안, 사생활 등 아주 사적인 것들에 집중할 때는 자신이 가진 것을 놓친다. 하지만 자신의 자원이 들락날락하는 것을 자연스러운 삶의 리듬으로 인정할 때는 오히려 자신의 마음을 따를 자격이 충분하다고 자주 느낀다. 그럴 때 이들은 개인적인 신념의 문제에서 목소리를 높이거나 남을 이끌 준비가 되어 있고, 자신이 아는 지식에 인색하지 않다.

5번에 대해 염두에 두어야 할 다른 몇 가지를 아래에 소개한다.

- 5번은 자신의 분수를 알려 한다. 하지만 그와 동시에 그들에게 안전거리 유지란 관계를 맺지 않는다는 뜻이기도 하다. 5번은 독립적이고, 에니어그램에서 진정한 중립이 가능한 유일한 번호다. 그 이유는 이들에게는 다른 번호들보다 관계가 그다지 덜 필요하기 때문이다.
- 5번은 무능하거나 실력이 없다는 느낌을 두려워하고 싫어한다. 이런 느낌들을 피하기 위해서라도 이들은 계속해서 더 많은 정보를 찾는다.
- 두려울 때 5번은 모든 일을 자기 머릿속에서 해결하려 애쓰면서 다른 사람들은 멀리하는 성향이 있다.
- 5번은 시간이 한정되어 있다고 믿기 때문에 자기가 쓸 시간을 비축해 둔다. 따라서 이들에게 시간이나 에너지를 요구하면 위협적이거나 소모된다고 느낄 수 있다.
- 5번은 상황에 대한 반응을 거부함으로써 통제력을 행사하려고 애쓴다. 다른 번호들은 문제를 책임지거나 그와 관련된 사람들을 통제하려고 시도하는 반면, 5번은 지켜보면서 정보를 얻고 미래를 위해 보관해 두는 것으로 만족한다.
- 두려움형에 속한 다른 번호들처럼, 5번도 결정을 내리고 행동으로

옮기는 것을 어려워한다. 외부의 스트레스는 예측 불가능하기에 이들을 꼼짝 못 하게 만든다. 5번은 문제를 해결할 만큼 지식을 모으지 못하면 행동하지 못한다.
- 5번은 사회적 불안이라는 문제를 가졌을 경향이 있다. 주변 환경이 예측 불가능하고 잠재적으로 자신들에게 위협이 된다고 생각하기 때문이다. 또한 다른 사람들은 자신보다 세상에서 더 편안하다고 믿는다.
- 5번은 관계를 어려워하는데, 관계에는 시간과 에너지와 감정이 필요하기 때문이다. 5번은 독립성을 유지하면서 혼자만의 시간을 철저히 지킨다.

5번이 스트레스를 받을 때

5번도 다른 모든 사람들처럼 스트레스를 받을 때 좋지 못한 행동을 한다. 안타깝게도, 이들이 안정을 추구하면 할수록 이들의 세상은 점점 더 작아지는 경향이 있다. 자신의 필요에 지나치게 경도되어 타인의 필요와 안전에 소홀해진다.

5번은 늘 어느 정도는 희소성을 의식하면서 산다는 사실을 잊지 마라. 이들이 스트레스를 받을 때 그런 결핍 의식은 이들의 두려움을 증폭시킬 뿐이다. 안타깝게도, 이들은 자신의 필요를 채울 만큼 충분히 가지고 있다는 사실을 보지 못한 채 자신을 보호하기 위해 지나치게 사생활을 선택한다. 아마도 그것은 이들이 어린 시절부터 자신의 필요가 다른 사람에게는 문제가 될 것이라는 생각으로 힘들어했기 때문이다.

무언가가 부족하다는 생각이 걷잡을 수 없이 커지면, 5번은 자기 생각조차 아무에게도 발설하지 않고 평소보다 더 심하게 자기만의 세계로 물러난다. 실제로, 일부러 정보를 아껴서 상대의 질문이나 말에 단답형으로 반응하는 경우가 많다. 질문에 답한 내용에 대해 더 상세히 말하기를 꺼린다. 그럴 때 이들은 단순히 사람들을 피하기만 하는 것이 아니라 밀쳐 낸다. 그리고 관계를 망가뜨릴 정도로 신랄한 냉소를 내뱉고 빈정댄다. 때로는 관계를 회복하기 힘들 정도로 심하게 말이다.

스트레스를 받을 때 7번으로 이동

스트레스를 받는 5번은 본능적으로 7번으로 움직인다. 5번이 7번의 건강한 행위에 접근하는 데 필요한 작업을 하지 못한다면, 결국 좋지 못한(혹은 건강하지 못한) 측면으로 수평 이동이 이루어진다. 7번의 좋지 못한 측면으로 이동한 5번은 경솔하고 쉽게 산만해진다. 그러면 5번은 당황하는데, 대개 5번은 과제를 완수할 때까지 집중력이 흐트러지지 않기 때문이다. 이들은 여전히 "머릿속에서 살고" 있지만, 무슨 이유인지 잠재적인 결과들에 주목하지 않은 채 상황을 생각한다. 그리고 사고, 느낌, 책임, 다른 사람들과의 연결을 유지하기가 매우 힘들다.

  이들이 7번의 건강한 측면에 접근할 수 있다면, 세상에서 훨씬 더 편안해질 것이다. 실제로, 7번의 영향을 받은 5번은 더 개방적이고 느긋하며 남의 시선을 덜 느끼게 된다. 아마도 여기서 발견할 가장 큰 선물은 이들이 자기 외부에 집중할 수 있다는 점이다. 7번의 영향이 없다면 5번은 이미 벌어지고 있는 일 가운데서 자기 자리를 찾기 힘들 것이다. 이들은 대개 자신의 적절한 자리를 모른다고 느끼기 때문이다. 건강한 7번에 따라오는 자신감과 편안함을 더한다면, 5번은 자신이 그토록 갈

> **5번이 자신을 벗어나 다른 사람들을 찾는 법을 배운다면,
> 더 만족스러운 다양한 경험을 할 수 있다.**

망하면서도 정확히 규정하기 힘든 소속감을 경험할 수 있다.

핵심: 연결 선택하기

생각을 관리하기 위한 첫 단계로, 5번은 자신이 어디서, 언제, 누구의 영향을 받을지 선택할 수 없다는 점을 기억해야 한다. 그러나 그 영향에 어떻게 반응할지는 선택할 수 있다. 세 힘의 중심을 모두 활용하면, 더 건강하고 취약한 방식으로 반응할 수 있다. 5번은 자신은 약해지고 싶은 마음이 전혀 없다고 말할 수도 있지만, 사실 모든 사람은 인생의 어느 시점에서 약해지는 때가 온다. 취약성은 꼭 필요한 두 가지 사실을 가르쳐 줄 수 있다. 다른 사람들의 영향을 받는 것의 가치 그리고 자신의 욕구를 느끼고 확인하는 능력이다. 5번이 취약성을 허용하는 훈련을 더 많이 할수록 두려워할 일은 줄어든다.

이런 종류의 취약성은 몇 가지 다른 방식으로 발전할 수 있다. 첫째, 5번은 사고의 지배를 받기 때문에—나머지를 모두 배제한 채 생각에만 의존하기 때문에—자기 몸에 귀 기울이는 것이 과제다. 지각은 내면의 관찰자를 참여시켜 내면에서 벌어지고 있는 상황과 외부에서 경험하는 상황을 통합할 수 있게 한다. 5번은 자기 몸에서 물러나 머릿속으로 들어가는 것이 자연스럽기 때문에 생각과 지식을 사용해 방어한다. 하지만 그러면 다른 방식의 앎을 놓치게 된다. 직관적이고 신체적인 앎은 소

중한데, 머리와 가슴은 거짓말을 할 수 있지만 몸은 거짓말하지 않기 때문이다. 자기 몸에 귀 기울이는 법을 배운 5번은 세상에서 평안을 찾도록 도와줄 지식의 원천을 하나 더 갖게 되는 셈이다.

둘째, 5번은 만사를 생각으로 관리할 수 있다는 신념을 갖고 있다. 이것은 이들이 때때로 상호 의존과 외적인 해결책이 필요한 문제에 독자적이고 내적인 해결책을 내놓는다는 뜻이다. 하지만 5번이 자신을 벗어나 다른 사람들을 찾는 법을 배운다면, 더 만족스러운 다양한 경험을 할 수 있다.

실전 훈련

5번을 위한 생각 관리 연습

- 머릿속에서 혼자 살면서 느끼는 만족에 한계를 정한다. 예를 들어, 완벽한 사생활을 누릴 시간은 떼어 놓더라도, 나머지 시간에는 다른 사람들과 함께 다른 활동을 해 본다.
- 무언가를 느끼지 않고 분석하려고 할 때 그것을 알아차리려고 애쓴다.
- 상처받지 않으려고 다른 사람과 담을 쌓으면, 애정과 이해와 사랑과도 담을 쌓게 된다는 점을 기억한다. 자신을 보호하는 것이 그런 대가를 치를 만큼 가치가 있는지 숙고한다.
- 당신의 두려움과 그 두려움을 일으키는 환경을 분리하지 않으려고 노력하면 도움이 된다. 두려움을 분리해 환경에 대해 생각하면, 제대로 느끼지 못할 것이다. 생각과 감정을 늘 연결한다.
- 다른 사람들과 연결되려 애쓰지 않고 그저 인정받고 싶을 때는 언제이고, 자신의 이야기와 어려움이나 성공을 나누지 않고 그들의 삶에 대한 정보만을 원할 때는 언제인지 주목해 본다.

- 자신의 감정을 조금은 드러내려고 애써 본다. 우리는 비밀을 교환함으로써 서로 하나가 되기 때문에 당신이 맺는 관계들에 약간의 변화가 생길 수 있다.
- 마음에서 우러난 대로 행동해 본다.
- (시간, 돈, 정보, 애정, 예정된 계획, 고무줄과 철끈 등을) 비축하려는 상황을 목록으로 만들어, 그런 성향을 더 잘 알아차린다.
- 당신이 해야 할 일을 할 수 있도록 자신의 역할을 주장하는지 하지 않는지, 하면 언제 하는지에 주목한다.
- 당신이 통제 성향이 강하다는 것을 유념하는 법을 배운다.

안전하다고 느낄 때 8번으로 이동

안정감의 핵심은 힘의 중심 사이에 균형을 잡는 것이다. 5번이 생각과 더불어 감정과 행동을 각각의 의도된 목적에 맞게 사용하기 시작하면, 거의 그 즉시 차이를 알아차린다. 더 풍성하고 생명력 있는 관계를 맺고, 자신의 감정을 생각하지 않아서 혹은 행동에 대해 생각하면서도 행동하지 않아서 지치거나 에너지가 떨어지는 일도 없을 것이다. 그것은 비생산적이고, 세 중심에서 가용한 에너지를 낭비하는 일이다.

5번들은 안정감을 느낄 때, 곧 만사가 정돈되고 이해될 때, 안전하다고 느끼고 삶을 더 풍요롭게 경험할 수 있다고 말한다. 그럴 때 이들은 자신이 알아야 할 것을 알게 된다고 믿기 시작한다. 건강한 5번이 8번으로 이동하면, 세상을 관찰한 내용을 그냥 머릿속에 쌓아 두지만 않고 일부 감정과 행동의 형태에 접근해 그 내용을 통합한다. 어떻게 세계를 바라보고 거기에 반응할지에 영향을 미치는 '8번'의 불꽃을 더 많이 알아차리면서, 서서히 자신감이 높아진다. 8번을 일부 장착한 5번은 모든 것을 다 알아야 행동할 수 있다고 느끼지 않는다.

5번이 세 힘의 중심을 모두 활용하면서 안정적일 때는 자신이 다른 사람들을 위해 그리고 다른 사람들에게 가치 있는 일을 기여할 수 있다고 믿는다. 그래서 기꺼이 그런 위험을 감수하려 한다. 균형 잡힌 5번의 사고는 마침내 행동으로, 아마도 리더십으로 드러난다. 하지만 5번이 자신의 생각을 확인하고 이해하고 관리하는 법을 배우기 전까지 이 좋은 일은 불가능하다. 5번이 취약성을 허용하는 훈련을 더 많이 할수록 두려워할 일은 줄어들 것이다.

6번

내 경험과 나 자신 신뢰하기

10여 년 전에 미니애폴리스에서 열린 한 학회에서 셰릴을 만났다. 한동안 연락이 끊어졌다가 나를 찾아낸 그녀가 이야기를 좀 나눌 수 있느냐고 물었다. 마침 30분 정도 시간이 있어서 교회 주변을 돌면서 적당한 장소를 물색했다. 하지만 유감스럽게도, 이야기할 만한 장소라고는 청소년실의 낡은 갈색 소파뿐이었다. 그 자리에서 얼마나 많은 청소년이 얼마나 많은 간식을 먹었을지 알 수 없는 노릇이었다. 서로 인사를 주고받은 후, 나는 셰릴에게 인생의 마지막 3분의 1시기라는 개념에 대해 작업하고 있다고 말했다. 그리고 셰릴은 자신이 연구하고 있는 유산이라는 개념에 대해 가르칠 기회가 있으면 좋겠다고 말했다. 그녀의 이야기에 구미가 당겼다. 2번인 나는 댈러스에 있는 LTM 본부 마이카 센터에서 같이 가르치자고 제안했다. 그렇게 연락처를 주고받고 나서 나흘 후에 그녀는 내게 장문의 이메일을 보냈다. 전형적인 6번답게 메일에는 20개나 되는 질문이 담겨 있었다.

이메일을 보내던 날, 셰릴은 가벼운 접촉 사고를 당했다. 그녀는 그 사건이 질문은 그만 멈추고 내 초청을 받아들여야 한다는 뜻으로 느껴졌다고 말했다. 왜 아니겠는가?

셰릴은 내 조언에 따라서 강의 형식과 내용을 정리했고, 두어 달 후로 강의 일정을 잡았다. 그렇게 해서 셰릴은 예순두 번째 생일에 서부 해안에서부터 비행기를 타고 왔다. 우리는 함께 가르치고 서로 배우면서 거기 모인 참가자들과 놀라운 주말을 보냈다.

처음에 셰릴이 나를 믿었는지, 자신의 감을 믿었는지는 모르겠다. 하지만 이 모든 사건을 통해 그녀는 자신의 생각에서 벗어나 감정이라는 공간으로 옮겨 간 것 같다. 6번에게 그것은 직관적이기도 하지만 용기가 필요한 일이기도 하다. 다 떨어진 갈색 소파에서 나눈 그 짧은 대화가 효과적인 업무 관계와 아름다운 우정으로 변했다.

6번이 세상을 바라보는 방식

중심 번호인 6번에게 사고는 지배적인 동시에 억압되어 있기도 하다. 이들은 사고 중심을 통해―생각을 많이 한다―외부 환경에서 정보를 받아들이지만, 그들이 상황을 이해하는 데는 별 도움이 되지 않는다. 6번은 자신의 반응을 포함해 모든 것에 끊임없이 질문한다. 그리고 이것은 의심을 낳고, 더 많은 질문과 더 많은 의심으로 이어진다. 6번에 대해 염두에 두어야 할 몇 가지를 더 소개한다.

- 사고형인 세 유형 모두 불안으로 어려움을 겪지만, 중심 번호인 6번이 가장 많이 힘들어한다. 5번은 불안을 느낄 때 다른 사람들과 거리를 둘 수 있다. 7번은 활동이라는 위장 전술을 사용해 불안을 숨긴다. 하지만 6번은 때로는 불안에 저항하고 때로는 불안에 굴복한다.
- 6번의 격정은 두려움이라서 끊임없이 상황을 살펴서 문제나 위협의 기미를 감지하고 그에 대비한다. 항상 최악의 시나리오를 예상한다.

- 6번은 어떤 입장을 취하기 전에 모든 상황을 확인하고 기다려야 한다고 어린 시절부터 배웠다. 그래서 이들은 단호하게 행동하고 일을 추진하는 사람들을 과대평가하는 반면, 권위 있는 사람들이 자신들이 한 말을 잘 지키는지 지켜본다. 6번에게는 모든 것이 신뢰의 문제다.
- 6번은 신속한 결정을 미루고, 자기 입장을 고수해야 한다고 생각할 때가 많다.
- 6번은 생각이 비슷한 사람들과 어울리는 경향이 있다. 자신이 던지는 질문이 항상 환영받지는 못한다는 사실을 아는데, 비슷한 사람들과 있으면 확실하지 않은 것을 분명히 하는 질문을 던져야 한다는 압박감을 덜어 주기 때문이다.
- 6번이 비생산적인 사고를 관리할 수 없을 때는, 내면의 두려움이나 행동으로 옮기지 못하는 무능함을 설명하기 위해 외부 요인을 찾는 경향이 있다. 이런 성향 때문에 관계가 매우 어렵다.
- 6번은 다른 어떤 번호 유형보다 집단 활동에 적극적으로 참여한다. 이들은 에니어그램에서 공공선에 가장 관심이 많은 번호이기도 하다.
- 6번은 대화 중에 개인 정보를 너무 많이 드러내는 사람들을 경계한다. 그들의 진실성을 의심스럽게 보이게 하기 때문이다. 반대로, 6번은 개인 정보를 드러내지 않음으로써 자신을 보호한다.

6번이 스트레스를 받을 때

현대 에니어그램에서, 6번은 자신의 두려움에 공포나 역공포의 반응을 보일 수 있다. 공포형 6번은 익숙한 구조와 자신이 신뢰하는 권위자가

> **"사고형인 세 유형 모두 불안으로 어려움을 겪지만,
> 중심 번호인 6번이 가장 많이 힘들어한다."**

만든 규칙을 좋아한다. 이들은 더 큰 집단에 속해서 공통의 이익을 중심으로 관계 맺는 것을 편안해한다. 역공포형 6번은 구조를 만들어서 안정감을 제공하기 좋아하고, 모든 사람이 자기 자리를 찾을 수 있는 공동체를 체계적으로 만든다. 이들은 정면으로 위협에 맞서 자신의 두려움을 정복함으로써 안정감을 찾는다. 공포형 6번이 스트레스를 받을 때는 자신을 신뢰하지 못하기 때문에 외부로 눈을 돌려 승인과 확인을 받는다. 책임자들이 미더워 보이지 않을 때는 오히려 개인의 신념 체계, 곧 종교적·문화적·정치적 신념 체계를 의지한다. 반대로 역공포형 6번은 이미 자기편이 아닌 권위 있는 인물에게 반발하는 경향이 있다. 이들은 자신의 독립성을 증명하기 위해 적어도 가끔은 자기주장을 확실히 해야 한다고 생각한다. 때로 6번은 공포형이나 역공포형 중에 한쪽인 듯하지만, 사실은 양극단의 연속선 어딘가에 위치하는 경우가 훨씬 더 많다.

이들은 스트레스를 받을 때 과도하게 머릿속으로 생각만 하고 공포를 느끼기 때문에 대다수 6번은 문제를 해결하기보다는 오히려 초래하는 경우가 많다. 그럴 수밖에 없지 않을까? 이들 내면의 대화 가운데는 "…라면 어쩌지?"라는 질문이 무한 반복된다. 그러니 스트레스를 받는 6번이 행동보다 생각과 상상을 더 편안하게 여기는 것도 당연하다. 이들이 생각 속에서 길을 잃고 헤매는 동안 참여할 기회와 필요성은 사라져 버릴지도 모른다.

불안과 스트레스를 해결하지 못하면 6번은 자기 번호에서 좋지 못한 행동을 하기 시작한다. 이들은 슬픔과 두려움의 감정을 어떻게 다루어야 할지 확신하지 못하기에 자신의 감정을 이해하기 위해 과거의 문제들을 들여다볼지도 모른다. 흥미롭게도, 이들은 자신에 대한 불신을 편안하게 여기는데, 건강하지 못한 스트레스를 받을 때는 다른 사람들도 신뢰하지 못한다. 따라서 이들은 아무 도움이 되지 않는 권력 싸움에 연루되고, 온갖 잘못된 일에 대해서 남을 탓한다.

스트레스를 받을 때 3번으로 이동

모든 번호가 그렇지만, 생명을 위협하는 스트레스를 제외한다면, 스트레스는 불편함과 그에 대한 우리의 반응에 기초한다. 우리가 세 힘의 중심을 모두 활용해 그런 감정을 조절할 수 있다면, 더 큰 불안에 빠지는 상황을 막을 수 있다. 하지만 대부분의 사람은 습관적으로 자신의 지배적 중심에 더 많이 의존하는 반응을 보인다.

6번이 생각에 더 많이 의존할 때 비생산적이 된다. 6번은 불안과 불안정감에 굴복하는 성향이 있는데, 그 때문에 그들이 가장 두려워하는 바로 그 결과가 생길 때가 많다. 스트레스를 받는 6번은 어떤 상황에 있을 때 최악의 경우를 생각하고 그 문제를 해결하기 위한 계획을 세우는 행동 패턴을 보인다. 이런 준비성이 그들을 편안하게 만들어 줄 수 있지만, 그런 안전 조치가 필요한 경우는 드물기에 시간 낭비에 불과하다. 이렇게 6번이 자기 번호에서 극단적 성향을 보일 때 3번으로 수평 이동하면 일중독이 되기 쉽다. 너무 많이, 너무 빨리 일한다. 정신없이 바쁘면 두려움을 알아차리지 못한다. 때로는 자기 번호에서 극단적 성

> **"늘 생산적인 생각을 할 수는 있지만,
> 두려움 때문에 그것을 선택하지 못한다."**

향일 때 이들은 자신을 다른 사람들에게 그대로 표현해서는 안 된다고 생각한다. 대체로 실제보다 더 많이 알고 더 많이 경험한 체한다. 그런 다음에는, 자신이 실패할 것 같은 일은 전혀 시도하지 않음으로써 이런 조작된 이미지를 보호한다.

6번이 3번의 건강한 측면에 접근할 수 있다면, 자신을 더 믿고 행동을 취한다. 이것은 마치 원래 그들에게 있었지만 평소에는 알아차리지 못했던 지식과 경험을 활용하는 것과 같다. 성숙한 3번 행위의 도움을 받아 6번은 집단에서 자신을 구별할 수 있다. 집단에 소속되어 있지만 그 집단으로 정의되지는 않는, 독특한 개인인 자신의 정체성을 깨닫는다. 자신이 한 일에 의문을 제기하지 않고 순순히 만족하며, 자신이 공동체에 독특하게 기여한 부분을 기꺼이 인정받으려 할 것이다. 그들은 자신을 믿는다.

핵심: 사고의 한계 배우기

6번은 사고가 지배적이지만 억압되어 있다는 점도 기억하는 편이 중요하다. 부분적으로, 이는 이들이 오감을 활용해 세상에서 받아들인 정보를 곧장 머리로 보낸다는 뜻이다. 이들은 자신이 받은 다른 모든 정보를 머리에 저장해 둔다. 정보는 지식이 아니고, 지식은 지혜가 아니다. 따라서 이들이 의미 있는 개인 작업을 하지 않는다면, 자신이 받아들인 정보를 이해하는 데 사고를 효과적으로 활용하지 못하는 경우가 많다. 이들은 라벨링과 파일링 같은 유비로 머릿속에 수집한 정보를 어떻게 처리하는지 표현하는데, 스트레스를 받으면 직관적으로 '보관'이라고 이름 붙인 더미에 수집한 정보를 밀쳐 둔다. 그러면 이 정보는 즉각적인 행동에도 활용되지 못하고, 어떤 경험이나 사람에 대한 반응으로 일어나는 감정에도 들어가지 못한다. 1번과 2번처럼 6번도 생산적인 사고에 어려움을 겪는다. 이들은 자신을 면밀하게 관찰해, 언제 자신이 잠재적인 미래의 문제와 해결책에 집중해서 생각하는지를 알아차려야 한다. 그런 인식으로 이들은 이렇게 상상한 미래의 문제 중 다수는 절대 일어나지 않고 따라서 잠재적인 해결책도 필요하지 않다는 사실을 발견한다.

실전 훈련

6번을 위한 생각 관리 연습

- 주의를 다른 곳으로 옮기는 훈련을 한다. 무슨 일이 생기면 멈춰서 생각해 본다. "다른 에니어그램 번호라면 이 문제에 어떻게 반응할까?" 그런 다음에 그들과 같이 반응하려고 노력해 본다. 새로운 질문을 던지는 편이 도움이 될 것이다. 새로운 질문은 새로운 답으로 이어지고, 그 모든 과정이 태만한 생각에서 벗어나게 해 준다.
- 상대가 그를 믿지 못할 이유를 제공하기 전까지는 상대를 믿으려고 노력해 본다.
- 다른 사람의 숨은 동기를 찾을 때는 주의해야 한다. 그들의 동기가 진짜인가, 아니면 개연성이 낮은 최악의 시나리오인가?
- 다른 사람들과 연결이 끊어지지 않도록 애쓴다. 당신은 자신을 보호하려고 다른 사람들과의 관계를 멀리해 놓고 상대가 당신을 떠나갔

다고 자위하는 경향이 있다.
- 남을 시험하고 판단하는 일을 잠시 멈춘다. 사람들이 자기가 하겠다고 한 일을 제대로 하고 규칙을 따르는지 확인하는 일을 멈춰 본다. 당신도 계획대로 하지 못하거나 해야 할 일을 하지 못하는 경우가 있지 않은가.
- 어떤 활동에 참여하기 전에 모든 것을 미리 생각해야 한다고 믿기보다 조심하면서 참여하는 훈련을 한다.
- 다른 사람들의 칭찬에 무언가를 기대하는 심리가 숨어 있다고 의심하지 말고, 있는 그대로 칭찬을 받아들이는 법을 연습한다. 사람들이 아부하는 것이 아니라, 진실을 말하고 있다고 믿는다.
- 두려움과 호기심의 차이를 이해하려고 노력한다. 호기심은 유익하지만, 두려움은 습관이다.
- 당신이 만약의 사태에 대비해 세우고 있는 계획들을 모두 일기에 적어 본다. 그런 다음, 한 달에 한 번씩 그 목록을 다시 살펴서 그중에 얼마나 많은 계획을 실제로 행동에 옮겼는지 확인한다.
- 이 점을 유의하라. 늘 생산적인 생각을 할 수는 있지만, 두려움 때문에 그것을 선택하지 못하는 것이다. 당신은 위기 상황에 정말 잘 대응한다. 똑똑하고 유능하며 영리하다. 다른 사람들의 신뢰를 받는다. 자신을 믿는 훈련을 하라.

안전하다고 느낄 때 9번으로 이동

6번이 사고와 감정과 행동의 균형을 잡으려면, 자기 머릿속에서 벌어지는 일을 정확히 평가하는 법을 배우는 추가 작업이 필요하다. 6번들은

> **" 정보는 지식이 아니고, 지식은 지혜가 아니다. "**

이런 질문을 던져야 한다. 내 생각은 생산적인가, 아니면 태만한가? 내 불안은 타당한가, 아니면 습관에 불과한가? 이렇게 현실을 직시한다면, 두려움에 찬 반응을 더 멀리할 수 있다. 이들은 자신과 타인에 대한 의심을 해결해야 안전하다고 느낄 수 있다. 6번이 9번의 안정감에 접근하게 해 주는 자리에 있을 때 그런 일이 가능하다.

건강한 6번이 9번으로 이동하면 더 폭넓은 관점에서 상황을 본다. 걱정이 줄어든다. 자신과 주변에서 벌어지는 일들을 너무 심각하게 받아들이지 않게 된다. 에니어그램의 이런 움직임이 가져다주는 큰 선물은 여기서 6번은 삶에 대한 자신의 경험을 신뢰할 수 있다는 점이다. 9번의 영향을 받은 6번은 건강한 6번보다 훨씬 더 편안해 보인다는 글을 읽은 적이 있다. 그들이 마침내 염려를 멈출 수 있게 되어서 그렇다는 생각이 든다.

특히 요즘처럼 질문이 넘쳐 나고 답은 찾기 힘든 시기에, 이것은 쉬운 여정이 아니다. 하지만 6번이 9번의 평온함을 솔직하게 받아들인다면, 자신과 타인과의 관계에 정말 유익하면서도 꼭 필요한 독립성을 경험한다. 안정감뿐만 아니라 타인을 신뢰하는 능력까지 얻는다. 9번의 건강한 측면을 수용한 6번은 만사가 다 잘될 거라고 믿을 수 있다. 그리고 그런 종류의 안정감을 한번 경험한 이들은 계속 그 위치로 돌아가기 원한다.

7번

나는 만족하기로 선택할 수 있다

내가 운영하는 '에니어그램 저니'(Enneagram Journey) 팟캐스트 초대 손님들에게서 많은 것을 배운다. 가끔은 같은 번호인 두 사람의 대화를 주선할 기회도 생긴다. 7번 유형인 두 사람이 나오면 감당하기가 쉽지 않지만, 그런 환경에서는 7번 유형 한 사람과 대화할 때보다 7번들이 세상을 어떻게 보는지에 대해 더 많이 알 수 있다.

1년 전쯤에 우리 큰아들이자 팟캐스트 제작자인 조엘과 내 제자였던 리앤이 명절에 대해 이야기하는 자리에 함께할 기회가 있었다. 두 사람 다 7번이다.

리앤: "조엘은 명절에 대해 다른 가족들과 비슷한 방식으로 기억하나요?"

조엘: "무슨 이야기예요?"

리앤: "그러니까, 우리 가족이 크리스마스에 모여서 지난 추수감사절에 만난 이야기를 했거든요. 그런데 가족들이 무슨 소리를 하는지 하나도 모르겠더라고요. 틀림없이 내 맘에 들지 않았거나 아주 지루했던 일들에 대해 말하고 있었을 거예요. '내가 추수감사절에 집에 안 갔나?'라는 생각이 들 정도였는데, 확실히 그 자리에 있었거든요!"

리앤이 계속해서 말했다. "그런데 이제 알았어요. 제 생각에, 우리 7번들은 모든 것을 실시간으로, 즉 사건이 벌어지는 동안에 재구성하는 경향이 있어요.

내가 믿기 힘들고 괴로워할 만한 일이 주변에서 벌어지면, 그 일을 내가 받아들일 수 있거나 원하는 일로 맞추어서 재구성하는 거죠. 그러고는 실제 사건이 아니라 내가 재구성한 일을 기억하는 거예요."

7번이 세상을 바라보는 방식

실제가 아니라 자신이 보고 싶은 대로 상황을 보는 타고난 능력을 가진 7번이 자신의 적절한 자리를 파악할 기회가 가려진 상황에서 삶의 교훈을 배우기는 쉽지 않다. 그에 더해서, 일이 잘 진행되지 않을 때는 자신의 역할을 확인하고 찾는 데 무관심하거나 그럴 능력을 발휘하지 못하는 경우가 많다. 7번은 고통에서 벗어나 쾌락을 추구하는데, 그런 다음에는 가장 좋은 것만 선택적으로 기억한다. 7번은 현시점에서 일어나는 일들보다 우위를 점할 수 있는 미래 계획을 세움으로써 불안에서 벗어나는 경우가 많다.

7번에 대해 염두에 두어야 할 사항에는 다음과 같은 것들이 있다.

- 아침에 잠에서 깬 7번에게는 희망찬 하루가 기다리고 있다. 이들은 낙관적인 상태를 유지하면서, 피곤하거나 에너지를 소진하기 전까지는 어떤 일을 열심히 일한다. 그런 시점이 오면, 의무나 지루함이 시작되기 전에 다른 일로 갈아탄다. 어떤 행동이 자신들이 기대한 대로 되지 않고 7번이 재구성할 수 없는 일을 경험할 때 스트레스가 먹구름처럼 내려앉는다.
- 7번은 매력이 넘치고 겉으로는 삶을 있는 그대로 두려움 없이 편하게 받아들이는 것처럼 보일 때가 많지만, 두려움형에 속한다.

7번은 무한한 가능성과 상상의 세계에 열중함으로써 자신의 두려움을 분산시킨다. 보통 수준의 7번은 어느 하나에 너무 깊숙이 빠지는 상황을 두려워한다. 이들은 한꺼번에 여러 일을 하고 끝없이 이어지는 활동을 다루는 데 능하다.

- 7번은 자신이 두려워한다는 사실을 알고 누군가 질문하면 그 이유도 말해 줄 수 있지만, 그에 대해 상의하고 싶어 하지는 않는다.
- 7번은 무슨 일로든 누구든 의존하면 안 된다는 점을 어린 시절부터 믿게 되었다. 그들은 혼자서 책임져야 한다고 믿는다.
- 7번은 단순히 대세를 따르지 않고, 자신에게 흥미와 자극을 주는 것을 따라간다.
- 7번은 여러 대안에 열려 있기에 방향을 바꾸는 것이 그리 어렵지 않다.
- 7번은 함께 있으면 즐겁고 일을 성사시키는 사람이지만, 때로는 상황을 끝까지 진득하게 지켜보지 못하기도 한다.
- 7번은 기쁨과 슬픔을 포함하는 감정의 연장선 중에서 기쁨을 누리며 살려고 애쓴다. 그리고 도저히 슬픔을 피할 수 없을 때까지는 그 전략이 대부분 통한다. 이들은 아무리 부정적인 상황이라도 긍정적으로 재구성할 수 있고, 그것이 먹히지 않을 때는 매력을 2차 방어선으로 활용한다. 그 전략도 대체로 잘 통하는 편이다. 그것이 먹히지 않을 때까지는.

7번이 스트레스를 받을 때

7번은 스트레스를 통과하거나 돌아갈 방법을 찾기 전까지는 스트레스 때문에 아무것도 하지 못한다. 훈련이 되어 있지 않은 한, 이들은 스트레스의 원인을 무시하는 방법을 택한다. 그런다고 해서 상황이 나아지지는 않으므로 이들은 가능성에 집착하고 할 수 있는 한 불가피한 상황을 연기하면서, 일반적 행위에서 건강하지 못한 행위로 미끄러지기 시작한다. 이 시기에 이들은 다른 사람을 늘 분명하게 보지는 못한다. 흥미롭고 자극적인 개념이나 기회를 찾으면서, 자신의 관심사에 주의를 집중하기 때문이다. 7번은 반복되는 일상을 점점 더 지루하게 느끼고, 비판을 못 견디게 된다. 7번이 자기 번호에서 좋지 못한 행동을 할 때는 자신의 욕구와 욕망이 즉시 충족되기를 바란다. 충동적이며, 고통을 견디거나 조절하지 못한다. 그리고 나서는 정신없이 바쁜 활동에 더 몰두한다.

내가 강연한 어느 에니어그램 행사에서, 7번이 모인 그룹에 스트레스에 어떻게 반응하느냐고 물어보았더니 이런 대답들이 나왔다.

"아주 심각한 상황이 아니라면, 제 좌우명은 이렇습니다. '모든 걸 부인하고 앞만 보고 나가자.'"

"4년 반 사이에 아버지와 고모, 할머니, 남편까지 한꺼번에 잃었어요. 이 모든 상실을 한꺼번에 생각해 본 적이 한 번도 없어요. 다 괜찮다고 믿고 그냥 일상을 살아갈 뿐이에요."

"약물과 술로 스트레스를 풀었습니다."

"스트레스의 압박을 벗어날 수만 있다면 무슨 일이든 가리지 않을 거예요."

아무도 자기 대답에 만족하지는 않았지만, 어떻게든 달리 반응하는 법을 배우려면 진지한 작업이 필요하다는 데는 모두 동의했다.

> **"** 7번이 알아차림과 자기반성을 훈련하고 변화로 향하는 여정에 있을 때 멀티태스킹과 활동에 몰두하는 만큼 침묵과 고독에도 몰두할 수 있다. **"**

스트레스를 받을 때 1번으로 이동

7번이 1번의 긍정적이고 건강한 측면을 선택할 만큼 충분히 1번에 대해 배우는 작업을 하지 않는다면, 7번의 스트레스 번호인 1번으로 수평 이동한다. 건강하지 못한 7번과 보통이거나 건강하지 못한 1번이 결합하면, 7번은 자신을 지나치게 진지하게 여기게 된다. 다른 사람을 과도하게 판단하고 비판한다. 이원론적 사고의 영향으로, 타인을 친구 아니면 적, 옳거나 틀린 사람으로 믿는다. 양쪽 다 가능하다는 통합적 사고가 실종된다. 그런 입장에서 7번들은 자신의 전문성을 고집하면서 다른 사람이 들어설 여지를 거의 남기지 않는다.

  1번의 건강한 측면을 받아들인 7번은 계획을 끝까지 완수할 수 있다. 이들은 미완성 프로젝트와 씨름하면서 완성까지 지켜본다. 7번이 양보다 질에 더 신경을 쓰는 이 좋은 공간에서 극적인 변화가 일어난다. 이는 무엇이든 둘이 좋다면 다섯은 훨씬 더 좋다는 생각에서 상당히 벗어난 지점이기도 하다. 건강한 1번의 에너지는 7번이 속도를 늦추어서 더 집중할 수 있게 도와주는 것 같다. 그러면 자신을 위해서나 다른 사람을 대신해서나 더 좋은 결정을 내릴 수 있다. 7번이 건전한 1번 행위의 영향을 받을 때 혼돈 상태에서 명료해지고, 과정에 대해 일반적으로 집착하기보다 성취를 더 중요하게 여기게 된다. 이렇게 차분하고 사려 깊은 공간에서 7번은 덜 이기적인 태도를 보이고, 다른 사람에 대한 연민과 관심을 더 많이 드러낸다.

핵심: 일정한 한계 받아들이기

자신의 문제와 불안을 다루기 위해서 7번은 자신의 감정을 보호하는 방편으로 두 힘의 중심, 곧 사고와 행동에 의존하는 법을 개발한다. 7번의 두려움은 슬픔과 상실과 불안이 숨어 있는 내면세계를 다루는 능력이 관건이라는 점에서 5번과는 정반대다. 7번은 불안할수록 고통을 더 억누르고, 고통의 영향을 피하려고 더 많이 애쓴다. 그래서 자신의 경험에 더 만족하지 못한다.

7번이 알아차림과 자기반성을 훈련하고 변화로 향하는 여정에 있을 때 멀티태스킹과 활동에 몰두하는 만큼 침묵과 고독에도 몰두할 수 있다. 이들의 과제는 이 둘의 균형을 찾기 위해 노력하는 것이다. 그러면 둘 중 하나에 빠지는 유혹을 피하려고 힘겹게 싸우는 대신, 하루나 한 주를 둘 다로 채우는 법을 배울 수 있다. 솔직히, 이들이 균형을 찾는 과정에서 맞닥뜨리는 가장 큰 어려움은 따로 있다. 가장 가까운 사람들이나 함께 일하는 사람들이, 더 조용하고 묵상을 즐기는 덜 재밌는 모습보다 활기와 에너지가 넘치며 낙천적인 7번의 모습을 더 좋아한다는 점이다.

더 균형 잡힌 삶에 유익이 있음을 깨달을 때 7번은 자신의 자아(ego)가 믿어 왔던 것보다 덜 진화했음을 스스로 인정해야 한다. 7번이 자신에 대한 관점을 포함해 대부분의 일에서 보이는 긍정적인 태도는 실제로 직관적이지만, 제한적이기도 하다. 자신을 객관적으로 보게 되면, 이들은 삶이 우리에게 허락한 모든 것을 온전히 누리며 살기 위해서는 일정한 제한을 두어야 한다는 사실을 깨닫는다.

실전 훈련

7번을 위한 생각 관리 연습

- 더 진지하고 안정적이어도 괜찮다. 성숙과 노화를 받아들인다.
- 당신이 수박 겉핥기만 할 가능성을 알아차린다. 당신이 놓친 깊은 곳에 좋은 면이 숨어 있다. 거기에 가서 그 좋은 점을 발견하면 무척 만족스러울 터이다.
- 모든 좋은 영성 훈련은 알아차림과 자기반성을 수반한다. 당신은 이 부분에서 균형이 깨진 경향이 있다. 자신을 너무 가혹하게 대하거나 더 밀어붙이지 못하거나 둘 중 하나일 때가 많다. 비판과 정직한 자기 평가는 다르다.
- 당신이 두려움형이라는 사실을 잊지 않는다. 그래서 당신은 때로 현실을 살아가며 경험하는 긴장을 고통이라는 개념으로 둔갑시킨다. 전자는 힘을 준다. 당신의 상상은 고통과 그에 따른 깊은 두려움을 경험하는 데 별 도움이 되지 않는다.
- 당신이 매력이 넘쳐서 늘 위기를 모면하는 경우가 많다는 사실을 인식한다. 안타깝게도, 그 덕에 당신은 자신이 특별한 대우를 받을 자격이 있다는 교훈을 얻었다.
- 당신이 생각하거나 믿는 바가 의심받고 있어서 화가 날 때 혹은 스스로 자기 가치를 의심하는 경향이 있을 때 주의한다. 인간으로서 자신의 가치가 불안정할 때 고집, 이원론적 사고, 자신이 옳은지에 대한 의구심 등 구태의연한 행동 패턴에 빠지게 된다. 당연히, 당신이 옳다!

> **7번은 스트레스를 통과하거나 돌아갈 방법을 찾기 전까지는 스트레스 때문에 아무것도 하지 못한다.**

- 귀를 기울이지 않거나 자리를 뜨는 대신, 사람들이나 대화에 계속 연결되는 훈련을 한다. 당신이 사물을 바라보는 방식이나 환경 둘 중 하나에 변화가 생길 때까지 기다린다. 당신을 속박하거나 지루하지 않다고 느끼는 리듬에 따라 긴장을 풀 수 있는지 확인해 본다.
- 생각을 행동이나 감정의 대체물이 아니라, 원래 목적대로 활용하는 데 집중한다.

안전하다고 느낄 때 5번으로 이동

건강한 7번은 자기 번호의 최선과 5번 공간의 좋은 점을 모두 경험할 수 있다. 7번은 대개 유머로 대화를 시작하지만, 시간이 지나면서 점점 더 깊은 이해와 취약성을 드러내고 나누기 시작한다. 7번은 5번의 안전한 공간에서 유머를 지우고, 경계심을 덜고 다른 사람들과 함께할 수 있다.

7번은 가끔은 자신들이 수박 겉핥기식 잘못을 저지른다는 사실을 인정한다. 5번에게서 이들은 내면으로 들어갈수록 다른 어떤 주제나 행동에도 더 깊숙이 들어가는 내면세계를 개발한다. 이들은 내면의 평화를 발견한다. 그 덕에, 결국에는 방해거리만 될 뿐인 가능성에 끌리기보다 더 안정적이고 통합적으로 살 수 있다. 이들이 자신의 흥미를 끄는 것에 집중해 그것을 더 알아 갈 때 이 새로운 시도에서 얼마나 큰 성공을 거둘 수 있는지 놀라게 된다.

7번은 자신이 5번에 있으면서 고집을 덜 피우고 더 사려 깊게 행동한다는 사실을 깨닫는다. 이들은 자신의 두려움을 확인하고, 혼자 힘으로 모든 것을 해내야 한다는 믿음을 극복할 수 있다. 그리고 나서 그 깨달음을 따라갈 때, 7번은 사랑하는 사람들과의 관계에서도 훨씬 더 큰 선물이 될 수 있다.

3장 어떤 필요를 채워야 하는가?

장형의 스트레스 반응

우리 딸 조이는 에니어그램 8번, 사위 빌리는 9번이다. 몇 년 전에 딸 부부가 아들 둘을 데리고 대형 마트에 볼일을 보러 갔다. 주차장은 붐볐지만, 통로가 꽤 널찍해서 주차된 다른 차 옆으로 지나갈 공간은 충분했다. 대형 SUV를 세울 자리를 찾고 있는데, 조이네 앞차와 반대편에서 오던 다른 차량 사이에 언쟁이 벌어졌다. 둘 다 같은 자리를 차지하려다 실랑이가 붙은 듯했다.

조이가 배에 손을 올리면서 남편을 보고 말했다. "당신도 느껴요?" 빌리가 고개를 끄덕였다. (장형이 자기 배의 느낌에 기초해서 세상을 해석하는 일은 흔하다.) 조이가 웃음을 터뜨렸다. "좋았어! 누가 이길 것 같아요?" 빌리는 조이가 이 상황을 즐기는 모습에 살짝 놀랐다. 덕분에 그도 싸움을 지켜보고 싶어 안달이 나는 것 같았다.

8번인 조이는 분노를 외적으로 표면화하는 유형에 해당한다. 이 경우에는, 분노가 활력을 주었다. 9번인 빌리는 갈등을 비롯해 자신의 평화를 깨뜨릴 수 있는 그 어떤 것과도 엮이고 싶어 하지 않는다.

부부의 두 아들 중 어느 쪽도 확실히 1번은 아니지만, 그 차에 1번이 타고 있었다면 그들은 분노를 내면화했을 것이다. 하필이면 마트가 복잡한 날을 선택한 것에 불쾌감을 느끼고, 문제의 원인을 제공한 다른 차량 운전자들에게 화를 냈을 것이다.

행동으로 세상에 참여하기

8, 9, 1번의 지배적 중심은 행동이다. 이들은 세상을 보면서 무슨 일이 필요한지 살핀다. 하지만 각 번호는 자신이 본 것에 다르게 반응한다. 이들은 집이든 직장이든 어느 장소에 가든지 본능적으로 그곳을 '해석해', 숨겨진 의제와 잠재적인 갈등을 찾아낸다(그래서 이들을 직관형이라고도 한다).

하지만 어떤 장소를 읽어 내는 모습은 유형마다 다르다. 8번은 거기서 누가 책임자인지 찾아내고, 자신이 그 상황을 다룰 수 있는지, 그렇지 않은지 판단한다. 9번은 자신이 어느 자리에 들어맞는지와 누구와 함께할지를 찾는데, 분노의 분위기를 풍기거나 갈등의 소지를 지닌 개인은 피한다. 1번은 무엇이 잘못되었는지를 찾는다. 화를 내거나 불만스러운 사람이 눈에 띄면, 이들은 다른 누군가가 그 상황을 말로 표현하기 전에 자기 배에서 그것을 알아차린다. (그래서 이 유형을 장형 혹은 몸형이라고도 한다.) 8번은 갈등에서 활력을 얻기 때문에 거기에 개입하기 원한다. 9번은 갈등에 연루되는 것을 원치 않는다. 1번은 갈등에 분개한다. 하지만 이 세 유형 모두가 자신이 누구와 함께하고 무슨 일이 생길지 확신한다면, 집단 내에서 조화와 신뢰를 느끼면서 안심할 수 있다.

8, 9, 1번은 집요한 태도로 자신이 바라는 관심과 필요한 것을 얻을 수 있다는 사실을 어린 시절부터 일찍 배웠다. 간단히 말해서, 이들은

사람들이 때로는 직접적으로, 때로는 조금 더 미묘하고 간접적으로 그들을 대면하게 만든다. 사람들이 독촉할 때는 속도를 늦추기도 하고, 부모나 동료나 배우자의 기대를 거부하기도 한다. 이들은 학대당하거나 오해받는다고 느낄 때는 모습을 감추는 경향이 있다. 이는 자기 삶을 책임지고 개인의 취약성을 감추는 것과 관련이 있다. 자신이 약하다는 사실이 드러나면 남들이 유리한 입장에 선다고 믿기 때문이다.

장형은 어떻게 행동하는가

8, 9, 1번은 "나는 누구인가?"라는 질문과 씨름한다. 이는 그들이 적절한 경계가 어디쯤인지 혼란을 느끼기도 하고, 스스로 너무 많이 떠안으려 하기 때문이다. 이들이 주의를 기울이는데도 개인의 경계가 사라져 버리는 경우가 많다.

8번은 언제 물러나서 경청해야 할지 혹은 언제 다른 사람에게 주도권을 내주어야 할지 잘 모른다.

9번은 주변에 있는 더 주도적인 사람들과 합해서 갈등과 단절에 대한 두려움을 해결한다.

1번은 직장을 비롯한 기타 상황에서 자기 역할을 감당할 뿐 아니라, 다른 사람의 책임까지 떠맡는다.

8번은 많은 일을 떠맡으면 만족하고, 9번은 다른 사람과 힘을 합치는 것이 편안한 해결책이지만, 1번은 자신이 하는 많은 일에 분개한다. 그리고 다른 사람의 일을 '개선하는' 것도 자기 의무라는 느낌 때문에 그 분개는 더 심해진다.

이 유형에 속한 이들에게 **분노**는 잘 드러나지 않은 정서인데, 도사리

> **"8, 9, 1번은 '나는 누구인가?'라는 질문과 씨름한다.
> 이는 그들이 적절한 경계가 어디쯤인지 혼란을 느끼기도 하고,
> 스스로 너무 많이 떠안으려 하기 때문이다."**

고 있던 분노가 어떤 계기로 촉발되면 그것을 느끼고 두려워하게 된다. 그래서 이 유형을 분노형이라고도 한다. 실제로, 모든 감정을 분노로 바꿔 놓는 경향이 이들에게 문제를 일으킨다. 분노 때문에 이들은 새로운 상황에 적응하기보다는 자기 입장을 고수하고, 자신이 끝나고 타인이 시작되는 경계를 알기 위해 고심한다. 분노는 익숙하지만 다른 낯선 감정들은 불편하게 여기고 위협으로 느낀다. 그런데 왜 그런지 알아차리기는 힘들다.

이 유형은 분노가 항상 공공연하게 드러나지는 않는다. 분노는 표면 아래 도사리고 있다가 번호마다 다른 표현으로 드러난다. 8번이 화가 나면 주변 사람들이 다 안다. 하지만 이들이 분노를 표현하고 상대가 그것을 받아 주지 않고 적어도 들어만 주더라도, 문제가 해결된다. 9번의 분노는 수동적 공격 성향을 띤다. 직접적으로 분노를 드러내지는 않으면서도, 적절한 때에 정확한 상대를 겨냥한다. 1번은 분노를 자신이나 타인을 향한 분개로 둔갑시킨다. 1번의 분노를 직면한 상대는 그 분노가 얼마나 혹독한지 잊지 못할 것이다.

장형 분노의 또 다른 특징은, 세 번호 모두 누군가 그들에게 화를 낼 때나 다른 사람들이 서로 싸우는 모습을 관찰할 때 희한하게도 그런 강렬함에 끌린다는 점이다. 어떤 사람들은 내게, 때로 자신이 느끼는 강렬한 끌림이 가장 두렵다고 말하기도 했다.

다른 유형들이 외부 자극에 반응하는 방식과 비교할 때 장형이 가장 복잡한 양상을 보인다.

5, 6, 7번은 자신의 **내면**세계를 정돈하려 애쓴다. 그래서 정보를 끌어다가 머릿속에 옮겨 놓고, 행동으로 옮기기 전에 이해하려 한다.

2, 3, 4번은 **외부** 세계를 정돈하는 데 집중하기 때문에 자신의 외부에 주목한다.

8, 9, 1번은 내면에서 외부로, 다시 외부에서 내면으로 이렇게 양쪽으로 에너지가 쏠린다. 이들은 **둘 다** 통제하려 고군분투한다. 이 성격 유형들은 남들에게 강해 보이고 싶어 하기에 관계에서 결단력을 발휘하려 애쓴다. 약함을 드러내면 스스로도 약하다고 느끼기 때문에 자신의 감정, 특히 불안과 두려움을 숨기면서 반응하는 법을 배웠다.

때로 인생을 전쟁터처럼 느끼는 장형은 권력, 진실성, 정의에 관심이 많다. 권력 남용을 알아차리고 분노한다. 권력을 쥔 자가 누구인지 알아내 그들이 소외된 사람들을 공평하게 대하는지 지켜본다. 자신이 약자라고 생각하는 이들 편에서 재빨리 행동에 나서고, 가치 있다고 여기는 싸움에 적극적으로 참여한다.

일이 잘되지 않을 때 이 번호들은 적어도 속으로는 자신을 비난하는 경향이 있다. 이들은 자신이 통제할 수 없는 감정을 거의 항상 회피하기 때문에 그 점을 늘 인정하지는 않는다. 겉으로는 자신감 넘치고 강해 보일지 몰라도, 속으로는 자기 의심과 싸우고 있다. 9번은 관계의 분열과 단절을 두려워해서 기운을 잃을 때가 많다. 1번은 대개 자기 내면의 비판자와 무한 반복되는 전쟁에 갇혀 있다. 8번은 다른 사람의 배신을 기대-하는 동시에 두려워-한다. 그래서 자기편에 속한 사람들의 충성심을 의심하면서 자신을 의심한다.

> **" 대체로 권력과 힘의 메시지로 끌고 나가는 경우가 많지만, 약함과 취약성이라는 감정이 그리 멀지 않을 때도 있음을 인정한다. "**

영혼의 보호 장치

샘 소머스는 『무엇이 우리의 선택을 좌우하는가』에서 우리 인간이 외부 요인에 얼마나 크게 영향을 받는지 강조한다. 인정하든 인정하지 않든, 주변 세상이 늘 우리를 형성하고 있다. 장형은 자신의 본능을 통해 세상을 해석하기 때문에 이들의 행위는 외부 영향에 반응하는 경우가 많다.

전 지구적 팬데믹은 사는 곳과 상관없이 우리 모두의 생활 방식을 바꾸어 놓고, 우리가 살아가는 일상의 예측 가능성에 영향을 미쳤다. 팬데믹 이전에 하던 일을 좋아했든 싫어했든, 적어도 그 일은 익숙했기에 그 일로 다시 돌아가기를 바랐다. 나도 다른 사람들과 마찬가지로, 에니어그램의 지혜에 대한 새로운 질문과 답변을 품은 채 배우는 입장이었다. 하지만 이 지난한 시기에, 내가 아는 모든 사람 역시 우리 모두의 유익을 위해 더 큰 공동체에 기여할 방법을 찾으려고 애쓰고 있었다.

8, 9, 1번의 지배적인 힘의 중심이 행동이기에 이들은 팬데믹 기간에 매우 독특한 위치에 있었다. 그 기간이 무엇보다도 우리 행동에 영향을 미쳤기 때문이다. 어떤 사람들은 자기 능력보다 더 많이 일해야 했고, 어떤 사람들은 건강을 해치는 바람에 할 수 있는 일에 제약을 받았다. 그런가 하면, 어찌할 바를 모르는 사람들도 있었다. 게다가 팬데믹 기간에 고립은 삶에서 큰 부분을 차지했다. 이런 고립 때문에 다른 사람들

의 아이디어, 생각과 행동에 영향을 받는 이 세 번호의 의존도는 타협할 수밖에 없었다.

장형을 위한 영성 훈련

당신이 이 유형이라면, 다음 제안을 고려해 보자.

첫째, 대체로 권력과 힘의 메시지로 끌고 나가는 경우가 많지만, 약함과 취약성의 감정이 그리 멀지 않을 때도 있음을 인정한다.

둘째, 남들이 유리해질까 봐 두려워서 끊임없이 약함을 숨긴다는 사실을 스스로 솔직히 인정해야 한다.

마지막으로, 당신이 자유를 빼앗기는 것을 죽음처럼 느낀다는 사실을 인정한다.

이 내용이 자기 이야기처럼 들린다면, 이것이 이 시기에 이 유형에 속한 당신이 그토록 힘들어하고 스트레스를 받는 이유를 요약해 줄지도 모른다. 이것은 당신의 영혼을 지키는 일이 얼마나 중요한지도 강조해 준다. 당신이 할 수 있는 가장 좋은 일은, 어떤 방식이든 의도적이고 생명을 주는 방식으로 당신의 행동에 참여하는 것이다.

감리교 창시자 존 웨슬리(John Wesley)는(아마도 장형에 대해 잘 알고 있었을 것 같다) 이런 현명한 말을 남겼다. "당신이 할 수 있는 모든 수단과, 당신이 할 수 있는 모든 방법으로, 당신이 할 수 있는 모든 장소에서, 당신이 할 수 있는 모든 시간에, 당신이 할 수 있는 모든 사람에게, 할 수 있는 한 최선을 다하라." 지금 당신이 하는 행동에 이런 지향점을 개발한다면, 미래까지 그 지향점을 끌고 갈 수 있다. 이런 생활 방식은 웨슬리에게 큰 변혁을 불러왔다. 당신에게도 동일한 효과가 있기를.

8번
나는 속도를 줄일 수 있다

우리 부부는 저자이자 목사인 나디아 볼즈웨버(Nadia Bolz-Weber)와 귀한 우정을 나누고 있다. 우리가 서로 알고 지낸 지 이제 10년이 넘었다. 그동안 슬플 때나 기쁠 때, 화날 때나 무서울 때, 축하하거나 애도할 일이 있을 때, 걱정 근심이 있을 때 직접 만나거나 전화 통화로 함께했다. 나는 나디아를 지켜보고 그녀의 이야기를 들으면서 8번에 대해 많이 알게 되었다.

고맙게도, 그녀가 쉰 살 생일을 앞두고 '에니어그램 저니' 팟캐스트에 출연해 주기로 했다. 생일은 대부분의 8번 여성에게 힘든 날이지만, 늘 분주한 8번이 좀처럼 갖기 힘든 자기를 돌아볼 기회를 가져다주기도 한다. 나디아는 40대 후반을 지나면서 자기 인생에 생긴 중요한 변화에 대해 많은 이야기를 나누어 주었다. 그래서 나는 그 내용을 바탕으로, 쉰 살이 된 그녀에게 에니어그램이 무엇을 가르쳐 주는지 질문했다.

"음, 에니어그램은 내가 8번 성격이라는 점의 결과가 파괴라는 사실을 보여 줘요." 그녀의 반응은 부드럽고 연약하면서도 강하고 단호했다. 나디아는 다른 8번들처럼 자신의 발견이 다소 의외인 듯했다. 8번들이 일부러 남에게 상처를 주지는 않기 때문이다. 사실 이들은 자신이 다른 사람들에게 어떤 영향을 주는지 잘 모른다. 겸손과 자기반성, 용기가 있어야 나디아처럼 고백할 수 있다. 그리고 이 발견은 너무도 큰 변화를 가져오기 때문에 가치가 있다.

8번이 세상을 바라보는 방식

나디아 같은 8번은 다른 어떤 번호보다 에너지가 많다. 이들은 타인의 에너지에 끌리면서도, 남들은 그들을 어떻게 경험하는지 묻는 경우가 매우 드물다. 그래서 자신의 영향을 알아차리지 못하는 경우가 많다. 미래 지향적 성향 때문에 남을 잘 의식하지 못하고, 그 결과가 어떤 잠재적 파괴를 불러올지 상관하지 않고 눈앞의 일을 처리하는 데 집중한다. 무슨 일을 만나든 8번은 가장 먼저 ("나는 어떻게 생각하지?"나 "나는 어떻게 느끼지?"가 아니라) "나는 어떻게 해야 할까?"라고 반응한다.

8번에 대해서는 다음 사항을 염두에 두자.

- 8번은 양자택일, 옳음과 그름, 아군과 적군 등 상황을 극단적으로 보는 성향이 있다. 이들은 주변을 평가해 누가 책임자인지 확인한다. 그런 사람이 아무도 없는 것 같으면, 나이나 직책에 상관없이 자신이 그 공백을 채우려 한다.
- 8번은 통제받는 것을 매우 싫어한다. 이들이 경기 방식을 규정하는 데 몰두하는 이유는 그 방식에 규정당하지 않기 위해서다.
- 8번은 환경의 영향을 받지 않으려고 오히려 그 환경을 지배하려 애쓴다. 에니어그램 번호 중에 가장 노골적으로 공격적인 이들은 자신의 에너지와 자신감으로 세상에 영향을 미치고 싶어 한다. 그리고 실제로 영향을 미친다.
- 8번은 자신의 감정을 보호하려고 취약성을 피한다. 이들은 과하

다거나 지나치게 공격적이라는 말을 자주 듣기 때문에 약해지거나 종속되는 상황을 피하고 힘과 결단력으로 방어해야 한다고 느낀다.
- 8번은 자신의 내밀하고 부드러운 감정을 나누기 어려워한다. 이런 감정을 드러내면 스스로 약하다고 느끼고 약함을 탈피하려는 시도를 하기 때문이다.
- 8번은 숨은 메시지나 우유부단함을 싫어하고, 수동적 공격성을 견디지 못한다.
- 8번은 자기 눈에 강해 보이는 사람들을 존경한다.

8번이 스트레스를 받을 때

8번의 충동 혹은 격정은 정욕이다. 에니어그램에서 **정욕**은 성적 욕망과는 의미가 조금 달라서 훨씬 더 광범위하다. 돈 리소(Don Riso)와 러스 허드슨(Russ Hudson)이 제안했듯이, 우리는 정욕을 다양한 방식으로 경험하고 표현할 수 있다. 그들에 따르면, "8번의 '정욕'은 강렬함, 통제, 자아 확장에 대한 끊임없는 욕구에 끌린다. 정욕 때문에 8번은 자기 삶의 모든 것을 밀어붙이려 애쓰고, 의도적으로 자기 권리를 주장한다." 정욕은 이들이 자신의 의제를 주장하고, 집단 역동을 지배하며, 타협을 찾기보다 자기주장을 고집하도록 끌고 간다. 이 모든 것의 결과로 문제가 생기고, 이 문제가 스트레스를 낳는다.

8번은 거의 항상 경계 태세를 취한다. 이들은 용감하고, 사랑하는 사람들을 위해 전쟁을 떠안고, 치열하게 정의를 추구한다. 하지만 그러기 위해서는 자신의 상냥함과 연약함을 억눌러야만 한다. 기꺼이 약한 모습을 드러내는 것이야말로 다른 사람들과 관계를 맺는 기초이기 때문

> **"8번은 거의 항상 경계 태세를 취한다."**

에 이것은 매우 큰 희생이다. 8번이 살아가며 겪는 대부분의 스트레스는 다른 사람들과의 관계에서 의사소통 문제로 생긴다.

8번은 자신이 통제하지 못하는 상황에서 스트레스를 많이 받는다. 통제를 받는다는 것은 다른 사람들에게 배신당하거나 그들의 문제 때문에 이용당하는 상황이 되어도 자신을 보호할 수 없다는 뜻이기 때문이다. 통제 불능 상태에서 8번은 (다른 사람을 관리하는 것을 포함해) 상황과 시나리오를 관리하는 것에서 동반자 관계로 이동해야 한다. 그런데 8번이 동반자 관계에 관심이 있을 때는 대개 사다리 아래쪽이 아니라 위쪽과 관계를 맺을 때뿐이다.

리처드 로어(Richard Rohr)는 "당신이 통제하지 못하는 모든 순간이" 고통이라고, 여러 상황에서 여러 차례 말했다. 에니어그램 8번에게는 확실히 맞는 말이다. 다른 어느 번호보다 8번은 통제가 환상에 불과하다는 사실을 받아들이기 힘들어한다. 이들에게는 목적의 성취와 힘과 권력이 중요하지만, 그것에 지나치게 몰두하면 오히려 문제를 키울 수 있다. 8번의 충동인 정욕은 당연히 과도한 경향이 있다. 통제를 상실한 8번은 처음에는 자신에게 별 도움이 되지 않는 행위로 반응하기 쉽다. 힘과 통제가 줄어드는 것을 느끼면서, 이들의 공격성과 오만함만큼이나 감정도 격렬해진다.

8번이 가장 불편하게 느끼는 면 가운데 하나가 이도 저도 아닌 어중간함 혹은 경계 공간의 예측 불가능성과 불확실성이다. 이들은 일을 진행되게 하고 미래를 만들어 가면서 역사적으로 전진하고 있다. 8번이 통제할 수 없을 때, 타인의 행위나 주변에서 벌어지는 일의 결과에 미치는 이들의 영향력이 제약을 받을 때 스트레스가 발생한다. 대부분의 번호에 스트레스를 주는 요소, 곧 불같은 언쟁, 빠듯한 일정, 업무상 논쟁, 중요한 결정 등이 8번의 근거지라는 점을 기억해 두자. 따라서 나머지 사람들이 자주 느끼는 감정을 이들이 경험하기란 굉장히 힘들다. 하지만 2020년의 팬데믹은 최악의 통제 불능 상태에 대해 8번의 분노와 스트레스를 불러일으키는 완벽한 계기였다.

스트레스를 받을 때 5번으로 이동

사람은 누구나 스트레스를 받으면 평소 행위를 과장한다. 스트레스를 받은 8번이 화를 내면 모든 사람에게 악영향을 끼친다. 8번은 배신당할까 봐 늘 염려한다. 이들은 스트레스를 받으면 주변 사람들이 자신을 배신하거나 거짓말하는 시나리오를 만들어 내는데, 대개는 사실이 아니다. 예를 들면, 이런 8번이 있다. 그는 어떤 사람이나 집단을 적으로 간주하고는 그쪽에서 먼저 공격하거나 배신하기 전에 선제공격한다.

건강하지 못한 8번은 스트레스와 좋지 못한 행동을 따라 5번으로 이동한다. 하지만 이 움직임은 간단하지 않다. 이들은 5번의 건강하고 좋은 측면으로 이동할 수도 있고, 건강하지 못한 자리에서 또 다른 건강하지 못한 자리로 수평 이동할 수도 있다. 8번이 5번의 좋지 못한 측면으로 옮겨 속도를 줄이고 행동을 멈추면, 대체로 높은 편인 이들의 에너지가 축적되어서 수면이나 다른 행동 유형을 방해할 수도 있다. 최선의 상태인 8번은 (행동에 집중하기 때문에) 감정을 놓치지 않으려 고군

> **" 8번의 자신감은 끝이 없는 것처럼 보이지만, 남들처럼
> 8번도 불안정한 마음과 싸운다. "**

분투하는데, 건강하지 못한 5번의 공간에서는 상황이 악화된다. 자기 내면이나 환경에 어떤 변화가 생기지 않는 한, 이들은 다른 사람을 멀리하고 고립 상태를 유지한다. 하지만 다른 대안도 있다.

에니어그램의 지혜와 훈련을 통해 8번은 건강한 5번을 정의하는 행위를 의도적으로 추구하는 방법을 배울 수 있다. 이런 선택을 통해 이들은 생각을 활용해 한 걸음 물러나 다른 관점에서 사람과 상황을 볼 수 있다. 8번이 스트레스를 받는 흔한 이유 중 하나는 지나치게 깊이 관여하고 과로하기 때문이다. 건강한 5번의 공간에서 이들은 뒤로 물러나 여유를 갖고 자신의 활동을 재조정한다. 속도를 줄이고 충분히 생각한 후에 결정을 내린다. 참가자(8번)와 관찰자(5번)의 관점에서 상황을 이해하려 애쓴다. 이제 다른 관점을 갖게 된 이들은 통제하려는 욕구를 줄이고 자신과 타인을 폭넓게 이해할 수 있다.

핵심: 많이 생각하고 적게 화내기

8번이 습관적인 행위를 바꾸고 변혁의 여지를 만들고 싶다면 지배적 중심인 행동을 관리해야 한다. 이런 행동 관리의 핵심은 자신이 분노는 과하게 표현하고 다른 감정은 지나치게 적게 표현한다는 사실을 받아들이는 데서 시작된다. 이들은 행동에 집중하는 측면이 세 힘의 중심 사이에 불균형을 야기한다는 의미라는 점도 깨달아야 한다. 이들이 다

른 번호들과 갈등을 겪는 이유는 어떤 행동을 추진하면서 생각과 감정에는 거의 신경 쓰지 않기 때문이다. 이것은 이들이 하는 행동의 효력을 깎아내릴 수도 있다. 우리는 (이들 삶에서 분노의 역할 때문에) 감정에 집중하는 것이 핵심이라고 생각할 수도 있지만, 8번은 생각에도 더 신경써야 한다. 특히 자신의 행동이 어떤 결과를 가져올지를 생각해야 한다. 흔히 8번을 두고 "방아쇠 먼저 당기고 나중에 조준한다"고들 한다. 누군가가 8번의 행동에 의문을 제기하면, 일이 벌어지고 난 이후에야 이들은 자신이 그렇게 행동한 이유를 설명할 수 있도록 재빨리 생각한다. 하지만 먼저 생각하지 않고 반응부터 했기 때문에 쓸데없이 좋지 못한 결과가 나온다. 자신의 행위를 충분히 고려하지 않았을 때 이런 끊임없는 행동이 야기할 단절과 잠재적인 파괴는 감내할 만한 가치가 없다. 느낌도 마찬가지다. 8번이 의도를 갖고 의식한다면, 감정이 일어날 때 얼마든지 알아차릴 수 있다. 자신이 느끼는 바를 멈춰서 확인하고, 그러고 나서 어떻게 할지를 생각할 수 있다. 그다음에 비로소 반응하는 것이다.

실전 훈련

8번을 위한 행동 관리 연습

- 언제 습관적이고 예측 가능한 행동을 하는지 알아차린다. 그런 행동을 하면 마음이 편해질 수 있지만, 생산적이지는 않다.
- 당신이 리더로 활동하지 않는 소그룹에 참여해 취약성을 훈련한다. 부드럽고 내밀한 감정을 분노로 바꾸지 않고 있는 그대로 표현한다.
- 때로는 다른 사람들의 보살핌을 받아 본다.
- 감정 표현, 특히 분노 표현을 미루는 법을 배운다(5번의 건강한 측면으로 이동할 때 가능하다). 분노는 당신이 접근하기 굉장히 쉬운 감정이

다. 분노가 더 부드럽고 취약한 감정들을 막고 있다는 사실을 기억한다.
- 언제 (자신과 타인의) 감정의 중요성을 무시하는지 알아차린다. 당신이 해야 할 일을 하기 위해서는 반드시 관계를 고려해야 한다.
- 책임 전가에서 한 걸음 물러나 생각하는 법을 훈련한다. 당신이 무언가를 아는 방식은 존재의 가장 깊은 부분에서 나오기에 일단 마음을 정하면 유연성을 발휘하는 데 늘 애를 먹을 것이다.
- 자기 잘못을 인정하기가 얼마나 어려운지 깨닫는다.
- 당신에게는 강렬함이 곧 친밀함이지만, 그것이 모든 번호에 해당하지는 않음을 알아차린다.
- 사람들이 당신을 멀리하는지 가까이하는지 살펴본다. 사람들이 당신을 멀리할 때 기분이 어떤지 곰곰이 생각해 본다.
- 이원론적 사고를 피한다. 대체로 양자택일 관점보다 통합적이고 포괄적인 사고가 낫다. 사람이나 집단 사이의 의견 충돌은 대부분 양측의 실수와 오해가 합쳐진 것이다.
- 위임하는 법을 배운다. 위임하는 법을 잘 익히면 당신에게 도움이 될 것이다.
- 언제 지루하다고 느끼는지 주목한다. 아마도 그 지루함이 다른 감정을 가리고 있을 것이다.
- 다른 사람들이 사소한 실수를 저질렀다고 해서 신뢰를 저버린 것이 아님을 이해한다.
- 슬픔이라는 감정이 다른 솔직한 감정들을 가리키는 표시일 때가 많다는 점을 주목한다.
- 타협이 불가피할 때는 자기주장을 확실히 한다. 모 아니면 도―전체

를 장악하거나 아니면 아예 빠져 버리려는—식의 욕구에 주의해야 한다.
- 8번이 에니어그램에서 가장 오해받기 쉬운 번호임을 명심한다. 8번의 격정은 오해를 많이 받는다. 상처를 인정하고 상실과 오해를 애도하는 법을 배운다.

안전하다고 느낄 때 2번으로 이동

안정감과 자신감은 중대한 차이가 있다. 8번의 자신감은 끝이 없어 보이지만, 남들처럼 8번도 불안정한 마음과 싸운다. 8번이 건강하고 안전한 위치에 있을 때 2번의 행동과 지혜에 접근할 수 있다. 이들이 관계에서 안전함을 느끼면 더 편안하고 즐거움을 누릴 수 있다. 이들이 취약성을 선택하는 것은 위험할 수 있지만, 2번 유형의 세상에 존재하는 방식에 다가가려면 꼭 필요하다. 8번은 상냥하고 연민이 많은 인간이 될 수 있다. 안타깝게도, 때로 타인은 그 어느 쪽도 보거나 경험하지 못하는데, 8번은 습관적으로 너무 바쁘고 대담하고 권위적이기 때문이다. 건강한 공간에 있는 8번은 머리뿐 아니라 가슴으로 결정하고, 다른 사람들의 필요를 잘 감지하고 그 필요를 채우려고 도울 가능성이 크다.

8번이 자신이 다른 사람들에게 얼마나 큰 영향을 미치는지 전혀 알아차리지 못한다는 사실은 수수께끼가 아닐 수 없다. 이들이 평생 다른 사람들의 영향으로부터 자신을 보호하면서 살아왔기 때문이 아닌가 싶다. 그래서 나는 이들이야말로 에니어그램에서 가장 오해를 많이 받는 번호라고 주장한다. 8번은 자신이 어떻게 다른 사람에게 상처를 주었는지 발견하고는 대개 놀란다. 자신이 사람들을 어떻게 아프게 했는지 제대로 이해하지 못하기에 충격과 혼란과 슬픔을 느낀다. 아마도 이런 식의 태도다. "일부러 상처를 주려고 한 게 아닌데, 왜 기분 나빠 할까?" 하지만 2번의 에너지를 받은 8번은 타인의 필요와 기분을 더 잘 알아차릴 수 있다.

8번은 사람들에게 고의로 상처를 주지는 않는다. 그저 자기 할 일에 몰두했을 뿐이다. 건강하고 통합된 8번은 다른 사람에게 기꺼이 책임자 자리를 양보하거나 제안한다. 이들은 자신의 힘을 사용해 다른 사람들을 양육하고 동등하게 관계 맺는 법을 배운다. 동정심이 많고 다른 사람을 위해 기꺼이 희생하려 한다. 그러면 다른 사람들은 이들이 마음 깊이 정직한 곳에서 사랑받아 왔음을 알게 된다. 8번은 자신이 신뢰할 수 있는 자리를 늘 찾기 때문에 다른 사람들을 위해 신뢰의 공간을 마련하는 일에도 관심이 있다.

9번
많이 결정하고 적게 합치기

내 친구 브렛이 아내와 아이들과 함께 자기 아버지를 찾아간 이야기를 들려주었다. 그의 아버지는 도로가 포장되지 않은 시골에 살고 있다. "아버지 집 출입구 앞쪽으로 캐틀 가드(cattle guard, 소가 탈출하는 것을 막으려고 바닥에 설치한 쇠막대기판—옮긴이)가 있어요. 집으로 돌아갈 때는 아내가 먼저 운전대를 잡기로 했죠. 아내는 뚜껑 없는 여행용 텀블러에 뜨거운 커피를 가득 채워서 들고 왔어요. 컵 홀더에 텀블러를 내려놓고 출발했죠."

"캐틀 가드에 점점 더 가까이 다가가면서, 내 시선은 아내와 컵 사이를 분주하게 오갔어요. 차가 캐틀 가드 위로 지나갈 때 모든 뉴턴 법칙이 한꺼번에 실현되었죠. 커피가 앞 좌석 사방에 쏟아져 엉망진창이 되었어요. 문제를 파악하자마자, 사실은 내가 조치를 취할 수 있었다는 점을 금세 깨달았죠. 텀블러를 들면 더는 흘러넘치지 않았을 거예요. 하지만 이것은 행동이 지배적인 동시에 억압되어 있는 내 유형을 전형적으로 보여 주었어요. 문제를 확인하고서도 내가 해결책이 될 수 있다고 생각하지 못하는 겁니다."

9번이 세상을 바라보는 방식

9번은 에니어그램 번호 중에 가장 에너지가 적은데, 내부와 외부의 경계를 모두 관리하기 때문이다. 이들은 자신의 평안을 앗아 가는 것은 무엇이든 차단하려 하고, 문제를 일으킬 만한 것은 모두 감추려 한다. 9번은 에너지를 보존하기 위해 신체 에너지와 분노를 억제하는 데 몰두한다. 자기 내면의 분노를 피할 수 있으면 다른 사람들과의 갈등 상황도 피할 수 있으리라고 믿는다. 9번은 어우러진다. 자기주장을 해서는 안 된다고 생각하기 때문에 다른 사람들의 의제에 따른다. 자신을 중요한 사람으로 보지 않고, 관계가 깨지는 것을 두려워한다.

9번에 대해 염두에 두어야 할 몇 가지 사항을 아래에 소개한다.

- 9번은 자신이 원하는 것을 모르기도 하고, 그것을 알아내려고 시간과 에너지를 충분히 투자할 만큼 관심이 없기도 하다. 혹은 자기만의 비밀스러운 의제가 있지만, 갈등이 일어날 가능성을 두려워해 그런 위험을 감수하지 않으려는 경우도 있다. 9번은 자기 생각을 드러내지 않을 때가 많다.
- 에니어그램 9번의 격정 혹은 죄는 나태인데, 이것은 어떤 행동을 하거나 하지 않는 것과는 별로 관련이 없고, 주변의 삶, 특히 갈등의 영향을 받고 싶어 하지 않는 욕구와 관련이 있다.
- 9번은 느긋하고 함께 있으면 즐겁다. 모든 성격 유형 중에서 통제와 가장 거리가 먼 것 같다. 남의 행동에 대해 생각하느라 시간과 에너지를 낭비하는 법이 없다.
- 건강한 9번은 평생 화해자와 중재자 역할을 한다. 이들은 어느 한

> **"** 9번은 에니어그램 번호 중에 가장 에너지가 적은데,
> 내부와 외부의 경계를 모두 관리하기 때문이다. **"**

가능성과 사상에 완전히 빠지지 않은 채 다양한 관점에서 거기에 동의할 수 있다. 자기 생각을 공유하지 않고도 다른 사람의 사상, 철학, 신념을 쉽게 동일시할 수 있다.

- 다른 사람들이 반발할 때 9번은 대개 중심을 잃지 않고 차분하다. 수용적이고 낙관적이며 평화롭다.
- 9번은 결정에 대해 강박감을 가질 수도 있지만, 그렇다고 해서 성급하게 결정을 내리지는 않는다. 그리고 선택 문제에서 고집을 부릴 수도 있다. 하지만 일단 결정을 내리면, 자신의 선택을 지키는 면에서도 마찬가지로 고집이 있다.

9번이 스트레스를 받을 때

자신에게 다가오기 시작하는 세상을 평소처럼 받아들일 수 없을 때 9번은 스트레스를 받고 물러난다. 자신의 욕구와 욕망을 무시한다. 현실감이 떨어진 듯하고, 함께 생활하고 일하는 사람들과 분리되기 시작한다. 미묘한 움직임이지만, 다른 사람들은 그것을 감지한다. 건강한 공간보다 보통 수준의 공간에 있는 9번은 평정심을 유지하려고 고군분투하고, 타인의 행위에 점점 더 반발하게 된다. 예를 들면, 9번이 보통의 공간에서 건강하지 못한 공간으로 이동할 때는 다른 운전자들을 참지 못한다. 내 남편 같으면 이렇게 말할 것이다. "저 사람들은 도대체 어떻

게 운전면허를 땄지?" "저 여자가 우회전하려고 한꺼번에 차선을 세 번이나 바꾼 거 봤어요? 기가 막히네!"

내가 이 이야기를 들려줄 때마다 진심으로 동의하지 않는 9번을 안다는 사람을 거의 보지 못했다. 한번 생각해 보자. 사람들이 이런 좋지 않은 행동을 할 때 9번은 혼자 운전 중이거나 잘 아는 사람들과 함께 있다. 도로에 나와 있는 이 끔찍한 운전자들은 자신이 이토록 심하게 비판과 폄하를 당하는 줄 모른다. 그래서 9번은 얼마든지 화낼 수 있다. 경적을 심하게 울리거나 부적절한 손짓을 하지 않는 한, 별다른 부정적인 결과도 따르지 않는다. 9번이 이런 행동을 할 때 당신은 이 9번의 삶에 뭔가 불편한 구석이 있음을 알아차릴 수 있다. 무엇이 잘못되었는지 바로 확인할 수는 없겠지만, 얼마 안 있어 알게 된다. 불안정한 상황에서 9번이 좋지 못한 행동을 할 때 이들은 가용한 에너지를 대부분 분노를 누르는 데 사용한다. 이들은 평소보다 때때로 더 완고해지는데, 특히 무엇이 잘못되었는지 나누어야 할 때 그렇다.

상황을 감당하기 힘든 9번은 스스로 무감각해지는 방법에 기댄다. 때로는 약물이나 음주처럼 확연하게 드러나기도 하지만, 과도한 수면, 폭식, 쇼핑, 게임, 텔레비전 시청 같은 형태로 나타나기도 한다. 어떤 사람들은 필요 이상으로 골프, 승마, 단체 운동 등에 시간을 사용하고, 독서나 수공예, 바느질 같은 조금 더 차분한 활동에 몰두하기도 한다. 활동의 종류보다는, 자기 삶에 벌어지고 있는 일들에 영향을 받고 싶지 않은 9번의 욕구가 중요하다. 이것이 나태의 진정한 정의다.

스트레스를 받을 때 6번으로 이동

스트레스 상황에서 9번은 자신이 연관되었을 수 있는 갈등을 알아차리거나 자신이 실패한 어떤 일에 괴로워할 때 6번으로 이동한다. 만약 6번의 건강하지 못한 측면으로 이동하면, 평소 이들을 지탱해 주는 낙관주의와 믿음을 일시적으로 잃어버릴 수 있다. 가능성이 희박한 최악의 시나리오에 대비해 계획을 세우느라 그나마 제한된 에너지를 낭비하게 된다. 그리고 자신에게 스트레스를 주는 (이들의 표현에 따르면) "과도한 부담"에서 물러나기 시작할 것이다.

9번은 에니어그램의 지혜를 활용하면 최선의 6번을 선택하는 법을 배울 수 있다. 예를 들어, 불안과 염려에 일부 노출되는 6번의 성향이 9번에게 좋을 수 있다. 때로 9번은 너무 태평해서 걱정이 전혀 없기 때문이다. 9번은 일이 알아서 잘 풀린다는 신념에 동의하는 경향이 있다. 그 말이 맞을 때도 있지만, 그렇지 않은 경우가 더 많다. 어떤 불안은 9번을 행동으로 내모는 잠재력이 있다. 9번이 6번의 좋은 에너지를 받아서 자기 목소리를 찾을 때가 에니어그램에서 볼 수 있는 최상의 가능성이다. 이들은 자신을 위해 기꺼이 목소리를 높이고, 의도적으로 중요한 일에 힘쓴다. 많이 결정하고 적게 어우러지며, 중요한 관계에 에너지를 더 투자한다. 일을 미루기보다는, 언젠가를 위해 밀쳐 두었던 프로젝트들에 임하는 새로운 방법에 힘을 쏟는다.

9번은 에니어그램에서 가장 독특한 위치에 있다. 꼭대기 정중앙에 있어서 자신의 욕구보다 원 주변 다른 번호들의 욕구에 대해 더 잘 아는 경우가 많다. 때로는 3번의 이미지와 순응에 합쳐지기도 하고, 때로는 권위와 규칙을 선호하는 6번과 합쳐지기도 한다. 인정받고 싶은 욕구와 불순종하려는 욕구 사이에 낀 9번은 둘 다 선택하지 않는 것으로 문제를 해결한다.

핵심: 자기 역할 주장하기

에니어그램의 세 중심 번호 중 하나인 9번은 행동이 지배적이면서도 억압되어 있다. 이는 이들이 오감을 활용해 세상의 정보를 받아들이고 무슨 일이 필요한지 평가한다는 뜻이다. 하지만 그러고 나서 자신이 받은 정보를 처리하거나 이해하기 위해 혹은 행동하기 위해 행동 중심의 힘을 사용하지는 않는다. 예를 들어, 9번은 어떤 장소에 갔는데 관심을 기울여야 할 일을 발견하고는 이렇게 생각한다. "누가 와서 이 일을 처리해야 할 것 같은데." 그래서 9번이 행동을 다룰 때 핵심은 "이게 내 책임인가?"라고 즉시 질문하는 것이다. 그렇다는 답이 나오면, "어떻게 반응해야 하는가?"라고 물어야 한다. 9번이 적절한 시간에 행동을 취하려면 기꺼이 자기를 주장하고 행동에 나서며 자신의 참여가 얼마나 중요한지 알아야 한다.

실전 훈련

9번을 위한 행동 관리 연습

- 개인적인 의견이나 욕구를 억누르고 있을 때를 알아차린다. 당신에게 다른 사람들에게 기여할 만한 가치 있는 무언가 있음을 깨닫는다.
- 당신이 맡은 책임들에 집중하는 한 방편으로, 마감과 프로젝트 완성을 위한 단계를 설정하고 활용하는 법을 배운다.

- 전체 프로젝트나 목표에 집중하기보다 바로 다음 할 일에 집중한다. 전체를 생각하느라 구체적 업무를 달성하기 위한 구체적 단계를 실행하지 못하는 일이 없어야 한다.
- 자신의 입장을 취하고 결정을 내린다. 나중에 언제라도 마음을 바꿀 수 있다.
- 해야 할 일보다 당신이 원하지 않는 일이 무엇인지 아는 게 더 쉽다. 어떤 대안이 있는지 묻는 게 좋다. 그러고 나서 한 가지를 선택한다.
- 대화에 참여해서 처음부터 끝까지 집중한다. 잠재적인 갈등이나 불편함을 느끼더라도 들락날락하지 않는다.
- 정보를 모을 때는 그 정보로 어떤 계획을 세울지 다음 단계를 확실히 한다. 그런 다음 실천에 옮긴다.
- 자신이 습관적이고 예측 가능한 행동을 하는 때를 알아차린다. 그런 행동이 마음을 편하게 해 줄 수 있지만, 생산적이지는 않다.
- 압박을 받는다고 느낄 때는 자신의 반응에 주의해야 한다. 고집이 더 세지고 있지 않은가? 꼭 그래야 하는가?
- 마지막으로 꼭 기억해야 할 중요한 조언이 있다. '나중에'라는 시간은 없다.

안전하다고 느낄 때 3번으로 이동

습관적이든 의도적이든, 삶이나 주변 환경의 영향을 받지 않으려는 9번의 선택 성향이 문제가 될 수 있다는 사실에는 의심의 여지가 없다. 하지만 도움이 되는 때도 있다. 그런 시각 덕분에 자신의 내부에 평화와 조화의 장소를 만들 수 있다. 그리고 이들이 건강할 때는 자신이 보살피는 사람들을 위해 평화로운 주변 환경을 만들려고 애쓰는 경우가 많다.

건강한 9번은 3번의 행동과 재능에 접근할 수 있다. 이들은 자신이 원하는 것을 잘 아는, 뚜렷이 분리된 개인이다. 9번과 3번의 최선이 결합할 때 9번은 자신감이 넘친다. 자신의 재능과 은사를 발견하고 개발하는 데 더 몰두한다. 이 공간에서 9번은 남을 통해 살지 않고, 주변 환경에 좋은 영향을 미치면서 자신과 더불어 살 수 있다. 겁내지 않을 때 이들의 가장 좋은 자질이 드러나는데, 공격적이지 않은 방식으로 자기주장을 할 수 있기 때문이다. 세상에는 이런 사람들이 더 많이 필요하다.

안정감 있고 잘 통합된 9번을 만나면 기쁘다. 이들은 관성과 싸우지 않고, 자기 삶을 더 잘 통제하며, 자신의 가치를 안다. 에니어그램의 다른 모든 번호처럼 9번도 일종의 경계 상태나 복잡한 시기를 지나는 다른 사람들에게 제공할 수 있는 것이 많다. 신비와 더불어 살기란 쉽지 않은데, 서양에 사는 우리에게는 더더군다나 어렵다. 우리는 정답과 삶에 대한 통제에 익숙하다. 차분하고 확신에 찬 9번의 존재는 이런 희한한 시대의 부정적인 영향들을 완화해 줄 수 있다. 이들은 인내심이 있고, 이들에게서 흘러넘치는 평화가 우리 모두에게 영향을 미친다.

1번
둘 다 사실일 수 있다

우리 둘째 손자 노아는 아마도 에니어그램 1번일 것이다. 우리 부부는 노아의 유치원 졸업식을 두 번째 줄에서 지켜보게 되어 몹시 흥분했다. 대여섯 살 난 남자아이들은 셔츠를 바지에 잘 집어넣었는지는 별로 신경 쓰지 않고, 머리 모양은 어떤 스타일이라기보다 자기표현에 가까운 경우가 많다. 하지만 노아는 이런 것들을 항상 중요하게 여겼다. 노아는 자신이 어떤 환경에 속하든지 그곳의 규칙을 모두 암기한다. 내 생각에는 착한 아이로 인정받고 싶어서인 것 같은데, 정말이지 그 아이는 착하다.

졸업식에서 유치부 아이들이 무대에 섰다. 왠지 유치부는 위나 아래 학년보다 항상 더 귀여운 것 같다. 유치원 졸업식이 다 비슷하겠지만, 여기서도 아이들이 미래의 희망과 가능성을 담은 노래를 불렀다. 첫 줄에 당당하게 선 노아는 열정적으로 노래했다. 선생님이 알려 준 규칙을 잊어버리고 주머니에 손을 넣기 전까지만 해도 참 좋았는데…. 슬픔이 가득한 아이 얼굴을 보고 있자니 가슴이 아팠다. 우리 집 네 자녀와 아홉 손주 가운데는 그런 상황에 전혀 개의치 않을 아이들도 있었다. 하지만 노아는 다르다.

1번이 세상을 바라보는 방식

1번은 자기 내면에 항상 존재하는 비판자 때문에 괴롭다. 1번이 실수하거나 지각하거나 잘못하거나 준비가 부족하거나 지나치게 차려입거나 옷차림이 초라하거나 실패하거나 너무 크게 성공하거나 말이 너무 많거나 너무 적을 때마다 이 끈질긴 내면의 목소리가 지적한다. 통제는 1번에게 가장 중요하지만, 그 통제는 무엇이 옳고 그른지 자신이 정확하게 정의한다는 신념에 집중한다. 8번처럼 1번도 자신이 통제하려는 첫 번째 대상은 바로 자기 자신이다. 하지만 이들에게는 건강한 경계가 없기에 다른 사람도 통제하려고 시도한다. 그 시도가 성공할 수도 있지만, 다른 사람들은 1번의 독선적이고 비판적인 접근에 분개한다.

1번에 대해 염두에 두어야 할 몇 가지 사항을 다음에 소개한다.

- 1번은 기대에 부응하고 높은 평가를 받는 것을 중시한다. 안타깝게도, 이들이 자신의 지위를 측정할 수 있는 유일한 방법은 타인과의 비교를 통해서다. 그리고 이는 불가피하게 경쟁을 낳는다. 모든 경쟁은 승패가 갈리는데 1번은 지는 것을 아주 힘들어한다.
- 1번에게는 행동 기준이 아주 중요하다. 이들의 관점에서는 어떤 일을 하는 올바른 방법은 하나밖에 없기 때문이다. 1번은 우리가 어떻게 행동**해야** 하고, 무엇을 **느껴야** 하고, 어떤 사람이 **되어야 하며**, 무슨 일을 **해야 하는지** 이야기한다. 때로 이런 명령을 지나치게 강조하느라 감정과 관계와 객관성의 여지를 남기지 않는다.
- 분노에 대한 1번의 강박은 분개심이라는 형태를 띤다. 돈 리소와 러스 허드슨은 이렇게 말한다. "분노 자체는 문제가 아니다. 1번은

> **"자신을 너무 엄격하게 대하지 않는다. 당신은 당신 앞에 있는 모든 즐거움과 좋은 것을 누릴 가치가 있는 존재다."**

분노가 억압되어 있어서, 자신과 세상에 대한 지속적인 좌절과 불만족을 낳는다."

- 1번은 분노의 감정으로 우선 자기 자신을 겨냥한 다음, 다른 사람들의 잘못을 찾거나 그들을 비난하는 것으로 자신의 죄책감이나 수치심을 다루려 한다. 내가 회복 공동체에서 배운 명언 중 하나는 모든 기대는 드러나기만을 기다리는 분개라는 점이다. 1번에게 가장 큰 부담을 주는 것은 자신에 대한 기대감이다.

1번이 스트레스를 받을 때

보통 수준에서 건강하지 못한 수준에 있는 1번은 타고난 욕구를 통제하려는 패턴에 빠진다. 이들은 이상적인 행동에 끌리는데, 이들이 자신에게 인내하고 자비와 은혜를 베푸는 법을 배우려면 상당한 영적 지도와 개인 작업이 필요하다. 이런 기회가 없다면 1번은 완벽을 추구하는 함정에 빠지고, 그렇게 되면 무엇이든 있는 모습 그대로 수용하기가 힘들어진다. 사방이 불완전한 것투성이이기 때문에 스트레스를 받을 수밖에 없다.

다른 유형처럼 1번도 스트레스를 받으면 평소의 행동을 과장한다. 그러면 잘한 것을 완벽한 것과 굳이 구분하는 기준에 따라 모든 일을 정확히 해야 한다는 주장에 몰두하게 된다. 어떻게 날마다 그런 기준에 맞추어 살아갈 수 있을까? 1번에 따르면, 그 답은 훈련이다. 내가 아는 1번들은 자신의 가치관을 유지할 수 있는 방식으로 자기 삶을 조직한다고 내게 가르쳐 주었다. 좋은 말이기는 하지만, 거기에는 문제가 따른다. 1번이 어떤 가치를 자기 것으로 삼으면 그 가치는 영구적이기 때문이다. 마음을 바꾸면 자신의 실수, 곧 불완전함을 인정하는 셈이 되고, 그건 아무 도움이 되지 않는다.

모든 일을 정확하게 하고 옳고 좋은 일을 옳고 좋은 방식으로 하고자 하는 1번의 진정한 갈망은 존경할 만하다. 이들이 개인의 희생을 마다하지 않으면서 옳은 일을 올바르게 하려고 얼마나 애쓰는지 알면 마음이 겸허해진다. 하지만 사실 모든 일에서 적당함을 추구하는 것은 우리가 삶을 살아가는 합리적이고 책임 있는 방식이다.

1번은 어느 장소에 가면 잘못된 것을 조목조목 찾아낸다. 우리가 자신의 관점을 바꿀 수는 없다는 점을 염두에 두라. 그 관점으로 우리가 하는 일을 바꿀 수 있을 뿐이다. 그 목적을 달성하기 위해 1번은 공정함과 정직함을 추구한다. 이들은 모든 것을 의식하고, 분노를 직접 표현하지 않으려고 애쓴다. 그와 동시에, 다른 사람들에게 (남이 설득하지 않더라도) 자기 잘못을 인식하고 고치려는 똑같은 능력이나 욕구가 없을 때 이들은 쉽게 낙담한다. 1번에게는 절대 기준이 있어서, 어떤 행위를 잘못으로 간주하는 기준이 개인에게 달려 있다는 사실을 이해하지 못한다. 주변 사람들이 일을 제대로 하는 데 신경을 덜 쓸수록, 1번에게는 그것이 잘못처럼 보인다. 그러면 1번은 더 스트레스를 받아서, 행동하는 방식에 옳고 그름이 있다는 개념에 더 몰두하게 된다.

1번은 스트레스를 받으면 너그럽지 못하고 독단적으로 변한다. 자신의 모순되는 행동은 무시하면서, 타인의 부패한 모습에 집착한다. 다른 사람들이 자신만큼 노력하지 않으면 화를 내고, 좌절과 불만족을 느끼면서 자신이 할 수 있는 일을 더 완벽하게 하려 한다. 그 대상은 마당이나 창고 청소, 팬데믹 기간에 마스크 (안) 쓰기, 옷장 정리 등이 될 수 있다. 끓어오르는 분노를 관리하기 위한 이런 행동 반응은 분노에 의존하지 않으려는 직관적인 도구라고 할 수 있다.

나는 1번들을 사랑하기 때문에 이 점을 기억하면 도움이 된다. 이들이 다른 사람에게서 잘못을 발견할 수 없다면, 자신이 설 자리를 찾기 위해 공평한 경쟁의 장을 만들 방법이 없다는 것이다.

스트레스를 받을 때 4번으로 이동

스트레스를 받는 1번은 에니어그램 원의 화살표를 따라 자기 번호에서 4번으로 이동한다. 나는 4번의 건강하지 못한 측면으로 이동하는 초기 징후가 자기 인생을 완성해 줄 이상화된 개인이나 상황을 갈망하기 시작하는 것임을 알았다. 이들은 비판자가 있는 내면으로 침잠해 우울함을 느끼기 시작한다. 때로는 우울증으로 이어지기도 하지만, 항상 그렇지는 않다. 1번은 4번의 공간에서 외부가 아니라 내면에 집중하는데, 이것이 1번에게 더 일반적인 모습이다. 내면에 집중하면 이들이 성취할 수 있는 일의 양이 줄어들고, 그 때문에 더 기분이 상한다.

4번의 좋지 못한 측면과 건강하지 못한 1번이 결합하면, 1번은 절망과 냉소에 빠지고 빈정대게 된다. 더 경직될수록, 희한하게도 이들은 자신의 분노를 더 편안하게 느낀다. 하지만 그 때문에 자신과 자신이 사랑하는 사람들이 치를 수도 있는 대가를 인식할 때 이런 편안함은 수치심으로 바뀐다.

> **"행복은 삶에 대한 타당한 반응이다."**

건강한 4번의 행위와 지혜를 받아들인 1번은 지각된 완벽함이 이룰 수 없는 방식으로 자신의 영혼을 채워 주는 새롭고 깊은 장소에 도달한다. 이들은 더 창의적이고 덜 비판적이다. 1번인 리처드 로어 신부는 1번은 다 가진 게 아니면 아무것도 가진 게 아니라고 지적한다. 1번은 건강한 4번의 공간에서 통합적인 사고에 매력을 느낀다. 이들은 '양자 모두'(both/and)의 사고를 할 수 있고, 기존의 틀을 깨는 사고를 더 인정할 수 있다. 또한 굳이 조정할 필요가 없는 감정에 접근할 수 있다. 무엇보다도 좋은 소식은, 내면의 비판자가 행동만큼이나 감정에 대해서도 큰 소리를 낼 수 없다는 것이다.

1번은 대부분의 사람에게는 없는 절제력이 있다. 이들은 여전히 옳은 일을 하는 데 몰두한다. 자신이 세운 목표를 달성하기 위해 누구보다 더 많이 희생하려 한다. 그리고 이들은 4번의 건강한 측면에서 이 여정에 필요한 부분을 찾을 수 있다.

핵심: 내면의 비판자 통제하기

1번은 규칙을 인식하고 따르며 성장한 사람들이다. 이들에게 안전이란 책임감 있고, 올바로 행동하며, 무엇보다도 이들에게 권위 있는 인물에게 '좋은' 사람으로 보이는 것이다. 1번은 완벽을 추구하기 때문에 자신에게 매우 엄격한데, 이는 목표 달성을 위해 애쓰는 행동의 형태를 띤다. 이들이 내면의 비판자를 통제하는 법을 배우면서, 자동적으로 행동 반응을 보이는 속도는 느려질 것이다. 대신, 그 에너지를 더 생산적인 사고에 활용하는 법을 배울 수 있다. 1번은 자기 몸에서 솟구치는 분노를 느낄 때 그 대상이 자신인지, 내면의 비판자인지, 타인인지 알기 어렵다. 그래서 분노를 통제 수단인 행동으로 전환한다. 이들이 이런 한계를 피할 수 있는 유일한 때는 자신이 옳다고 확신할 때다. 하지만 그런 경우는 드물고 오래가지도 않는다. 이들이 분노를 피로나 좌절 같은 다른 감정으로 언급하지 않고 그 정체를 올바로 주장할 수 있다면, 행동으로 분노를 조절하려는 성향을 피할 수 있다. 1번이 스스로 옳다고 확신할 때는 에너지가 넘치지만, 그 에너지로 더 완벽을 추구하지 않고 생산적으로 활용하려면 유의해야 한다.

실전 훈련

1번을 위한 행동 관리 연습

- 내면의 비판자가 하는 소리에 귀 기울이지 않는다. 내면의 비판자는 당신 친구가 **아니다!**
- 완벽이라는 개념에 한계를 정하고, 불완전한 면이 있더라도 충분히 좋다는 개념을 받아들인다. 주변이 불완전한 것투성이더라도 안전하다고 느낄 수 있다고 인정한다.
- 어떤 일을 하는 올바른 방법이 정말로 한 가지뿐인지 스스로 묻는다. 이런 시각은 타협과 협력을 방해하고 관계를 해친다.
- 안에서 분노가 일어나기 시작할 때 알아차린다. 분노에 분노라는 이름을 붙이고 있는 그대로 바라본다.
- 강박적인 행동은 분노를 직관적으로 발산할 수 있지만, 진짜 우선순

위를 회피하기 위해 하는 강박적인 행동은 도움이 되지 않는다.
- 끓어오르는 분노를 느낄 때, 자신이나 환경 변화에서 무언가를 느낄 때까지 멈추는 법을 배운다. 그러면 당신의 분노 때문에 당신이나 다른 사람들이 다치지 않도록 보호할 수 있다.
- 정말로 원하는 것에 더 집중하고, 해야 할 일이라고 생각하는 것에는 덜 집중한다.
- 다른 사람들이 당신의 필요를 안다고 가정하지 말고, 당신의 필요를 채워 달라고 요청하는 법을 배운다. 그런 다음, 다른 사람들이 주는 선물을 감사하게 받는다.
- 완벽함을 추구하느라 일을 미루는 것을 문제로 인식한다. 완벽하게 할 수 없는 일도 그저 최선을 다해 맞닥뜨려야 한다.
- 지각된 완벽함이 안정감을 보장하지 않는다고 일깨워 줄 의식을 만들거나 실천해서, 계속 거기로 돌아간다.
- 일주일에 적어도 한 번은 엉망진창이 되더라도 즐거운 시간을 갖도록 노력한다.
- 자신을 너무 엄격하게 대하지 않는다. 이 목록에 있는 훈련을 아무것도 하지 않더라도, 이것만은 해 보라! 당신은 살면서 만나는 모든 즐거움과 좋은 것을 누릴 가치가 있는 존재다. 그것을 받아들이고 다른 사람들에게 전달해 주라.

안전하다고 느낄 때 7번으로 이동

건강한 1번은 어느 한쪽으로 치우치지 않고 주변 환경과 관계를 맺는 능력이 있다. 이들에게는 균형감이 있어서 현명하고 확신을 갖고 행동할 수 있다. 이들은 양심적이지만, 자신에게 옳은 것이 모든 사람에게 옳다는 신념을 고수하지는 않는다. 사교적이며, 결과를 통제하려 애쓰지 않고도 다른 사람들의 의제와 희망과 꿈을 지지할 수 있다. 안타깝게도, 건강한 공간에서조차 이들은 자신이 감당할 수 있는 이상으로 다른 사람들에게 더 많이 베푼다.

1번이 건강하고 안전한 장소에 있을 때 7번의 행동과 지혜에 접근할 수 있다. 이것은 내가 에니어그램에서 가장 좋아하는 움직임이다. 건강한 1번이 7번으로 움직일 때 이들은 자신이 그토록 표현하고 싶었던 자유를 경험한다. 1번인 우리 아버지는 자주 이런 이야기를 했다. "물리도록 낚시를 할 수 있는 콜로라도 오두막에 간다는 걸 알기만 해도 모든 게 달라지기 시작한단다. 차에 타기도 전부터 가슴이 두근거리지." 대부분의 1번은 집을 떠나 일상의 책임에서 벗어났을 때 가장 좋은 추억을 만들었노라고 내게 말한다. 이들은 자신이 벌인 사소한 일탈 행동을 들려주고, 꼼꼼하게 계획했지만 예상치 못한 일로 가득한 여행에서 겪은 의외의 재미에 웃음 짓는다. 행복은 삶에 대한 타당한 반응이다. 7번에게 약간의 영향을 받은 1번은 행복감에 푹 빠질 수 있다. 그 느낌이 기쁨으로 변할 때까지 충분히 말이다.

통합된 1번은 모든 일을 완벽하게 해야 한다고 생각하지 않는다. 의무에서 열정으로, 억압에서 자유로 움직일 수 있다. 이들은 반대되는 두 관점 중에 하나를 택하지 않고 둘을 동시에 유지할 수 있는 상태를 평온함으로 이해한다. 자신의 가치관을 타협하지 않고도 융통성이 있으며, 불완전한 세상에 아낌없이 줄 수 있는 타고난 재능으로 가득하다. 이 문장을 읽는 모든 1번이여, 부디 잊지 말기를. 당신은 처음부터 끝까지 좋은 사람이다.

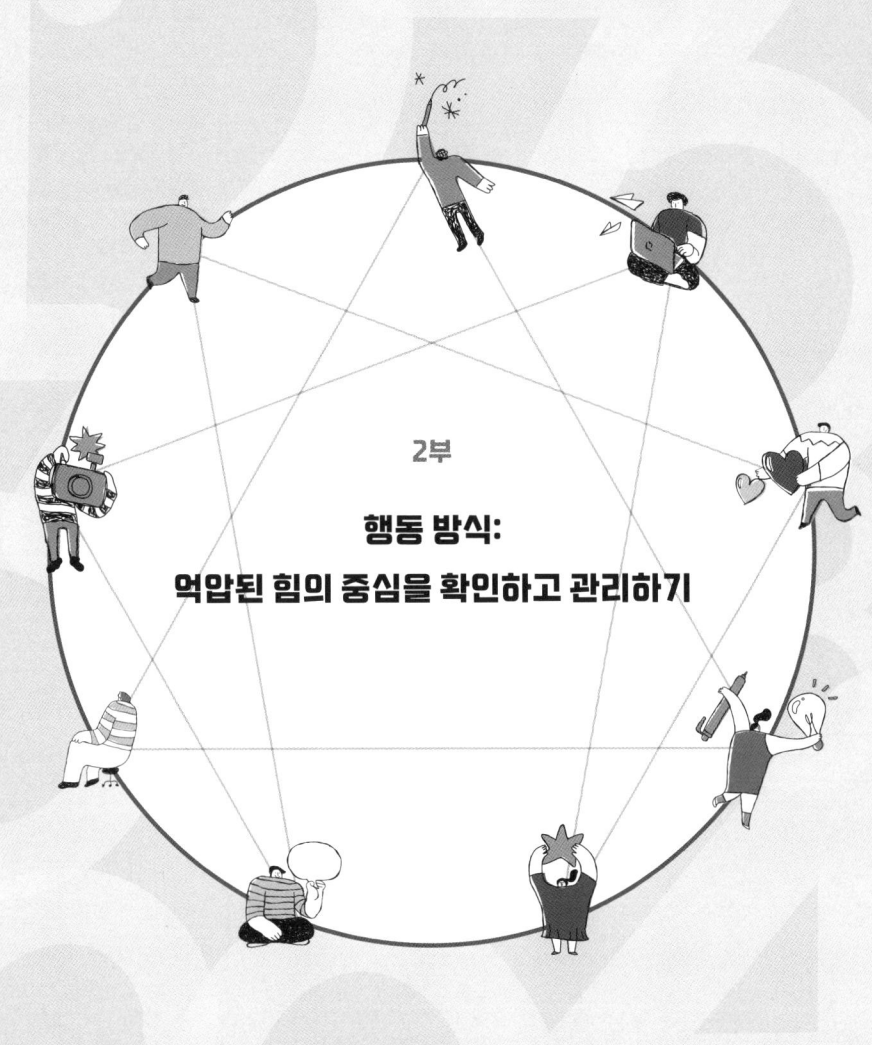

2부

**행동 방식:
억압된 힘의 중심을 확인하고 관리하기**

개요: 억압된 중심을 끌어내 균형 찾기

나는 평생 교회에 다녔다. 지금 내 영혼의 고향이라고 할 수 있는 미국 연합감리교회에서 자랐지만, 주변 상황 때문에 몇 해 동안은 로마가톨릭교회에 나가기도 했다. 교회 출석은 영성 형성 작업과는 다르다는 사실을 깨달았다. 나는 30대 초반에 영성 형성 작업을 시작했지만, 불행히도 쏟아부은 열정만큼 원하던 결과는 나오지 않았다. 내 세계가 무너지기 시작하고 맞닥뜨린 문제에 대한 내 해결책이 미흡할 때를 제외하고는 그 일을 우선순위에 둘 만큼 나는 충분히 성숙하지 못했다는 점을 이제는 안다.

서른다섯 살 즈음, 영적 성장을 바라는 새로운 이유가 생겼고, 서른일곱 살 즈음에는 날마다 규칙적인 훈련에 시간을 내기 시작했다. 지금 돌이켜 보면, 그 모두가 변화를 포함할 수밖에 없는 삶의 리듬이라는 점을 안다. 어떤 변화는 우리가 선택하고, 어떤 변화는 허용하며, 또 어떤 변화는 타협이 불가하다. 아무것도 선택하지 않는 것은 어떤 식으로든 죽음이다.

나는 의도적인 삶이 중요하다고 믿게 되었다. 하지만 그게 얼마나 힘든지 모른다. 의도적으로 살아가려면 알아차림이 필요한데 그 알아차림이 우리를 기진맥진하게 만든다. 의도적인 삶에는 훈련과 믿음과 연민도 필요하다. 하지만 나는 의도적 삶이 그럴 가치가 있다는 사실을 발견했다. 의도적인 삶이 내 영혼을 해방해 주어서 개인적·영적 변혁으로 향하는 단계를 밟을 수 있기 때문이다. 영혼을 돌보는 것도 내가 해야 할 일이라는 사실은 뜻밖의 발견이었다. 그전까지만 해도, 내 영혼은 완성된 상태이고 그 영혼에 **상처 주는** 일을 피해야 한다고만 믿었지, 내 영혼이 **성장할** 수 있다고는 생각해 보지 못했다.

캐슬린 헐리(Kathleen Hurley)와 시어도르 돈슨(Theodorre Donson)은 에니어그램의 숨은 영웅이다. 이들의 작업을 통해 나는 영혼이 성장한다는 개념을 알게 되었다. 이들은 영혼이 성장하려면 각자가 자기 영혼을 개발하는 책임을 받아들여야 한다고 제안했다. 대부분의 사람은 우리에게 이런 작업이 필요하다는 이야기를 들어 보지 못했다.

그래서 이들이 그다음에 한 말이 크게 다가왔다. "제대로 발달하지 못한 영혼은 인생의 염려와 불안에 자동으로 반응하지 않도록 막아 주지 못한다." 한번 생각해 보자. 에니어그램 번호란 한 번에 한 사건씩 우리가 삶에—습관적이고 자동적으로—**반응하는** 방식이라고 할 수 있다. 이 사건들에는 일관성도 없고, 어떤 통합된 감각도 없다. 실제로, 어떤 사람들은 모든 에너지가 이 사건들에 싸여 있어서, 사건이 없으면 스스로 만들어 낸다. 헐리와 돈슨은 그것을 "끊임없는 염려의 세계"라고 부른다. 거기에 어떤 이름을 붙이든, 자기 경험에서 배우지 못하고 살아가는 사람들이 있다. 이들의 영혼은 끊임없는 염려의 세계에 연결되어 있고, 더 좋은 다른 선택을 하는 데 필요한 도구나 실천이 없다.

메리 올리버(Mary Oliver)는 우리를 위해 우리의 이런 현실에 "거칠지만 소중한 하나뿐인 삶"이라는 이름을 붙여 주었다. 누구나 충만한 삶을 누리고 싶지만, 그 방법을 모르는 것 같다.

에니어그램의 지혜를 오랫동안 공부하면서, 우리가 어떻게 망가졌고 (많은 경우, 동시에) 어떻게 치유될 수 있는지를 더 깊이 이해하게 되었다. 에니어그램은 당신이 어떤 사람이고 어떤 사람이 될 수 있는지를 드러낸다. 자신이 누구인지 모른다면, 다른 사람들과의 관계나 하나님과의 관계에서 당신이 어떤 사람인지 어떻게 알 수 있겠는가? 어쩌면 우리는 성격 성장에만 너무 많은 시간을 들이고 영혼 성장에는 소홀했는지 모른다.

하지만 에니어그램은 해결책이 아니다. 에니어그램은 끊임없이 움직이는 과정에 참여하는 도구일 뿐이다. 영혼이 알아차리는 현상을 높이고 당신의 성격만이 아닌 온전한 모습으로 살아가는 작업을 시작하도록 도와주는 다른 영성 훈련과 에니어그램을 결합하면 더 좋다. 성격도 좋지만, 얄팍하다. 당신이 어떤 존재이고 어떤 존재가 될 수 있는지에는 성격 이외에도 훨씬 더 많은 것이 포함되어 있다.

에니어그램은 변화를 향해 영적 여정을 시작하는 대다수가 만나는 처음 두 장애물을 건너는 다리 역할을 한다. 우리는 자신이 누구이고 어떤 존재가 될 수 있는지 새롭게 인식하기 시작하지만, 자신에 대해 맘에 들지 않는 온갖 것을 맞닥뜨린다. 그것이 첫 번째 장애물이다. 이런 것들은 절대 변하지 않을 것처럼 보인다. 그런 도전을 받아들일 수 있다면, 그다음에 만나는 장애물은 우리가 원가족에서 자라면서 가져온 모든 고통이다. 의도하든 의도하지 않았든, 우리는 원가족 내에서 서로 상처를 주고받는다.

에니어그램은 이 두 가지에 모두 도움이 된다! 자신의 번호를 알아 가면서, 결국에는 자신을 이해하고 우리가 하는 일을 왜 하는지 이해할 수 있다. 동시에, 에니어그램은 나머지 여덟 성격 유형의 일부에 해당하는 우리 가족에 대해 가르쳐 주어서, 우리가 자신에게 간절히 바라는 것과 동일한 은혜를 다른 사람들에게 베풀 길을 열어 준다.

행동 방식과 균형

1부의 목적은 지배적인 힘의 중심에 기초해 당신이 속한 에니어그램 3중심을 확인하는 것이었다. 그다음에는 에니어그램 내부 화살표의 움직임을 통해, 스트레스와 안정감을 다룰 때의 지혜를 배웠다. 삶의 스트레스를 다루려면 자신의 지배적인 힘의 중심을 다루어야 한다는 점을 살펴보았다.

그다음으로 중요한 단계는 사고와 감정과 행동의 균형을 배우는 과정을 지속하는 것이다. 어떻게 하면 이렇게 균형 잡힌 삶을 살 수 있는지 이해하기 위해서는 행동 방식(stance)이라는 개념을 알고 이해해야 한다. 3중심은 우리가 선호하는 중심에 따라 결정되는 반면, 행동 방식은 어린 시절에 사용법을 오해해서 보호하는(따라서 억압하는) 법을 배운 중심에 따라 결정된다.

이런 행동 방식은 각 유형이 자신의 주요 필요를 어떻게 충족하려 하는지를 암시한다. 또 행동 방식은 어느 중심이 억압되었는지에 따라 나뉜다. 여기서 억압이라는 표현은 그 중심이 사용되지 않거나 약하다는 의미가 아니라, 다른 두 중심에 비교해서 덜 사용된다는 의미다. 그래서 억압된 사고를 가진 사람들은 여러 개의 학위를 소지했으면서도

> **"나는 의도적인 삶이 중요하다고 믿게 되었다.
> 하지만 그게 얼마나 힘든지 모른다."**

생산적인 사고는 하지 못한다. 감정을 억압하는 사람들은 인간관계에 성공하면서도 자신이 정말 무엇을 느끼는지는 알지 못한다. 행동을 억압하는 사람들은 자기가 하는 일은 효과적으로 책임 있게 관리하면서도 항상 적절한 일을 하지는 못한다.

균형이 깨지면 3중심을 원래 의도된 목적대로 사용하지 못할 때가 많다. 사고는 정보를 수집해 뇌의 적절한 위치에 분류하는 역할을 한다. 사람과 상황을 계획하고 분석하는 데 사고를 활용해야 한다. 감정은 다른 사람의 필요와 의제를 인정하는 역할을 한다. 관계를 세우고 유지하는 데도 당연히 필요하다. 행동은 일을 성취하는 역할을 한다. 행동은 우리가 쾌락을 추구하고 자신을 돌보는 배후에 있는 에너지다.

실종된 균형

우리는 어린 시절부터 불균형을 배운다. 어릴 때 자신의 모든 중심을 활용하는 위험을 감수하기보다 그중 한 가지를 보호하고 억압하면, 자라면서 그것을 점점 덜 사용한다. 예를 들면 이런 식이다. 부모님이 나를 입양했을 때 두 분에게는 이미 생물학적 아들이 둘 있었다. 오빠들은 열다섯 살, 열여덟 살이었고, 부모님 친구들의 자녀와 내 사촌들도 다들 그 또래였다. 어린 나는 내가 무슨 생각을 하는지 아무도 신경 쓰지 않는다는 사실을 금세 깨달았다. 내가 대화에 끼어들어 한두 마디 던지면, 어른들은 나를 좋아해 주면서도 가르치려 했다. 하지만 내가 그들의 감정을 해석하고 거기에 반응하는 법을 배우자 어른들은 내가 "귀엽다"라거나 "귀하다"라고, 심지어는 "조숙하다"라고 생각했다. 그래서 나는 사회생활에서 더는 사고를 활용하지 않았고, 다른 사람의 감정을 해석하고 반응하는 능력도 이용하지 않았다.

아이들은 울거나 슬퍼할 때 부모나 다른 권위 있는 인물에게서 울 이유가 없으니 뚝 그치라는 이야기를 자주 듣는다. 그중에 거의는 아니라도 다수는 감정을—나누는 것은 고사하고—표현하는 것이 도움이 되지 않는다고 배웠기에 사고와 행동에 의존하기 시작했다. 그러면 어른들의 인정을 받고 안전하기 때문이다.

많은 아이가 자신의 힘에 살짝 부치는 과제를 선택한다. 예를 들면, 생일 케이크 만드는 일을 돕는 것이다. 하지만 도와주겠다고 전기 믹서를 켰다가는 주변이 온통 엉망진창이 되어 후회와 눈물로 마무리하기 쉽다(거기에다 "어쩌자고 **그랬니?**"로 시작하는 잔소리가 따라오기 쉽다). 비슷한 경험을 몇 번 하고 난 아이들은 칭찬과 위안을 얻기 위해 감정과 사고에 의존한다.

주변 사람들은 우리가 어떤 특정한 방식으로 행동하기를 기대하는데, 대부분의 아이는 아주 어릴 때부터 (노골적이거나 암시적인) 그 기대감을 알아차린다. 따라서 다음 두 가지 방식에서 불균형이 나타난다. 곧 아이들이 자신의 감각으로 정보를 해석하는 방식, 그리고 나서는 그 정보를 처리하거나 이해하는 방식이다.

세 중심 사이의 역학이란 다음과 같은 의미다.

- 감각을 통해 받은 정보를 해석하기 위해 선호되거나 **지배적인** 중

> **어쩌면 우리는 성격 성장에만 너무 많은 시간을 들이고 영혼 성장에는 소홀했는지 모른다.**

심이 전면에 나선다. 그 중심의 가치들이 정보를 처리하는 방식을 지배한다(나의 지배적인 중심은 감정이었다).

- **지원하는** 중심은 지배적인 중심이 그 정보를 처리하는 방식을 돕는다(내 경우에는 행동이다).
- **억압된** 중심은 활동하지 않고 보호된다(내 경우에는 사고였다).

이런 역학 관계에서는 세 힘의 중심이 해야 할 일을 둘이 하기 때문에 혹사당하고 피곤하다. 이것들의 가치 가운데 극히 일부만이 사용된다. 그에 따른 혼란으로 의제가 헝클어지고, 엉뚱한 중심이 상황에 반응하기 위해 개입하게 된다.

의존형, 움츠림형, 대항형

우리가 어떻게 정보를 받아들이고 처리하느냐는 매우 중요하다. 우리가 상황을 이해하는 방식이 우리의 세계관이나 특정한 인생철학을 형성하고 이 세계관이 행동의 기초가 되기 때문이다. 내가 세 중심 중에 대부분 두 가지(감정과 행동)만 사용해 세계를 이해한다는 사실을 에니어그램의 지혜에서 배웠을 때 2번인 나는 충격을 받았다. 모든 번호가 다 비슷한 패턴이다. 세 가지 힘의 중심은 우리의 타고난 자원이다. 누구나 세 가지가 다 있는데, 그것을 제대로 활용하지 못한다!

세 힘의 중심 사이에서 일어나는 역학 관계와 우리가 속하는 유형의 세계관에 따라, 우리는 특정한 행동 방식 곧 존재 방식을 취하는 경향이 있다. 이 개념에 대한 에니어그램의 가르침은 심리학자 카렌 호나이(Karen Horney)의 작업에서 일부 비롯되었다. 카렌 호나이는 우리가 타인과 만날 때 세 가지의 반응 방식이 있다고 말했다. 타인을 **멀리하거나 가까이하거나 맞서는** 것이다. 에니어그램 교사인 마리아 비싱(Maria Beesing), 로버트 노고섹(Robert Nogosek), 패트릭 오리어리(Patrick O'Leary)는 이 개념을 더 발전시켜 다음 세 분류에 따라 에니어그램 성격 유형을 나누었다.

의존형: 다른 사람들을 향하는 사람들
대항형: 다른 사람들에 반대하는 사람들 혹은 독립적인 사람들
움츠림형: 다른 사람들을 멀리하는 사람들

2부에서는 이 용어들을 사용해 이 역학 관계가 각 번호에서 어떻게 나타나는지 이해하고, 억압된 중심의 잠재력과 선물들에 어떻게 접근할 수 있는지 알아볼 것이다. 이렇게 해서 우리는 세 힘의 중심 사이에 균형을 잡기 시작한다.

억압된 중심을 개발하는 일은 에니어그램에서 가장 도전적인 작업이라는 점을 명심하라. 당신은 남은 평생 이 과제에 힘써야 한다. 하지만 그만큼 가치 있는 작업이다. 그것이 당신의 삶을 뒤바꾸고 영적인 활력을 불러일으키며, 진정한 변화를 가져올 것이다.

에니어그램 힘의 중심과 행동 방식

번호	3중심	행동 방식	선호되고 지배적인 중심	지원하는 중심	억압된 중심
1번	장	의존	행동	감정	사고
2번	가슴	의존	감정	행동	사고
3번	가슴	대항	감정	사고/행동* 행동/사고	감정
4번	가슴	움츠림	감정	사고	행동
5번	머리	움츠림	사고	감정	행동
6번	머리	의존	사고	감정/행동 행동/감정	사고
7번	머리	대항	사고	행동	감정
8번	장	대항	행동	사고	감정
9번	장	움츠림	행동	사고/감정 감정/사고	행동

* 중심 번호인 3, 6, 9번은 똑같은 힘의 중심이 지배적인 동시에 억압되어 있다. 지원하는 중심에서는 하나가 이끌고 다른 하나는 따른다.

개요: 억압된 중심을 끌어내 균형 찾기

4장 움츠림형

타인을 회피하는 유형

최근에 우리 가족과 가까운 지인들이 모인 자리에서 사람들을 관찰해 보니, 그 중에 몇 명이 움츠림형이었다. 우리 집 막내 비제이는 4번, 친구 존은 5번, 남편 조와 딸 제니, 사위 빌리는 모두 9번이다. 이들은 모두 같은 행동 방식을 공유하지만, 한자리에 모여 있으면 각자의 번호에 따라 얼마나 다르게 그 행동 방식이 구체적으로 드러나는지가 보였다.

외향적인 비제이는 내가 아는 다른 4번들처럼, 때로 자신이 받아들여지고 바람직한 존재라는 사실을 믿고서 자신을 드러내기 힘들어한다. 심지어 그를 가장 사랑하는 우리에게조차 말이다. 4번인 비제이는 우리 가족과 사회에서 행동을 높이 평가하는 것을 잘 알기에, 우리가 요구하는 것보다 무언가를 더 내놓곤 했다. 그러고 나서 우리에게 그것이 마음에 드는지, 혹은 그것이 제대로 잘 준비되었는지 물었다. 자신이 한 일에 만족을 느끼고 싶어서였다. 대부분의 4번처럼 비제이도 부적절하고 약하다는 느낌은 드러내지 않으면서도 주목받을 만한 위치에 자신의 자리를 마련하기 위해 특별한 일을 하려 애쓰고 있었다. 나는 가족 모임이 비제이에게 쉽지 않다는 사실을 항상 알아차린다. 비제이는 어떻게 해야 할 줄 몰라서 필요 이상으로 말과 행동을 많이 할 때가 있다.

남편과 함께 승마를 즐기는 존은 실력 있는 호흡기내과 의사이자 다정한 친구다. 그는 마침 비상 대기 중일 때 파티에 참석했다. 그래서 우리가 나누는 대화에 띄엄띄엄 참여했다. 우리는 그가 대화에 끼고 싶어 하는 것을 알았다. 하지만 나는 양쪽 세계에 다 참여하는 것은 시간과 에너지 면에서 5번인 그에게 큰 대가를 요구한다는 사실을 알아차렸다. 그는 우리와 함께하려고 애쓰면서, 동시에 개인적 일은 물론이고 직업과 관련해 머릿속에 담긴 모든 정보를 처리해 저장하고 있었다. 우리는 우리가 그와 함께 보내고 싶은 시간의 양과 그가 줄 수 있는 시간과 에너지의 양이 다름을 인정하면서 그에게 적응할 여지를 주었다. 우리가 존에게서 얻는 것은 무엇이 됐든 항상 가치가 있기 때문이다.

9번인 우리 사위 빌리는 늘 그렇듯이 그 자리에 있으면서도 동시에 물러나 있었다. 빌리는 집 안에서 우리와 함께 있거나 밖에 나가 아이들과 놀아 주었지만, 그의 목소리는 별로 들리지 않았다. 나중에 빌리가 버거와 핫도그를 굽고 있을 때는 9번이 흔히 그렇듯이 가끔 다른 일에 주의가 분산되었다. 그래서 다른 용무가 있거나 아이들이 뭘 하는지 살피러 가느라 그릴을 자주 방치했다. 그것은 행동이 지배적이면서도 억압된 9번의 전형적인 행동이다. 빌리는 거의 항상 저녁 차리는 일을 도와주었지만, 그 도움이 항상 시의적절하지는 않았다. 우리와 마찬가지로 다들 에니어그램을 알고 있어서 우리는 보통의 시간과 "9번의 시간"이 어떻게 다른지 이야기하며 웃었다. 날이 기울자 빌리는 비제이와 존과 같이 구석에 자리를 잡았다. 빌리는 대화에 끼거나 말하기보다는 경청하는 편이었지만, 여전히 눈에 띄는 방식으로 사람들과 연결되어 있었다. 그는 남의 뒷이야기에 관심이 없었고, 자신이 동의하지 않는 무언가를 애써 주장하지도 않았다. 질문을 받으면 자기 생각을 기꺼이 들려주었지만, 우리 중 누구라도 동의해 주기를 바라지도 않고, 우리가 동의하지 않는다고 실망하는 법도 없었다.

밤이 되자 비제이, 존, 빌리는 밖에서 집 안을 들여다보고 있었다. 그들은 조금 이야기하고, 많이 들어 주고, 같이하자고 요청받는 게임에는 무엇이든 동참했다. 몇몇 일대일 대화를 즐기고, 아이들을 예뻐해 주고, 평온을 유지했다. 온갖 에니어그램 번호가 뒤섞인 나머지 사람들이 우리 일에 몰두하느라 정신없는 사이에, 움츠림형 번호 세 사람은 각자 나름의 방식으로 자신의 에너지를 관리하면서 평온함을 누렸다.

행동을 억압하는 세 유형

4, 5, 9번은 움츠림형이다. 여기서 **움츠림**(withdrawing)이란 행동—활동하는 능력과 세상에 영향을 미치는 능력—을 억누르고, 살아남기 위해 자기 내면을 들여다본다는 뜻이다. 내면세계가 이들에게는 현실 세계다. 행동을 무시하고, 사고와 감정이 결합해 지원하는 역할을 한다.

- 4번은 감정이 지배적이다. 이는 사고가 감정을 지원한다는 뜻이다. 그래서 4번은 감정의 중심을 이용해 정보를 받아들이고, 감정과 사고를 이용해 정보를 이해한다.
- 5번은 사고가 지배적이고, 감정이 사고를 지원한다. 이는 5번이 사고의 중심을 이용해 정보를 받아들이고, 사고와 감정을 이용해 정보를 이해한다는 뜻이다.
- 에니어그램의 중심 번호 중 하나인 9번은 행동이 지배적인 **동시에** 억압되어 있다. 이는 9번의 3중심이 정의한 대로, 이들이 자신의 지배적인 중심(행동)을 이용해 주변 환경에서 정보를 받아들인

> **"이 번호들의 행동 방식을 묘사하는 움츠림형은 이들이 행동하고 세상에 영향을 미칠 능력을 억압하기 때문에 생존을 위해 내면을 들여다볼 수밖에 없다는 의미다."**

다는 뜻이다. 하지만 이들은 행동을 사용해 자신이 받은 정보를 이해하거나 그 정보로 무엇을 할지 결정하지는 않는다. 그 결과, 사고나 감정이 9번이 사물을 이해하는 방식을 지배할 것이다. 사고와 감정 중 한 가지가 이끌고 나머지가 지원한다.

움츠림형

번호	3중심	행동 방식	선호되고 지배적인 중심	지원하는 중심	억압된 중심
4번	가슴	움츠림형	감정	사고	행동
5번	머리	움츠림형	사고	감정	행동
9번	장	움츠림형	행동	사고/감정 감정/사고	행동

이 번호들의 행동 방식을 묘사하는 움츠림형은 이들이 행동하고 세상에 영향을 미칠 능력을 억압하기 때문에 생존을 위해 내면을 들여다볼 수밖에 없다는 의미다. 내면세계가 이들에게는 현실 세계다. 이들은 때로 고립감을 느끼지만, 거기에 크게 신경 쓰지는 않는다고 내게 말해주었다.

4번은 그런 고립감이나 단절을 이용해 공상하거나 상상한다. 이들이 세상을 보는 방식, 그리고 세상에서 벌어지는 일과 4번의 존재 방식을

> **"다른 사람들의 동의를 원하는 대항형과 의존형과 달리, 움츠림형 번호들은 대중의 말이나 행동에 영향을 받지 않는다."**

통합하는 방식 덕분에 이들이 혼자 있는 시간은 주변에 사람이 있든 없든 색감과 질감과 아름다움으로 채워질 수 있다.

5번에게 사교 모임은 정보 수집의 주요 도구다. 이들은 사회적 연결이 부족하다는 인식을 에너지 손실의 대가를 치르지 않고 사람들을 관찰할 기회로 본다.

9번은 세상을 보는 방식 때문에 힘들어한다. 이들은 항상 모든 일에서 적어도 두 측면을 알아차린다. 자신의 평온함을 앗아 가는 것은 차단하는 한편, 갈등을 일으키는 것은 감추려고 애쓴다. 9번은 외롭거나 고립되었다고 느낄 때 휴식을 취한다.

4, 5, 9번은 모두 독립적 관점을 지닌 사람들이다. 이들은 내면에서 힘을 얻고, 자신에게 동의하거나 함께해 줄 다른 사람을 찾거나 필요로 하지 않는다. 남들이 자신에게 동의하지 않거나 다른 관점을 갖고 있더라도 반발하지 않는다. 다른 사람들은 그들 마음대로 생각하고 믿도록 대개 내버려 둔다. 이들은 각기 나름의 이유로 관찰자다.

4번이 관찰하는 이유는 말하거나 직관적으로 혹은 너무 빨리 행동할 때 오해를 받는 데 익숙하기 때문이다.

5번이 관찰하는 이유는 에너지를 보존해야 할 필요 때문에 참여하기보다 관찰하는 법을 익혔기 때문이다.

9번이 관찰하는 이유는 9번의 격정인 나태(에니어그램에서는 삶에 영향을 받지 않으려는 욕구로 정의한다) 때문이다. 이에 더해서, 9번은 갈등을 피

> **"움츠림형인 세 번호는 모두 과거를 지향한다."**

하고 싶어 하는 성향 때문에 관계에서 분열을 막기 위한 좋은 방법으로 행동하기 전에 관찰한다.

세 번호 모두 조용히 자기 힘에 의지해 삶을 꾸려 간다. 이들은 자신의 관심을 사로잡는 대상에 따라 이리저리 쉽게 집중하는 대상을 바꾼다. 대대적인 변화를 일으키지 않고, 생각이나 사상을 제안하는 경우도 드물다. 일반적으로, 이들은 크게 발언하거나 공공연하게 자신에게 주의를 집중시키지 않는다(3번 날개를 가진 4번은 예외다). 나는 그 이유가 세 번호 모두 자주 오해를 받는다고 느껴서라는 사실을 깨달았다. 이런 이유(와 앞으로 살펴볼 다른 이유들) 때문에 독립성은 세상에서 이들의 존재 방식의 기반이다. 다른 사람들의 동의를 원하는 대항형과 의존형과 달리, 움츠림형 번호들은 대중의 말이나 행동에 영향을 받지 않는다.

움츠림형 번호가 방에 들어올 때는 그들이 다른 사람을 의식한다는 점을 기억하는 것이 중요하다. 이들은 대개 자신이 동떨어진 느낌을 받는다고 말한다. 주변에서 벌어지고 있는 상황에서 자신의 "적당한 자리"가 없다고 느낀다는 이야기를 자주 한다. 또한 주변 상황을 파악하기 전까지는 그 상황에 어떻게 참여해야 할지 확신하지 못한다. 나는 우리 가족 모임에서 늘 이런 상황을 목격한다. 하지만 모두가 에니어그램을 알고 나서는 함께 편안해지는 방법을 찾았다. 심지어 4, 5, 9번이 행동의 세계로 모험을 떠나도록 격려하고 그들을 도와주기 위해 우리 행동을 일부 바꾸는 법도 알게 되었다.

아무 일 없는 평범한 날이면 이 세 번호는 대체로 자신이 하고 싶은 일을 한다. 그것이 꼭 필요한 일은 아닐 수도 있다. 이들이 직장에서 일을 제대로 처리하지 못한다거나 자신이 속한 집단에서 맡은 책임에 태만하다는 말이 아니다. 이들은 행동이 억압되어 있기 때문에 필요한 일을 자기가 할 일로 상상하지 못한다. 자신감, 자기 결정권, 행동으로 터득되는 확신이 부족하다. 게다가, 다른 사람들과 함께할 때는 자신이 무언가를 해야 한다는 가능성을 보지 못할 때가 많다. 이들은 개선하거나 고칠 수 있는 무언가를 분석할 수 있다. 해결책이나 다른 생각을 제안할 수도 있다. 하지만 먼저 나서서 무언가를 하는 경우는 드물다. 이들은 **자신이 할 수 있는 일은 머릿속에 떠오르지도 않는다고 내게 말한다.**

작가이자 시인인 데이비드 화이트(David Whyte)는 『위로』(Consolations, 로만)라는 책에서 성숙함은 "과거와 현재, 미래를 한꺼번에 살아 내는" 능력이라고 말한다. 에니어그램 행동 방식을 공부하면서 우리는 각 번호가 주로 과거나 현재, 미래 어느 하나에 묶여 있다는 사실을 알았다. 화이트는 "과거, 현재, 미래 어느 하나에서만 산다든가, 셋 중 두 개에서만 산다는 잘못된 선택은 미성숙함을 드러낼 뿐이다"라고 말한다. 그가 옳다면—나는 그렇다고 믿는다—우리는 우리가 한 가지 시간 지향성을 선호한다는 사실을 깨닫고, 그가 설명한 성숙함에 이르기 위해 그 지향성에서도 균형을 찾아야 한다.

움츠림형의 시간 지향

움츠림형인 세 번호는 모두 과거를 지향한다. 과거에 집중할 때 4번은 자신의 삶에서 빠진 관계와 대화에 대해 심사숙고한다. 5번은 자신이 수집한 모든 정보에 대해 생각하고 나서, 사고를 활용해 그 정보를 새로운 체계에 맞추어 조정한다. 9번은 먼 과거와 가까운 과거에 자기 삶의 방식에 대해 생각한다. 이들은 좋은 것과 나쁜 것을 모두 고려하고, 좋은 것은 개선하고 나쁜 것은 고치기 위해 무력감과 맞서 싸운다. 세 번호 모두 사람이나 대화에 대해 생각한다. 자신이 배운 것과 그 지식이 자신이 아는 것에 어떻게 들어맞는지를 생각한다. 이들은 모두 곰곰이 생각한다. 나도 성장 과정에서 주변에 농부와 농장주들이 많았기에 곰곰이 생각하는 것이 무엇인지 잘 안다. 그들은 그저 무언가를 생각하는 것이 아니라, 숙고한다. 아주 오랫동안 세심하게 생각한다는 뜻이다. 그리고 정말 중요한 결정에는 충분한 시간을 들인다. 이 번호들은 시간이 있으면 의존적인 유형처럼 다른 사람을 찾아가 자문을 구하지 않는다. 시간은 숙고하기 위한 것이다. 숙고는 큰 대가를 치를 수도 있는 실수를 줄여 준다.

세 유형 모두 힘든 상황에 적응함으로써 그 상황을 다루지만, 조용히 거기에 분개한다. 이들은 자신을 위해 나서는 일에 훈련되어 있지 않다. 마침내 자신을 위해 나서기로 결정하면 어색하거나 지나치게 단호해질 수가 있다. 모든 사람이 그런 상황에 공감할 수 있다. 우리는 누구라도 스트레스 번호에서 배운 점에 기초해 행동하는 경향이 있거나 우리가 자신을 위해 나선다면 다른 사람들이 어떻게 반응할지 확신하지 못하기 때문이다.

마지막으로, 움츠림형 세 번호 모두 거기에 따르는 대가를 알기 때문에 끝까지 가지는 않는 생각과 감정과 하고 싶은 일이 있다. 움츠림형에 속한 많은 사람이 가끔 몽상에 잠긴다고 내게 말한다. 이들에게도 개인적인 생각이 있지만, 그들이 그것을 비밀이라고 부를 것 같지는 않다.

그것은 나쁜 것이 아니다. 그저 공유하지 않는 게 많을 뿐이다.

1부에서 보았듯이, 모든 사람에게는 스트레스를 다루는 나름의 방법이 있다. (4번은 2번으로, 5번은 7번으로, 9번은 6번으로 움직이는) 스트레스 이동에 더해, 세 번호 모두 뒤로 물러나고 정면으로 문제에 부딪히거나 갈등의 원인을 다루기를 피하는 경향이 있다.

4번
평범함을 선택하기

4번은 감정으로 세상을 바라보고 해석한다. 관계와 사람 사이의 교류를 중요하게 여긴다. 감정형에 속한 다른 번호들처럼 4번에게도 이미지가 아주 중요하지만, 이들은 사회적 트렌드가 정의한 전형적 이미지에는 관심이 없다. 오히려 이들은 자신의 진정한 모습을 표현한다고 믿는 스타일을 만들면서, 그 모든 것과 거리를 두고 싶어 한다.

4번은 주로 관계에서 의미를 얻는다. 의미 있는 차원에서 타인과 연결되는 것은 이들에게 매우 큰 만족을 준다. 때로는 지나치게 정서적으로 민감한데, 이는 이들이 세상을 바라보는 방식을 반영한다. 하지만 이런 민감함은 양날의 검이 될 수 있다. 이따금 다른 사람들은 4번이 지나치게 예민하다고 생각하거나, 이들의 감정이 진짜인지 믿기 어려워한다. 물론, 다른 사람들이 4번의 표현하는 성격을 편하게 느끼는 때도 있다. 4번은 대체로 자신의 감정을 드러내기 좋아하지만, 다른 사람들에게 자신의 진정한 모습과 말하는 내용을 제대로 이해시키는 점에 대해 매우 경계한다.

4번은 주로 관계를 통해 의미를 얻기에 4번의 가장 큰 도전은 이런 것이 아닐까 싶다. 자신감이 부족한 4번은 자신을 완성해 주고 함께 만

> **행동이 억압된 번호 유형은 자기 확신이 부족한 경우가 많은데, 이것은 큰 문제다. 자신감과 달리 자기 확신에는 자신의 성품에 대한 신뢰가 포함되기 때문이다.**

족스러운 관계를 맺을 수 있는 사람을 찾는 경우가 많다. 이들은 성공적인 관계를 맺으려면 성숙함이 필요하며, 자신이 많은 것을 제공할 수 있다는 사실도 잘 안다. 하지만 동시에, 적당한 사람을 찾으면 자신에게 부족하다고 확신하는 점을 그 사람이 채워 줄 것이라고 믿는다.

4번의 지원하는 힘의 중심은 사고다. 따라서 이들은 감정으로 정보를 받아들이지만, 감정과 사고를 모두 사용해 정보를 이해한다. 그리고 이 두 중심을 사용하면서, 자신과 타인의 내면에서 벌어지고 있는 일에 끌린다. 이들은 이 두 중심에 접근하면서 자연스럽게 감정을 분석한다. 이들은 호기심이 매우 강한데, 내 생각에는 이들이 상상력이 뛰어난 동시에 비판적 사고력을 지녔기 때문인 듯하다.

나는 4번이 에니어그램에서 가장 복잡한 번호라고 자주 주장했는데, 그들은 절대 부인하지 않았다. 그들도 동의하는 것 같다. 자신이 그렇게 행동하는 이유를 이해하려고 너무 많은 시간과 에너지를 소비하기 때문이다. 애석하게도, 나는 4번이 **특별하기** 원한다고 오랫동안 가르쳤다. 이 말은 틀렸다. 그래서 나는 표현을 바꾸어서 4번이 **독특하기** 원한다고 말했다. 하지만 이것도 적절한 표현은 아니었다. 사실, 4번은 남들이 자신을 봐 주고 들어 주고 궁극적으로는 알아주고 이해해 주기를 바란다. 그러려면 시간이 걸리는데, 기꺼이 이런 시간을 내줄 사람은 소수에 불과하다.

행동이 억압된 4번은 자신이 주변 환경에 영향을 미칠 수 없다고 느낀다. 그러면 이들은 감정의 홍수에 빠진다. 이 감정들은 이들에게 아주 개인적인 차원에서 삶을 받아들이고 행동이 필요할 때도 그것에 대해 숙고하라고 지시한다. 4번도 행동은 하지만, 자신이 좋아하거나 활력을 주는 일만 하는 경우가 많다. 이는 매일 되풀이되는 지루한 일을 포함해 현실적인 부분을 무시하는 경향이 있다는 의미다.

4번은 프로젝트에서부터 관계까지 무엇이 됐든 끝까지 버티는 것을 어려워한다. 일이 잘되지 않으면, 자동으로 자신이 문제라고 가정해 버린다. 어떤 식으로든 자신에게 타고난 결함이 있다는 신념과 움츠리는 성향 때문에 이들은 자신이 떠나면 문제가 해결되리라고 생각한다. 그 말은 사실과 거리가 멀기에 모든 4번은 이 부분을 살펴볼 필요가 있다. 그에 따른 수치심이 사람을 무력하게 만들 수 있기 때문이다. 행동이 억압된 번호 유형은 자기 확신이 부족한 경우가 많은데, 이것은 큰 문제다. 자신감과 달리 자기 확신에는 자신의 성품에 대한 신뢰가 포함되기 때문이다.

에니어그램은 우리에게 반드시 해결책을 주는데, 우리의 성격 문제에 대한 답은 대개 균형을 찾고 유지하는 법을 배우는 것에서 출발한다. 움츠림형에 꼭 필요한 균형은 행동을 끌어낼 때만 이루어진다. 내 경험으로 보건대, 세 중심의 균형을 잡기 위해 지배적인 중심을 누르는 데는 에니어그램이 별 도움이 되지 않는다. 오히려 억압된 것을 전면으로 끄집어내야 평형을 찾을 수 있다.

> **"자신을 판단하지 않고 관찰하는 법을 훈련한다."**

4번에게서 행동을 끌어내기 위한 핵심

4번이 솔직하다면, 자신에게 부족한 점에 자연스레 관심을 보인다는 사실을 발견한다. '그것'이 뭐가 됐든 남들에게 다 있는데, 당신에게만 없다. 그래서 "내가…라면, …할 수 있을 텐데"라는 함정에 빠진다. 그 길로 가면, 당신은 잘해야 평범하고 대개는 '모자라다'라고 느낀다. 결핍에 대한 집중은 4번의 격정, 곧 시기로 표현된다. 시기를 다루지 않으면, 남들은 충분히 누릴 수 있지만, 자신에게는 없는 위안과 평화를 계속 갈구하는 함정에 빠지기 때문에 반드시 처리해야 한다. 당신이 단순한 질투 문제와 싸우고 있다면(가령 남의 차를 원한다면), 돈을 모으거나 일을 더 많이 해서 차를 사면 된다. 하지만 다른 사람의 존재 방식 자체를 원하는 것은 소유를 넘어서는 문제다. 당신은 세상에서 당신만의 존재 방식을 찾아야 한다.

    4번이 더 많은 행동에 헌신하기란 쉽지 않다. 이들은 세상을 보는 방식 때문에 새로운 사상이나 경험에 접근할 때는 결점부터 찾기 마련이다. 나중에 실망하고 싶지 않아서 그렇다고는 하지만, 당신이 상상한 일이 실제로 일어나는 경우는 드물다. 그런 결함들이 머릿속에 들어오더라도 한쪽으로 밀어 두는 법을 배우면 앞으로 나아갈 수 있다. 최종 결과가 어떨지 누가 알겠는가? 끝까지 가 보지 않고서는 그 결과를 모르고, 알 수도 없다. 당신이 할 일은 시작하는 것뿐이다.

4번이 엉뚱한 것들을 숙고하느라 느끼고 생각하고 느끼고 생각하는 반복된 패턴이 문제를 일으킨다는 사실을 인정할 수 있다면 도움이 된다. 그런 패턴이 어떤 면에서는 만족을 줄 수도 있겠지만, 장기적 안목에서는 더 나은 삶을 누리게 해 주지 못한다. 이 패턴을 깨고 당신의 관심을 끄는 것이 무엇이든 그에 대해 할 수 있는 일에 집중하는 법을 배워야 한다.

그만한 가치가 있다: 데이비드 이야기

나는 가톨릭 사립 고등학교에서 새로 시작한 미식축구부 수석 코치라서, 우리 팀에는 재능 있는 선수가 얼마 되지 않았다. 하지만 에니어그램 4번인 나는 비교적 편하게 이 역할에 발을 들여놓았다. 대처하기 힘든 역경은 내 내면의 지형에 맞먹는 환경을 제공했다. 4번은 "기준 미달"의 괴로움을 누구보다 더 잘 안다. 하지만 나는 "길을 찾자"라는 좌우명을 정했다. 이 좌우명은 결핍된 것을 찾으려는 나의 4번 성향, 학교의 현실에 대한 나의 인식, 우리 팀의 승리에 대한 전망을 반영했다.

이 역할을 맡으면서 4번의 셀프 드라마를 많이 찍었지만, 행동을 끌어내면서 나는 날마다 긍정적 태도를 보이는 점에 자부심을 느꼈다. 나는 모든 축구부원에게 우리가 성공할 수 있다고 믿을 수 있도록 진심으로 격려하고 싶었다. 내가 처한 현실과 할 일에 굴복하면서도, 따분하고 고된 일상에서 위안을 찾았다. 이것은 큰 도전이었지만, 시간이 흐르면서 우리 팀에서 축구를 한 졸업생들이 미식축구부의 현실을 수용하고 그에 따라 팀을 이끌면서 보여 준 내 진정성이 선수로서 뛰는 그들에게 큰 영감을 주었다고 말해 주었다. 고생한 보람이 있었다.

실전 훈련

변화를 위해 시도할 만한 연습

- 모든 번호에서 첫 단계는 알아차림이다. 문제를 확인하지 못하면 변화도 없다. 그리고 인식하지 못한 것을 확인할 수는 없는 노릇이다. 그러니 자신을 판단하지 않고 관찰하는 법을 훈련한다. (자신을 판단하면 자신을 변호하게 되고, 그러면 안타깝게도 겉으로 드러나는 성격에만 치중하고 진정한 모습에는 미치지 못한다.)

- 잘하는 일을 목록으로 작성해 본다. 거기에 다른 사람들이 당신에 대해 칭찬하는 내용을 추가한다. 어쩌면 이 목록을 보고, 다른 사람처럼 되고 싶다고 느끼지 않고도 자신의 있는 모습을 그대로 누릴 수 있다.

- 무언가 부족하다는 느낌이 당신에게 경각심을 일깨울 수 있다. 그것은 당신이 현재 벌어지고 있는 상황을 놓친 채 자동으로 움직이고 있다는 뜻이다.

- 당신이 남들과 다르다고 느낄 때는 주의해야 한다. 그것을 알아차리면, 일단 멈춰서 다른 사람들과의 공통점을 찾아본다. 그러고 나서 건강하고 활력을 주는 당신의 독특한 재능에 집중한다.

- 당신의 기분이 바뀌는 원인을 더 잘 알아차린다. 충분한 자각을 통해 당신이 어디에 초점을 맞추고 어디에 자연스럽게 관심을 집중하는지 알아야 한다. 당신이 무엇에 집중하느냐가 무엇을 놓치느냐를 결정한다. 그래서 당신이 자신에게 없는 것에 집중하면, 당신만의 재능과 은혜도 놓치는 셈이다.

- 평범함과 보통이 싫어서 강렬함을 추구하지 않도록 주의한다. 이것이 당신이 행동을 피하는 주요한 이유일 수 있다. 행동이 필요한 대

부분의 일이 일상적인 일이기 때문이다. 그런 일들은 지루하고 따분하고 싫증 난다. 그리고 평범하다.

- 행동에 주의를 집중하려고 노력한다.
  - 이것을 우선순위로 삼는다.
  - 무슨 일을 할지 상세히 생각하면서 하루를 계획한다.
  - 하기 싫지만 그래도 해야 할 일들을 인식한다.
  - 다른 사람들의 필요를 생각하는 데 당신의 에너지를 일부 할애한다.
  - 부족한 자신감에 주의한다. 당신은 일상의 일들을 얼마든지 완벽하게 처리할 수 있다.
  - 치유를 추구하고 용서를 실천함으로써 과거의 상처를 내려놓는다.
  - 평온함, 곧 차분하고 평화로운 상태를 위해 기도한다.

생각해 볼 질문

날마다 해야 하는 일이나 책임에서 당신 몫을 하지 않을 때 그것이 당신이 맺는 관계에 어떤 영향을 미치는가? 누가 당신 몫을 떠맡는가? 그들은 그것에 대해 어떻게 느끼는가?

당신이 정말로 소중히 여기는 사람들을 밀어내면서 무슨 말을 하는가? 밀고 당기기는 관계에 정말 도움이 되는가? (나는 때로 4번이 해야 할 일을 하지 않는 대신 밀고 당기기를 내세운다고 믿는다.)

해야 할 일을 하는 데 필요한 에너지보다 그 일을 피하는 데 더 많은 에너지를 쓰지 않는가?

얼마나 자주 행동과 시기의 걱정을 연결하는가? 다른 사람들은 그런 끔찍한 책임을 지지 않는다고 상상하면서, 당신이 원치 않거나 하기 싫지만 해야 하는 것에 대해 이야기를 지어내지는 않는가?

    행동에 집중하는 데 도움이 되는 만트라를 활용하면 어떨까? 예를 들어, 설거지나 쓰레기 버리기, 빨래 등을 하면서 스스로 이렇게 말할 수 있다. "생각하고 행동하자. 생각하고 행동하자. 그냥 생각하고 행동하자."

    4번에게는 이렇게 아름답고 심오한 감정이 있다. 느끼고 나서 이것에 대해 풍성하게 생각하면 이 감정은 강화된다. 당신이 세상에 존재하는 방식에 적절한 분량의 행동을 더하려 해도 그 일은 줄어들지 않는다. 그리고 지금 벌어지고 있는 일에 충실하고 기꺼이 그 선물을 받아 누리도록 허락한다면, 당신의 일을 할 때 매 순간 기쁨과 아름다움과 놀라움을 발견할 것이다. 그럴 때 당신은 세상을 바라보는 방식을 설명함으로써 주변 사람들에게 선물을 줄 수 있다. 그렇게 해서 우리는 당신이 본 그 아름다움을 잠시나마 같이 누릴 수 있다.

5번

세상에 충실하기

에니어그램 용어로 5번은 관찰자로 불린다. 5번이 사고 중심을 통해 세상을 해석하기 때문이다. 외부 세상은 정보 수집을 위해 존재하고, 이들은 이미 자기 머릿속에 저장해 둔 내용과 함께 논리를 사용해 새로운 정보에 가치를 부여한다. 5번은 자신의 내면세계에서 가장 편안함을 느끼기에 대부분의 시간을 다른 사람과 떨어져 은둔할 수 있다. 이들은 지식을 비축하는 성향이 있어서 머리로 삶에 접근하고 약간의 단절감을 느낀다. 남들이 다른 생각을 제시할 때 5번은 속으로는 반대할지언정 겉으로는 대체로 침묵을 유지한다.

말하기를 주저하는 5번이 대화 중에 나누지 않는 생각이 얼마나 많은지 짐작하기도 어렵다. 아마 엄청 많을 것이다. 이들은 자신의 생각을 나눌 때 약해진다고 느끼는 듯하다. 짐작하건대, 이들은 논쟁하거나 자신의 결론을 변호하기를 원하지 않는 것 같다. 그러려면 다른 곳에 쓸 수도 있는 에너지를 거기에 투입해야 하기 때문이다.

많은 5번이 형식적으로 사회적 관계를 유지한다. 이들은 아주 개인적 성향이기 때문이다. 대부분의 5번은 내게, 다른 사람과 있을 때 어색할 뿐 아니라, 어떤 번호와 같이 있든 많은 에너지가 소요된다고 말한

> **"5번이 단순한 계획을 넘어서서 그 계획을 이루기 위해서는 행동해야 한다."**

다. 5번이 아침마다 하루 동안 사용할 정해진 양의 에너지를 관리해야 한다고 상상해 보자. 이들이 시간을 자기 소유로 생각한다는 점은 중요하다. 당신이 그 시간의 일부를 원한다면, 그들은 당신의 요청이 얼마나 타당한지 결정할 것이다. 내 친구 존과 캐럴린은 우리와 함께하는 시간에 자신들의 에너지를 소비할 가치가 있다고 결정했다. 하지만 그들은 모인 자리에서 말을 많이 하지 않고, 주변에서 벌어지는 일을 관찰하기만 할 때가 많다. 그래도 우리는 그들이 대체로 주의를 집중하고 있다는 사실을 깨달았다. 듣고 싶은 이야기가 있으면 얼마든지 그들에게 물을 수 있다.

5번의 지원하는 힘의 중심은 감정이다. 이들은 생각으로 정보를 받아들이지만, 사고와 감정을 모두 사용해 그 정보를 처리하거나 이해한다. 이는 많은 것을 암시하지만, 그중에서도 가장 중요한 것은 이들이 자기 내면에서 벌어지고 있는 일로 향한다는 점이다. 5번의 정서적 에너지는 이들의 생각에 달려 있다. 이들이 자신의 생각에 대해 느끼는 방식 때문에 그 생각을 옹호하려는 점은 이해할 수 있다. 5번의 지식은 **그들의** 지식이기 때문에 개인적이다. 어떤 번호는 자기 인맥을 다른 사람들에게 자랑하려고 그리 친하지도 않은 인맥을 떠벌리고 다니기도 한다. 5번은 그렇지 않다. 자기가 아는 것에만 관여한다. 그리고 자신의 생각이 오해받거나 거절당하면 그 일을 개인적으로 받아들인다.

4번처럼 5번도 행동을 억압한다. 행동이 억압된 사람들은 지속력과 결단력이 부족한데, 지속력과 결단력이 이 힘의 중심에서 부산물이기 때문이다. 그래서 움츠림형 번호들은 자신이 세상이나 주변 환경에 영향을 줄 수 없다고 믿는다. 그것이 현실처럼 느껴질 때 5번 유형에게는 오직 그들의 생각만 남게 된다. 하지만 그런 생각들—과 정보의 추구—이 이들에게 너무도 중요하기 때문에 그 생각이 원동력이 되어 더 많은 행동을 할 수도 있다. 존은 우리 지역에서 발생한 코로나19 환자 대응의 최전선에 있었다. 5번인 그는 이 바이러스를 파악하는 데 정신적으로 충전되어 있었고, 그 덕에 병원에서 장시간 근무할 수 있었다. 집에 돌아오면 에너지가 거의 소진되어서 그는 다음 근무 시간을 위해 에너지를 충전했다.

5번은 대체로 자신의 관심사를 행동으로 옮기는 데만 투자한다. 누군가는 해야 할 다른 과제들은 무시하거나 쳐다보지도 않는다. 이들은 계획하기를 좋아한다. 계획을 다시 손보고, 생각하고 또 생각하기를 좋아한다. 가끔은 계획하는 것 자체가 너무 재밌고 만족스러운 나머지 계획한 일을 실현하는 데는 무관심하다.

내가 에니어그램을 가르치는 일에 헌신한 이유 중 한 가지는 이 때문이다. 에니어그램은 우리 성격과 연관된 많은 문제를 지적하기도 하지만, 그와 동시에 해결책도 제시해 준다. 움츠림형에 속한 번호들은 행동 중심을 끌어내기 위해 애쓰면 문제가 쉬워진다. 우리 모두가 세 힘의 중심을 모두 각 목적에 맞게 활용하려고 노력할 때 더 나은 삶을 살 수 있다.

5번이 행동을 끌어내려면

나는 5번이 사고를 중시하는 방식에 박수를 보낸다. 하지만 사고를 감

> "5번의 지원하는 힘의 중심은 감정이다.
> 이들은 생각으로 정보를 수용하지만,
> 사고와 감정을 모두 사용해 그 정보를 처리하거나 이해한다."

정과 분리해 행동과 연결할 수 있으면 더 효과적으로 사고할 수 있다는 점을 고려하는 것이 중요하다. 당신은 평화를 추구하지만, 사고와 감정을 약간의 행동을 통해 균형 잡을 때만 그 평화를 찾을 수 있다. 당신이 무능하다고 느낄 때 이것은 정말 힘들다. 그래서 당신이 가장 선호하지 않고 가장 자주 실패하는 힘의 중심을 사용하는 것은 큰 도전이 된다. 하지만 그것을 활용하는 법을 훈련한다면, 눈에 띄게 상황이 좋아진다.

5번의 격정은 탐욕인데, 대개 돈에 대한 욕심으로 정의한다. 5번은 돈에 대한 욕심 때문에 힘들 수도 있고 그렇지 않을 수도 있다. 하지만 시간과 공간 문제만큼은 욕심낼 확률이 높다. 또한 지식에 대한 탐욕이 날마다 당신의 삶에서 큰 역할을 할 것이다. 아마도 그 때문에 당신은 행동을 주저한다. 그리고 이는 당신이 미처 알아차리지 못할 결과를 가져온다. 예를 들어, 5번은 자신이 아는 것을 모두 드러내는 법이 없고, 어떤 문제에서 자신의 입장을 거의 표명하지 않는다. 입장을 공개하면, 이미 늦은 경우가 많다. 이렇게 행동하면 다른 사람에게서 배우고 자신의 생각에 의문을 가질 기회가 없다. 다른 사람도 당신의 관점과 생각을 배울 기회가 없다. 둘 다 당신이 맺는 관계에 서로 도움이 되고 유익할 것이다.

상호성이 핵심이다. 5번은 친구나 가족, 지인의 개인 정보를 수집하기 좋아하는 반면, 자신의 개인 정보를 알려 주기는 싫어한다. 당신이 어떤 사람이고 당신 삶의 세세한 부분을 일부 나누는 법을 배우면 당신이 원하는 관계를 세우는 데 도움이 될 것이다. 친구끼리는 성공과 실패, 사고와 감정을 모두 포함해 삶의 이야기를 교환한다. 제대로 사용하기만 하면, 감정 중심은 이런 관계들에서 당신이 해야 할 일이나 제안할 수 있는 일을 분별하는 데 큰 도움이 된다. 당신에게 연결이 필요하지 않을 때는 당신이 아끼는 다른 사람들에게 연결이 필요할 가능성이 많다.

(개념에 대한 정서적 애착인) 감정의 지원을 받는 (개념에 대한) 사고의 결합은 5번이 자신이 신뢰하는 개인적인 신념 체계를 모아서 그에 따라 살아갈 수 있다는 환상을 만든다. 그것이 다 나쁜 것만은 아니다. 하지만 우리의 신념 체계는 때때로 재검토할 필요가 있다. 20대 시절의 생각이 40대가 되어서도 여전히 옳은지는 고려해 보아야 한다. 완고한 신념 체계는 우리 자신과 타인의 삶에 고통을 주고, 우리가 맺는 관계에 불필요한 분열을 만들어 내는 경우가 많다. 나이가 들고 성장하면서 대부분의 생각은 재검토해 보고, 필요하다면 우리 시각에 변화의 여지를 남겨야 한다.

5번이 단순한 계획을 넘어서서 그 계획을 이루기 위해서는 행동해야 한다. 당신의 관심사에만 집중하기보다 다른 사람들을 위해 더 좋은 세상을 만드는 프로젝트에 참여할 때 큰 만족을 얻을 것이다.

그만한 가치가 있다: 테이트 이야기

행동을 끌어내는 일에서 내게 가장 어려운 부분은, 동기가 내 행동을 바꾸도록 기다려서는 안 된다는 사실을 기억하는 것이다. 동기가 그냥 찾아오는 경우는 거의 없기 때문이다. '내 행동이 억압되어 있다'라는 사실을 완전히 받아들일 때는 자신이 원하는 일에 굉장히 의도적으로 접근해야 한다. 나는 비교적 쉽게 마칠 수 있는 사소한 과제나 행동을 찾아서 목록을 만들고 거기에 기반해 움직인다. 그 과제가 내가 큰 열정을 품고 있는 분야와 직접 관계는 없더라도, 여전히 중요하다. 나는 장보기나 빨래 개기를 마치고 나서 스스로 되새기는 시간을 잠시 갖는다. 그런 일이 세상에서 가장 멋지거나 중요한 일은 아닐지라도, 어쨌든 뭔가를 했다는 것이 중요하다!

관계에서, 사고가 지배적인 사람은 생각이 완전히 정리될 때까지 말하거나 행동하고 싶어 하지 않는다는 점을 발견한다. 나는 이것이 위험하다고 생각한다. 때로는 내게 필요한 이 "처리 시간"이 남들에게는 참여하지 않거나 관심이 없다는 인상을 주기 때문이다. 나는 내가 말하고 싶은 내용을 내가 말하고 싶은 방식으로 정확히 말하지 못해도 괜찮다고 스스로 다독이는 법을 배웠다. 적어도 나와 함께 있는 사람은 내가 그 과정 어디쯤에 있다는 것을 알아줄 테니 말이다.

실전 훈련

변화를 위해 시도할 만한 연습

- 결핍 관념(scarcity mentality)은 별 도움이 되지 않는다는 점을 인식한다. 당신에게는 정서적 관계를 맺고 갈등을 해결하고 프로젝트를 완료할 만한 에너지가 충분하다. 이 모든 일은 그저 에너지를 다 소진하지 않고 오히려 **채워** 줄 것이다.
- 남들이 당신에게서 원하거나 기대한다고 여기는 것으로 당신의 주의가 어떻게 옮겨 가는지 확인한다. 그런 기대가 공간에 대한 당신의 필요와 의제를 방해할 것이라는 가정도 확인한다. 그런 패턴을 확인할 수 있다면 거기에 변화를 줄 수 있다.

- 주변 상황과 분리되거나 거기서 물러나고 싶을 때 그것을 알아차린다. 그런 마음을 멈추고 계속 자리를 지키는 법을 훈련한다.
- 머릿속 세상을 넘어서서 현실 세계와 연결되는 것이 당신이 해야 할 가장 큰 과제임을 깨닫는다.
- 자신의 필요를 축소하려 할 때는 조심해야 한다. 때로는 당신이 다른 사람의 필요를 채울 책임이 있다는 느낌을 피하려 할 때 당신 자신도 돌보지 않기 때문이다.
- 시간, 애정, 사물, 자원, 정보, 생각, 자기 자신 등 당신이 비축하려는 대상과 방법에 유의한다. 마음과 관련해서는, 더 많이 줄수록 더 많이 받는다. 비축은 특히 5번에게 위험한데, 이것이 움츠림의 주요한 방식이기 때문이다. 당신이 무엇을 모아 놓으려 하는지 확인하고, 그 두려움을 관대함으로 바꾸도록 애쓰라.
- 당신이 사람들에게 말로 표현하지 않으면 그들이 당신에게 얼마나 소중한지 알지 못한다는 사실을 알아차린다.
- 음악, 전례, 의식 등을 의도적으로 생활 속에 집어넣는다. 오감을 활용해 자신을 머릿속에서 끄집어낼 수 있도록 말이다.
- 넉넉히 베푸는 사람이 되게 해 달라고 기도한다. 매번 당신이 준 것보다 더 풍성하게 누리는 깜짝 놀랄 만한 결과를 얻을 것이다.
- 세상에서 어떤 환경이 가장 불편한지 확인하고, 당신이 더 편안해지려면 무엇을 하거나 배울 수 있는지 고려해 본다.
- 당신이 혼자 있는 시간을 다른 사람들이 존중해 줄 때 당신도 그들과 함께 보내는 시간을 마련해 준다.

생각해 볼 질문

모든 것을 개인화하고 당신의 관점만 고수하는 방식을 그만둘 수 있는가? 당신의 관점과 마찬가지로 타당한 다른 관점도 있을까?

당신이 다른 사람들에게만 사회적 책임을 맡겨 둔다면, 당신 자신과 다른 사람들과 맺는 관계는 어떻게 약화될까?

생애 마지막에 이르렀을 때 당신은 어떤 가치로 기억되고 싶은가?

지금 세상에 그 무엇보다 필요한 것은 요란하지 않고도 5번이 소유한 조용한 중립성이라는 재능이다. 5번을 제외한 우리 가운데 누구라도, 아이디어가 사고를 형성하고 의견은 별로 가치가 없는, 공정한 공간을 우연히 발견하는 일이 얼마나 드문지 아는가? 당신은 공정하고 편견이 없으며 객관적인 대화의 장을 마련할 수 있다. 얼마나 아름다운 재능인지 모른다. 나는 그 재능을 우리와 나누어 주는 데 필요한 에너지를 당신에게서 발견할 때마다 감사한다.

9번

선택하기―마음은
얼마든지 바꿀 수 있다

9번은 자신이 해야 할 일을 인지하고 행동 중심으로 세상을 해석한다. 하지만 자신이 받은 정보를 이해하는 데 행동을 사용하지는 않는다. 그래서 행동이 지배적인 동시에 억압되어 있다. 이렇게도 한번 생각해 보자. 9번은 행동 중심만 사용해 세상을 살아간다. 에니어그램 중심 번호인 3, 6, 9번은 같은 힘의 중심이 지배적인 **동시에** 억압되어 있다는 점을 염두에 두자.

9번은 움츠림형이라서 내부와 외부의 경계를 관리하는 데 집중한다. 갈등을 일으킬 만한 것은 무엇이든 억누르고, 자신의 평안을 방해하는 것은 무엇이든 피한다. 이 일은 매우 피곤하기 때문에 9번은 에니어그램 번호 중에 가장 에너지가 없다. 이런 에너지 부족은 억압된 행동을 끌어내는 9번의 능력을 복잡하게 만드는 큰 문제다. 이들은 내부와 외부의 힘들을 관리하는 동안, 어느 정도 보호받고 있다는 느낌을 유지하기 위해 움츠려야 하는 경우가 많다. 아무것도 하지 않는다고 외부에서 압박하기 시작하면 9번은 꼼짝 못 할 것처럼 느낀다. 그 상황에 어떻게 영향을 줄 수 있는지 보지 못한다. 9번의 에니어그램 격정인 나태에는 두 측면이 있다는 점을 명심할 필요가 있다. 행동을 선호하는 측면은 활동

> **"9번은 행동은 전혀 고려하지 않고 사고와 감정만으로 어떻게 삶에 반응할지 결정한다."**

을 가치 있게 여기고, 억압하는 측면은 활동을 시시하고 쓸모없으며 심지어 불가능하다고 여긴다.

9번도 다른 번호들처럼 세 중심 중에 두 가지만 사용해 자신이 흡수한 정보를 처리하거나 이해한다. 사고가 지배적이면 감정이 지원하고, 감정이 지배적이면 사고가 지원하는 역할을 한다. 요약하자면, 정보 처리 측면에서 9번은 행동은 전혀 고려하지 않고 사고와 감정만으로 어떻게 삶에 반응할지 결정한다.

그래서 이들은 정보를 내면화하고 자신의 해석을 소중하게 생각한다. 하지만 일단 처리한 정보에 기초해서 행동하는 것은 하찮게 여긴다. 간단히 말해, 9번은 정보를 해야 할 일로 받아들이지만, 자신이 어떤 **행동**을 해야 한다는 생각은 하지 못한다.

나는 가족 모임에서 남편인 조가 바비큐를 항상 자기 일로 주장하고 도맡아 하는 모습을 자주 목격했다. 하지만 그가 나머지 식사 메뉴에 대해 의견을 내놓는 경우는 드물다. 그리고 아이들 중에 두 아이가 사이가 좋지 않으면 자신보다는 다른 사람이 그 상황에 개입하는 것을 선호한다. 거기가 남편에게는 안전한 장소다. 바비큐는 늘 즐겁고 남편은 무리 없이 잘 어울린다. 그리고 아이들과 잠재적인 갈등을 피하는 것은 그에게는 항상 이득이다.

9번은 갈등을 피하기 위해서라면 물불 가리지 않는다는 점을 기억하는 편이 매우 중요하다. 이들은 자신의 생각을 비밀로 간직하는 방식으로 평화와 안전을 지키는 법을 어렸을 때부터 배웠다. 안타깝게도, 행동이 억압된 채 내면의 평화를 지키겠다는 이들의 결심은 완고함으로 변하기 쉽다. 실제로, 9번은 에니어그램에서 가장 고집이 센 번호다. 하지만 그 완고함은 거의 항상 **행동**을 수반한다(혹은 행동이 결여되어 있다).

지원하는 중심. 사고와 감정이 지원하는 9번은 복잡한 상황에서 매우 능숙하다. 이들은 자주 문제에 획기적인 해결책을 제시한다. 우리는 때로 이들의 재능을 알아차리지 못한다. 그것은 9번이 자신을 드러내지 않고 자신이 드러나는 것도 원하지 않기 때문이다. 이들은 모든 일에는 적어도 두 가지 측면이 있다고 인정하기 때문에 타인의 사고와 감정에 열려 있다. 9번은 차분하고 꾸준하며 결단력이 있지만, 할 일을 파악하는 면에서는 다른 사람들과 협력하며 유익을 얻는다.

9번은 집중력이 쉽게 흐트러지기 때문에 해야 할 일을 하는 과정 중에도 다른 관심사로 옮겨 갈 수 있다. 9번인 우리 딸 제니는, 아이들이 어렸을 때는 방 청소를 끝내자는 쪽지를 문에 붙여 놓아야만 집 안 청소를 할 수 있었다고 자주 말했다. 그렇지 않으면 도중에 다른 일에 정신이 팔려 청소를 마칠 수 없었다는 것이다.

9번이 행동을 끌어내려면

가장 먼저 할 일은 자신의 행동을 의식하는 것이다. 이런 알아차림은 쉽지 않은데, 자기 인식에는 엄청난 에너지가 필요하고 그 인식에 따라 무언가를 하려면 그보다 많은 에너지가 필요하기 때문이다. 자신을 관찰할 때는, 어떤 말이 분열을 일으킬 수도 있어서 피하려는 경우가 얼마나 자주 있는지 유심히 살펴야 한다. 9번이 행동하기 어려워하는 한 가

> **"참여하고 행동하면, 당신이 사랑해 마지않는 평화가 훨씬 더 빨리 찾아오고 훨씬 더 오래 지속될 것이다."**

지 이유는, 해야 할 일이나 할 수 있는 일을 결정할 때 목소리 높이는 상황을 꺼리기 때문이다. 9번의 관점에서는 다른 목소리가 더 크고 설득력 있어 보이기 때문에 더 강력한 유형에 동의하는 과정에서 자신의 생각이나 욕구나 계획은 제쳐 둔다. 이런 결정을 통해 갈등은 피할 수 있지만, 그러면서 자신의 초점을 잃어버리고 행동 계획도 좌절된다.

'나중'이라는 시간은 없다! 이런 현실을 이해하고 받아들이는 것은 알아차리는 일만큼이나 중요하다. 9번은 다른 사람이나 자신에게 "나중에 할게"라고 말해 놓고 자신이 거기에 헌신하고 있다고 생각하는 성향이 있다. 그런데 주의를 흐트러뜨리는 것과 할 일이 너무 많기에 대부분의 경우에 나중이라는 시간은 오지 않는다. 한번 믿어 보라. 참여하고 행동하면, 당신이 사랑해 마지않는 평화가 훨씬 더 빨리 찾아오고 훨씬 더 오래 지속될 것이다.

행동이 억압된 번호들에는 의도적인 삶에 필요한 무언가가 빠져 있다. 우리는 행동을 통해 적극성을 배우는데, 돈 리소와 러스 허드슨에 따르면 9번이 어린 시절에 익힌 무의식적인 메시지는 "자기를 주장하면 안 된다"는 것이다. 그러나 자기를 주장해도 괜찮다. 당신이 할 일과 책임의 일부분은 이 메시지를 극복하고, 당신의 생각과 욕구를 타인에게 알릴 방법을 찾는 것이다. 설령 그들이 반대하더라도 말이다.

그만한 가치가 있다: 리스 이야기

무슨 일을 시작하는 것이 내게는 가장 큰 도전이다. (나는 꽤 강한 1번 날개가 있는데, 그래서 어떤 일을 완벽하게 할 수 있을 때까지 행동을 자주 미룬다.) 지난해에는 **옹호하다**를 내 좌우명으로 삼았다. 직장과 교회와 가정에서 나를 지지하기로 작정했다. 이 말은 더 자주 '참여하고' 그 자리에 충실하기로 했다는 뜻이다. 필요한 경우에는 다른 사람들을 위해서도 나서기로 결심했다. 내게는 쉽지 않은 일이었고, 그 점은 지금도 마찬가지다. 이 도전에 항상 응하지도 못했다. 하지만 일단 "도전에 응한" 경우에는 많은 깨달음과 용기를 얻었다. 생각만큼 힘들지도 않았다. 사람들이 내 제안을 따르지 않을 때도 대화에 참여하는 것만으로도 큰 의미가 있었다.

실전 훈련

변화를 위해 시도할 만한 연습

- 삶의 모든 영역에 충실하기 위해서 충전하는 시간과 혼자만의 자유 시간을 갖는다. 대부분의 9번은 자연을 좋아하는데, 아마도 자연에는 아무런 스트레스가 없기 때문이 아닐까 싶다. 매주 자연에서 적절한 경계를 두고 계획된 시간을 보낸다면 훌륭한 영성 훈련이 될 것이다. 많은 9번이 하루를 온전히 자기 마음대로 보내는 것이 이기적으로 느껴진다고 말한다. 인생 주기에서 꽉 찬 하루가 괜찮은 시기가 있는가 하면, 반나절만으로 충분한 시기도 있다.
- "그 나물에 그 밥"이라거나 "그냥 두면 일은 저절로 된다"라는 말은 사실이 아닌 경우가 많다는 점을 인식한다. 이런 표현은 행동이 억압된 당신이 갈등을 피하려는 강한 욕구 때문에 스스로 하는 말들

이다. 참여를 꺼리는 성향을 뒷받침하려는 이런 말을 더는 하지 않는다면 어떤 변화가 있을까?

- 자신을 지우려는 성향을 내려놓고 참여하기로 선택한다.
- 정말로 하고 싶은 일을 생각해 보고 자신을 위해 몇 가지 목표를 세운다. 그런 다음, 한 번에 한 가지씩 믿을 만한 사람과 공유하고 지켜봐 주길 부탁한다. 그 사람들과 주기적으로 만나면 도움이 될 것이다.
- 부지런하게 해 달라고 기도한다. 개인의 목표와 직업상의 목표를 의도적으로 추구할 때 큰 활력이 된다.
- 당신에게 의미 있는 관계들에 대해 생각하는 시간을 갖는다. 그들이 당신에게 얼마나 큰 의미가 있고 당신이 얼마나 고마워하는지 알릴 수 있도록 당신이 할 수 있는 일을 두어 가지 구체적으로 생각해 본다.
- 매일, 매주, 매월 정기적·비정기적으로 해야 할 평범한 일들을 떠올려 보고, 남들이 부탁하거나 확인해 주지 않더라도 그 일들을 해 본다.

생각해 볼 질문

당신이 개인 생활에서 피하고 있는 과제는 무엇이 있는가? 그 일들을 완료한다면, 당신의 삶과 관계는 어떻게 더 좋아지겠는가?

당신이 결정을 내리고 태도를 정하기로 작정한다면 무슨 일이 벌어질까? 마음은 얼마든지 바꿀 수 있다.

당신이 어떻게 자신을 과소평가하고 무시하는지 생각해 본다. 그 때문에 얻는 것은 무엇이고, 잃는 것은 무엇인가?

과거의 아픔을 줄여 줄 계획을 세울 수 있겠는가? 그런 내려놓음이 어떤 에너지를 가져다주는지 깜짝 놀랄지도 모른다.

9번은 사랑을 많이 받는다. 때로 사람들이 9번의 평안함을 시기할 수도 있지만, 그들은 당신이 그 평안함을 지키기 위해 얼마나 고군분투하는지 알지 못한다. 우리 가족 중에 9번들은 우리 가족뿐 아니라 친구와 동료에게서도 크게 존경받는다. 우리는 모든 일에서 두 측면을 볼 줄 아는 9번의 재능에 감사하고, 잘 지내고 싶지만 그러지 못하는 사람들 사이를 중재해 주는 9번의 능력에 감사한다. 우리가 아는 9번들은 때때로 우리를 위해 기꺼이 중재 역할을 맡아 주었다. 당신은 사려 깊고 충성심이 강하며 당신이 아는 거의 모든 사람에게 소중한 존재로 여겨진다. 당신이 스스로 중요하지 않다고 생각하거나 당신이 기여한 바를 아무나 할 수 있는 것으로 여긴다면 매우 가슴 아픈 일이다. 당신의 존재는 중요하다. 이 장에서 다른 내용은 하나도 기억하지 못하더라도, 이것만큼은 잊지 말자.

5장 대항형

독립적인 유형

에니어그램 강사로서 교회에서 직원들이 서로 잘 협력할 수 있도록 "에니어그램 번호 알기" 강의를 해 달라는 부탁을 받을 때가 있다. 교회도 다른 조직과 비슷해서 비슷한 대인 관계 역학이 작동하기 때문에 다른 사람의 행동 배후에 있는 이유를 이해하도록 돕는 데 에니어그램이 유용할 수 있다.

내가 방문한 한 교회도 마찬가지였다. 이 교회에서 운영하는 창의적인 프로그램들이 유명해서 다른 교회에서도 따라 하는 경우가 많았다. 그 교회는 모든 세대를 잘 섬기고 문화적 다양성을 포용하기 위해 노력했다. 세 명이 사역하는 교회 리더십팀의 구성원은 모두 대항형이다. 그러면 세 사람 모두 감정이 억압되어 있다는 뜻이지만, 그 양상은 각자 독특하게 나타난다.

강연 후에 나는 교회 직원들과 이야기를 나누면서 서로를 어떻게 보는지 알아보기로 했다. 비서인 일레인은 7번인 담임 목사 데이비드와 함께 일하는 것이 좋다고 말했다. 일레인은 데이비드 목사가 재임 기간에 교회를 성장시킨 방식에 감탄했다. 그녀는 교인 대부분이 목사님을 사랑하고 잘 받아 준다고 이야기하

> **"아마도 억압된 감정의 가장 큰 문제점은 이 번호들이 삶에 관여하고 그에 영향을 받을 수 있는 능력을 일부 포기한다는 것이다."**

면서 미소를 지었다. 강연을 듣고 나자 일레인은 7번이 전형적으로 에너지와 매력이 넘치는 존재임을 알았는데, 데이비드 목사가 딱 7번이라고 말해 주었다. 그러고는 그가 똑똑하고 창의적이며, 회의 때는 사람들이 따라 적기 힘들 정도로 빨리 아이디어를 쏟아놓는다고 덧붙였다. 목사님께는 한계가 없는 것처럼 느낄 때가 자주 있다고 했다.

데이비드는 전형적인 7번답게 많은 자극을 즐기는 듯했다. 그는 새로운 발상을 아주 좋아했는데, 특히 직원들이 그 발상을 실현할 수 있다는 사실을 알 때는 더더욱 그랬다. 일레인은 다른 두 목사가 데이비드의 온갖 아이디어를 어떻게 해야 할지 모르겠다며 때로는 그녀에게 불평했다고도 말해 주었다. 하지만 그들은 시간이 지나면서 깨달았다. 데이비드는 늘 모색하고 상상하고 있기에 그가 그중에서도 눈에 띄는 어느 한 발상에 '안착할' 때까지 기다려야 한다는 사실을 말이다. 일레인은 그 둘 중 한 사람이 이렇게 말해 주었다고 했다. "데이비드 목사님이 어떤 생각을 세 번 이상 말하지 않는 한, 그 아이디어를 발전시키지 않습니다."

일레인과 만난 후에는 복도를 내려가 매릴린과 이야기를 나누었다. 매릴린은 50대 협동 목사로, 6년 동안 이 교회에서 사역했다. 데이비드보다 2년 더 오래 있었던 셈이다. 매릴린은 일레인이 데이비드의 에너지를 받아 준다고 확인해 주었다. 매릴린은 데이비드가 교회에 대해 품은 비전을 좋아한다고 말했다. 하지만 에니어그램 3번인 그녀는 유동적인 부분이 너무 많을 때, 기존 프로그램의 효과를 입증할 기회가 생기기도 전에 창의적 변화를 위한 제안이 등장하면 자기 사역을 잘 해낼 수 있을지 염려했다.

매릴린이 자신의 여러 업무를 설명해 주는 동안, 나는 그녀가 그 모든 일에 적임자임을 알 수 있었다. 매릴린은 예비 부부를 만나서 결혼식과 결혼 생활을 함께 준비하는 일이 즐겁다고 말했다. 그녀는 이들이 특별한 날의 세부 사항을 준비하면서 느끼는 흥분에 공감해 주면서, 경청자이자 현명한 상담가 역할을 잘해 냈다. 매릴린은 병원과 요양원을 방문해 외로운 어르신의 고통에 동참하거나 뜻밖의 진단을 받거나 죽음을 앞둔 이들의 슬픔을 함께하는 것을 영예롭게 여긴다고 말했다. 그녀는 종종 한날에 결혼식 주례도 서고 병문안도 가야 했지만, 그런 일이 힘들지 않느냐고 물었을 때는 뜻밖이라는 반응이었다. 사실, 매릴린은 일요일 아침에 전통 예배와 현대 예배를 왔다 갔다 할 수 있는 능력과 마찬가지로, 그것이 자신의 장점 중 하나라고 대답했다. 그녀는 모든 사람이 바라는 이상적인 목회자처럼 보였다. 함께 대화하면서, 나는 모든 번호에서 가장 좋은 부분이 가장 좋지 않은 부분이기도 하다는 사실을 생각해 보았다. 매릴린의 경우, 3번의 가장 좋은 부분은 그녀가 청중이 받아들이고 인정하는 어떤 모습이든 될 수 있다는 점이다. 하지만 동시에 그 점은 최악이기도 한데, 누구와 함께 있느냐에 따라 그녀의 행동이 조금씩 달라지기 때문이다. 그래서 매릴린과 종일 함께 있는 사람들은 어떤 매릴린을 만나게 될지 알 수 없다.

데이비드와 이야기했을 때 그는 매릴린의 융통성과 자신이 맡은 책임을 즐거워하는 모습이 조금 부럽다고 했었다. 그는 예비 부부와 함께 결혼을 준비하는 과정은 좋지만, 병문안은 힘들다고 했다. 슬픔을 마주하고 장례식을 준비하는 과정은 결코 편하지 않았다. 그는 내게 변화를 위한 결단과 유연성의 차이에 대해 많은 질문을 던졌다. 그는 변화를 위한 행동이 성장을 보장한다고 생각했다. 나는 그가 새롭고 흥미진진한 일은 좋아하지만, 유연성이 부족하다는 사실을 알아차렸다는 점을 확인하고서 내심 뿌듯했다.

마지막 대화 상대는 엘리자베스였다. 그녀는 교회 프로그램을 책임지는 협동 목사이자 8번이다. 엘리자베스는 프로젝트를 받아서 혼자 일하는 편을 선호한다고 말했다. 자신이 책임지고 싶어 하는 욕구에 대해 그녀는 솔직했다. 그녀는 직설적이고 직접적이며 단도직입적으로 말했지만, 친근한 태도를 유지했다. 엘리자베스는 계획을 평가하고, 책임을 할당하고, 열심히 일하고, 모든 일을 잘해서 완료하고, 그 일이 교인들에게 어떤 가치가 있는지 판단하는 것을 좋아한다고 말했다. 가끔은 계획을 수정하기도 하지만, 원래 계획이 효과가 있으면 바꾸고 싶은 마음은 없다고 했다. 나는 다른 동료들과 대화하면서 그녀가 관리하는 교회 프로그램들이 원활하게 운영되고 있다는 점을 이미 알았다. 그녀의 접근 방식이 효과가 있는 셈이다. 나는 그녀와 데이비드의 차이점을 알 수 있었다. 엘리자베스는 정확성과 성공에서 에너지를 얻는 반면, 데이비드는 즉흥성과 변화에서 에너지를 얻는다.

대화를 마치고 나서 이 팀에 대해 몇 가지 통찰을 얻었다. 엘리자베스는 8번이라서 매릴린과 다르다는 점을 알 수 있었다. 엘리자베스의 경우, 자신이나 타인의 감정이 동기가 되지 않기 때문이다. 3번인 매릴린은 감정이 지배적인 동시에 억압되어 있다. 이 말은 그녀가 감정을 통해 주변 환경에서 정보를 받아들이지만, 그 감정이 그녀의 행동을 결정하지는 않는다는 뜻이다. 엘리자베스가 타인의 감정을 알아차리면 그녀의 방법에 영향을 주겠지만, 그렇다고 해서 그녀의 계획이 바뀌는 일은 거의 없다. 그녀는 다른 사람의 인정이나 칭찬이 필요 없다. 그녀는 당당하게 영향력을 행사한다. 나는 데이비드가 꼭 필요할 때는 그녀에게 도전하지만, 그 외에는 그녀가 독자적으로 일하도록 허용하는 법을 배운 것 같아 기뻤다.

데이비드와 이야기하면서, 그가 매릴린과 엘리자베스와 리더십을 공유하는 법을 배우고 있으며 거기에 에니어그램이 도움이 된다는 점이 확실해졌다. 그는

8번 엘리자베스가 어떤 사안이든 간에 전력을 다하거나 아니면 아예 빠져 버리는 것을 이해한다. 엘리자베스는 오늘 점심을 뭘 먹을지, 다음 해 선교 여행 비용을 어떻게 모금할지, 그리고 그사이에 있는 모든 일에 대해 확실한 생각을 갖고 있다. 데이비드는 자신이 그녀의 에너지에는 맞수가 되지만 매서운 열정에는 맞수가 되지 못한다는 사실을 안다. 매릴린은 애쓰지 않는다. 데이비드는 대결을 피하지만, 그것을 두려워하지는 않는다. 매릴린은 어떤 종류든 관계에 문제가 생기는 것을 좋아하지 않지만, 거기서 도망치지는 않는다. 엘리자베스는 대결에서 에너지를 얻는다. 대항형인 이들은 각자 나름의 길을 찾고 있다.

감정을 억압하는 세 유형

나는 대항하는 유형의 번호들이 대항 유형 번호와 함께 일하기 좋아하는 것을 목격했다. 가장 최근에 생각해 보고 찾은 이유는 3, 7, 8번이 나머지 다른 유형 사람들보다 빨리 생각하고 모든 사람에게 활력을 주기 때문이라는 점이다. 이들은 감정이 억압되어 있다. 우리가 다루거나 사과하거나 관리하거나 적응해야 할 감정이 전혀 없는 세상을 상상할 수 있다면(이 대항 유형 번호들은 원하는 바다), 그곳은 속도가 매우 빠르고 흥미진진하고 가능성으로 가득하며 모든 일이 이루어진다고 알려진 세상일 터이다. 물론, 이런 대안적인 현실에는 소중한 것이 많이 빠져 있다. 하지만 미완으로 끝나는 일은 없다. 3, 7, 8번은 개인적 교류와 참여가 부족한 것과 추진력을 높이 평가하고, 자신들이 많은 것을 빨리 성취할 수 있다는 사실에 위안을 받는다. 이들은 동료이고 동료애를 나누기는 하지만, 대개 친구는 아니다.

    7번 데이비드, 3번 매릴린, 8번 엘리자베스는 모두 대항형에 속한다.

세 사람 모두 감정은 배제하고 사고와 행동에 의존한다.

- 에니어그램 중심 번호 중 하나인 3번은 감정이 지배적인 동시에 억압되어 있다. 그 결과, 사고나 행동이 3번이 사물을 이해하는 방식을 지배하게 된다. 둘 중 하나가 이끌고 나머지 하나가 지원한다.
- 7번은 사고가 지배적이고 행동이 사고를 지원한다. 그래서 이들은 사고를 활용해 정보를 받아들이고, 사고와 행동으로 그 정보를 이해한다.
- 8번은 행동이 지배적이고 사고가 행동을 지원한다. 그래서 이들은 행동 중심을 활용해 정보를 받아들이고, 행동과 사고로 그 정보를 이해한다.

대항형 행동 방식

번호	3중심	행동 방식	선호되고 지배적인 중심	지원하는 중심	억압된 중심
3번	가슴	대항형	감정	사고/행동 행동/사고	감정
7번	머리	대항형	사고	행동	감정
8번	장	대항형	행동	사고	감정

행동 특성이 **공격적**이라는 점은 이 번호들이 자신이 원하는 방식으로 다른 사람들과 상황을 고치려는 무의식적인 욕구가 있다는 사실을 가리킨다. 3, 7, 8번은 타인에게서 멀어지는 움츠림형과는 달리 독립적이다. 대항형은 자신의 에너지를 어떻게 사용할지 결정하고, 사사로운 일에 복잡하게 뒤얽히는 것에 반발한다. 과제와 목표를 달성하는 동안 자

> **3, 7, 8번은 시간에 대해 미래 지향적 태도를 취하기 때문에 '앞으로 벌어질 일'에 매우 집중한다.**

신의 환경을 통제하는 데 집중한다.

이 세 성격 유형은 감정 중심을 무시한다. 감정의 중요성, 대인 관계의 역학, 다른 사람들의 의제를 묵살한다. 아마도 억압된 감정의 가장 큰 문제점은 이 번호들이 삶에 관여하고 그에 영향을 받을 수 있는 능력을 일부 포기한다는 것이다. 이 세 유형에게도 분명히 느낌과 감정이 있지만, 이들은 그것을 완곡하게 표현하기로 작정한다. 이들이 정서적이지 않은 이유는, 더 중요한 일에 집중하는 데 감정이 방해가 된다고 생각하기 때문이다. 대항형이 아닌 사람들이 대항형 번호 유형을 이해하기 힘든 주된 이유는 그들이 자신의 감정을 나누지 않기 때문이다.

오랫동안, 이 행동 방식에 속한 사람들은 자신의 감정을 표현할 단어를 찾지 못하겠다고 내게 말해 주었다. 이들은 사적인 질문을 계속 회피하지만, 당신은 대화가 끝날 때까지 그 사실을 알아차리지 못할 수도 있다. 3, 7, 8번과 관계를 맺는 사람들은 이런 표현 부족을 잃어버린 기회로 본다. 하지만 이들은 이 방법을 통해 사생활을 보호하고, 다른 사람들의 기대감에서 벗어나며, 개인의 자유를 더 많이 느끼게 된다. 더군다나, 이들 중 아무도 깜짝 놀랄 일이나 뜻밖의 감정을 좋아하지 않는다. 둘 다 불안과 불쾌함을 형성한다고 보는데, 취약성이 이들에게는 정상 상태가 아니기 때문이다.

대항형 번호가 세상을 보는 방식을 알고 이해하려면 시간이 약간 걸린다. 내가 처음 에니어그램을 배울 때(배운 지 6년쯤 되었을 때) 나는 다른 어떤 번호보다 이 세 번호에 많이 놀랐다. 이제 좀 이들을 파악했나 싶으면, 아니었다. 이들은 매우 다정하지만, 감정을 예측 불가능한 골칫거리로 여긴다. 감정 대신 행동으로 타인의 필요에 대응하지만, 어쨌든 반응한다. 3번은 감정이 효율성을 방해한다고 믿는다. 7번은 미래가 코앞에 와 있는데 감정은 지금 벌어지고 있는 일에 국한된다고 생각한다. 8번은 아주 놀랍거나 예상치 못한 무언가가 발생하지 않는 한, 다른 모든 감정을 자신의 격정인 정욕으로 대체한다.

3, 7, 8번은 시간에 대해 미래 지향적 태도를 취하기 때문에 앞으로 벌어질 일에 매우 집중한다. 이는 행동에는 매우 생산적일 수 있지만, 미래에 묶여 있으면 개인적인 관계를 형성할 때 자신의 약함을 위장할 수도 있다. 아직 존재하지 않는 상황에서는 타인과 관계를 맺을 필요가 없기 때문이다. 그리고 자신들이 불필요한 취약성이라고 부르는 것을 회피한다.

대항형의 시간 지향

3, 7, 8번은 시간에 대해 미래 지향적 태도를 취하기 때문에 "앞으로 벌어질 일"에 매우 집중한다.

- 3번은 다음 프로젝트와 그 이후의 목표 달성에 집중하는 것을 선호한다.
- 7번은 거의 항상 미래를 바라보는 데 주목한다. 무언가에 대한 기대감이 삶의 기쁨이다.
- 8번은 미래의 위기나 어려운 문제를 해결하려 한다. 대부분의 경우에 8번은 잠재적인 문제들을 이미 확인하고, 문제가 일어나기 전에 해결책을 결정하곤 한다.

대항형에 속한 이들은 사람들의 주의를 끈다. 이들은 모두 엄청난 에너지의 소유자다. 활동적이고 생기가 넘치며 매우 단호하다. 머릿속으로 큰 그림을 그리고, 대개 일정이 꽉 차 있고 할 일이 엄청 많다. 자연적으로나 직관적으로 자신이나 타인의 감정과 연결되지는 않지만, 문제를 찾아내고 해결한다. 이들에게는 이상적인 세상에 대한 온갖 발상이 넘치고, 그런 아이디어를 실현하기 위해 애쓴다. 3, 7, 8번의 삶은 통제가 전부다. 그들 대부분은 내게, 어렸을 때부터 책임지기를 원했다고 말했다.

세 성격 유형 모두 자신이 속한 많은 집단에서 에너지를 공급하는 사람이 자기들이라고 반복해서 말했다. 그러고는 때로 그게 부담처럼 느껴진다고 재빨리 덧붙이곤 한다. 이들은 다른 사람들이 너무 느릿느릿 움직인다고 생각하고 그 점을 못 견뎌 하지만, 직접 지적하는 것은 피하는 성향이 있다. 이런 유형에 속한 사람들이 모임에는 나가도 목소리를 높이지 않으려고 애쓰거나 회의나 사교 행사에서 나서지 않기로 작정한 이야기를 많이 들었다. 그런 이야기는 대개 다른 누군가가 그들에게 다가와서 앞으로 나서라거나 목소리를 높이도록 권하는 것으로 끝난다.

3번

나는 내가 하는 일보다 중요한 존재다

앞의 이야기에 등장한 매릴린 같은 3번은 감정 중심으로 세상을 보고 해석한다. 하지만 자신이 받아들인 정보를 처리하거나 이해할 때 감정을 사용하지는 않는다. 감정을 **선호한다**는 말은, 이들이 타인이 표현한 감정, 필요, 동기, 기대를 온전히 알아차리지만, 그 인식을 옆으로 밀쳐두고 사고와 행동으로 정보를 처리한다는 뜻이다. 그래서 매릴린은 예비 부부를 만나고 병문안을 갈 수 있다. 그들의 감정을 느끼면서도 그 감정에 영향을 받지 않는 것이다. 다른 3번들처럼 매릴린도 겉으로는 성격이 좋아 보이지만, 속으로는 인간미가 없고 남들과 거리를 둔다. 매릴린은 감정을 사용해 주변 환경에서 정보를 받아들이지만, 그 감정을 제쳐 두고 사고와 행동에 집중한다.

에니어그램을 이해하는 데 중요한 요소는 이렇다. 우리가 사물을 이해하는 방식이 세계관을 결정하고, 이 세계관이 행동의 기초가 된다. 세 힘의 중심은 우리의 타고난 자원이다. 우리가 대개 이 셋 중에 두 가지 힘만 사용한다는 점을 이해하면 성공과 실패의 많은 부분을 설명할 수 있다.

3번은 사고나 행동 둘 중 하나가 지배적이지만, 이 둘이 함께 작용해

> **효율성과 효과성에 얼마나 큰 가치를 두는지
> 관찰하기 시작하는 것이 변화의 열쇠다.**

일을 추진한다. 매릴린 같은 3번들은 자신의 사고와 행동에 주의를 집중한다. 직장에서 이들은 프로젝트를 계획한 다음(사고) 완료한다(행동). 그래서 3번 중에 성공한 사람들이 많다.

실제로, 3번의 가장 큰 장점은 사고와 행동에서 비롯되는데, 둘 중 어느 쪽이 지배적인가는 상관없다. 이들은 정보를 빨리 처리하며 문제 해결 능력이 뛰어나다. 의사소통에 능숙하고 대부분의 사람과 잘 지낸다. 차이나 오해를 접어 두고 공통의 목적을 위해 다른 사람들과 함께 일하는 능력은 이들의 큰 재능이다. 이들이 건강하거나 심지어 보통 상태일 때도 사람들은 정말로 이들을 좋아하는 편이다.

이들의 감정이 지배적인 동시에 억압되어 있다는 점은 3번의 재능으로 간주될 수 있다. 사람들의 감정을 알아차리고 반응할 수 있는 감정 중심의 능력은 3번이 다른 두 중심만 의존하기 이전에 관계를 맺을 수 있는 기반이 된다. 이 관계들이야말로 매릴린 같은 사람이 교회 사역에서 성공할 수 있었던 주요한 이유 중 하나다.

하지만 감정 중심이 억압되어서 세상을 이해하는 데 활용하지 못하기 때문에 3번이 관계에 보이는 관심은 피상적일 때가 많다. 이들은 다른 사람들에게서 최고의 반응을 얻을 가능성이 있는 방식으로 말과 행동을 조심스럽게 조절하면서 기계적으로 세상에 반응한다. 3번에게는 생산성이 가장 중요한데, 이들은 관계가 시간을 잡아먹는다고 말한다. 도움이 필요한 사람이 있을 때 이들은 어떻게 반응해야 할지 몰라 어려

위한다. 내 친구 브록은 3번에게 이런 감정이 어떤 것인지 다음과 같이 요약했다.

> 3번에게는 지배적인 중심이 억압된 중심이기도 하다는 점이 쉽지 않다. 3번의 감정이 지배적이라는 말은 이런 뜻이다. 방 안에 있는 사람들이 무엇을 성공으로 간주하는지 궁극적으로 파악하기 위해 그곳의 사람들이나 상황을 훑는다. 마치 내 감정 중심이 타인에게 절반만 뻗어 있는 것 같다. 사람들과 완전히 연결되기를 바라기 때문이 아니라, '성공적'으로 보이려면 어떤 행동을 하거나 어떻게 생각해야 하는지 정보를 얻기 위해서 말이다. 이렇게 감정 중심을 통해 정보를 얻지만, 그 정보에 반응하는 데 감정 중심을 활용하지는 않는다.

이 점을 기억하는 것이 중요하다. 감정 중심으로 정보를 받아들이는 것은 유익하지만, 3번은 억압된 감정 때문에 타인의 감정 표현을 못 견디거나 지루해한다. 예를 들어, 매릴린은 회의 도중에 감정이 고조되는 상황이 오면 회의를 중단할 수도 있다. 3번은 자신의 느낌과 감정을 나누기 어려워하지만, 사교 생활과 직장 생활에서 세련된 매력과 자신감을 발산하기 때문에 관계 초기에 사람들은 그 점을 놓치기 쉽다.

3번이 감정을 끌어내려면

우리 중 아무도 자신의 관점을 바꿀 수 없다는 사실을 인정하기란 쉽지 않다. 하지만 자신의 관점으로 무엇을 할지는 바꿀 수 있다.

내가 3번에게서 배운 아주 소중한 통찰은 그들이 효율성을 매우 중요하게 여긴다는 점이다. 변화를 향한 여정에 진지한 3번들은 효율성이 아킬레스건이 될 수도 있다는 현실을 받아들이는 것부터 시작하는 편이 좋다. 그래서 당신이 효율성과 효과성에 얼마나 큰 가치를 두는지 관찰하기 시작하는 것이 변화의 열쇠다. 효율성과 효과성은 프로젝트를 평가할 때든 관계에서든 그 자체와 다른 성공 기준과 관련해 가치가 있지만, 항상 가장 중요한 것은 아니다.

3번은 자기 관찰에 익숙해지는 법을 배우고 자신을 판단하지 않고 자신이 바꾸기 원하는 행위를 알아차리기 위해 속도를 늦춰야 한다. 판단하고 변호하는 주체는 당신의 성격임을 잊지 마라. 간단히 말해, 당신의 3번 성향은 점점 더 커져서, 자신을 더 잘 인식할 수 있을 때까지는 그 아래에 있는 당신의 본모습은 계속해서 모호해진다.

3번을 포함해 대부분의 사람이 3번의 격정인 기만을 오해한다. 에니어그램에서 말하는 기만을 제대로 파악하고 이해하지 못한다면 감정을 끌어내기란 거의 불가능하다. 3번의 기만은 의도적인 거짓말과는 거리가 멀다. 오히려 3번이 세상에 자신을 내보이기 위해 스스로 만들어 제시한 이미지와 자신을 지나치게 동일시할 때 기만이 생긴다. 타인에게 그들이 원하는 것을 주는 것이 처음부터 3번 유형의 동기임을 염두에 두라. 하지만 이미지 조작에 휘말린 3번은 자신의 외적 자아만을 진짜 자아로 믿기 시작한다. 이들은 내면을 들여다보고 거기에 아무것도 없을까 봐 두려워한다. 그건 사실이 아니다. 이들이 자신의 진정한 감정과 욕구를 만나고 확인하려면 이 장애물을 극복해야 한다. 그러고 나서 세 힘의 중심을 모두 적절히 사용해 균형을 이루려고 노력하면서, 자신의 진짜 감정을 직면하는 데 몰두해야 한다.

3번은 시간이 흐르면서 점점 이미지 조작과 습관적인 행위는 덜 의지하고, 건강하고 균형 잡힌 방식으로 세 중심을 모두 활용하는 것에 대한 깨달음을 얻기 위해 더욱더 일관성을 유지할 필요가 있다. 또한 3번뿐 아니라 모든 번호가 자신의 성격보다 진정한 본성을 갖도록 애써야 함을 명심해야 한다.

그만한 가치가 있다: 리베카 이야기

감정이 억압된 동시에 지배적이라는 말은 유아용 수영장에 서 있다는 말과 비슷하다. 당신은 물속에 있지만, 바닥까지는 몇 센티미터 정도밖에 안 된다. 3번인 내게 감정은 늘 표면, 그러니까 그 몇 센티미터밖에 안 되는 얕은 풀장에 존재한다. 주변에서 온통 그것을 느낄 수 있고, 다른 사람들에게서도 그것을 느낄 수 있다. 내가 그것을 느끼기를 기다리기라도 하는 것처럼 슬픈 광고나 친구의 친절한 말같이 빤히 보이는 곳에 감정이 숨어 있는 듯하다. 정말로 나는 그걸 느낀다! 잠깐은 느낀다. 하지만 유아 수영장만큼의 깊이로 느낀다. 금세 눈물이 한두 방울 떨어지거나 찰나의 기쁨이 부풀어 오른다. 그러고 나서 그 순간이 지나가면, 그런 감정들을 아주 깔끔하게 잘 챙겨서 다시 선반에 보관한다.

 나와 감정의 거래는 간단하다 못해 형식적이다. 그래서 우리 엄마가 두 번째 암을 진단받아(이번에는 전이성 암) 내가 오랫동안 깊은 슬픔에 빠져들었을 때 나 자신이 낯설어졌다. 어디를 가서 무엇을 보나 온통 감정과 맞닥뜨렸다. 어머니 집 문턱만 넘어서도 마음이 무너져 내리고 친구와 대화하는 동안에는 눈물이 쏟아졌다. 어머니나 가족의 상태를 입에 올리기만 하면 슬픔이나 두려움 같은 감정이 쏟아져 나왔다. 삼킬 수도, 선반에 보관할 수도 없는 감정들이었다. 어쩌면 난생처음 나는 깊은 수영장 바닥에 닿았고 내 감정 속에 허우적대고 있었는지 모른다.

평생 별걱정 근심 없이 살아왔다. 세상 사람들 대부분이 겪는 슬픔, 모욕, 염려 등에 상대적으로 영향을 받지 않았다. 나는 늘 그 점을 알고 있었다고 생각했는데, 어머니가 진단을 받은 이후로 이 암울한 시기를 견뎌 낼 도구가 내게 거의 없음을 깨달았다. 그 시절에 대한 기억은 거의 남아 있지 않지만, 남편과 나눈 이 진지한 대화만큼은 확실히 기억한다. 내 정신적 지주이자 9번인 남편은 이렇게 말했다. "모든 감정은 다 느끼기 위한 거예요. 찾아오는 감정을 그대로 받아들이고 귀 기울인 다음 흘려보내요. 감정은 우리에게 영원히 머물길 원치 않아요." 이 모든 나쁜 감정이 영원히 떠나지 않을 것만 같다는 것, 그게 내 가장 큰 두려움이었다. 영원히 우울할까 봐, 자기 관리를 못 하는 사람으로 비칠까 봐 두려웠던 것 같다. 나와 감정의 관계는, 복잡하고 때로는 뒤얽힌 내면생활의 내적 관리 못지않게 외양의 외적 관리와도 관련이 있다. 그런데 남편이 내게 기억하라고 조언했(고 내가 그 조언을 따를 수 있게 상담가로서 도와주었)듯이, 나는 순순하게 감정을 느끼려고 노력했다. 감정을 조절하거나 잊어버리려 하지 않고 말이다. 그것은 의도적이면서도 무서운 일이었다.

실전 훈련

변화를 위해 시도할 만한 연습

- 타인의 기대나 자신의 바람에 걸맞은 모습으로 만들어 준다고 믿는 '이미지'를 형성하는 것과 관련된 모든 단계를 알아차리도록 노력한다.
- 사고와 행동을 구별해 각각의 의제를 잘 개발하는 법을 배운다. 이렇게 되면 감정을 끌어내기가 훨씬 쉽다. 다음 사항이 도움이 될 것이다.
  - 사고를 활용해 상황의 심오한 의미를 숙고하고, 창의성을 발휘해 당신이 속한 공동체의 공공선에 기여한다.

- 어떻게 사고와 행동이 결합해 당신이 인격보다 비인격이 중요하다고 믿도록 유혹할 수 있는지 주의한다.
- 행동 중심을 활용해 **멈추도록** 애쓴다. 대개 당신은 너무 많이 일하고 즐기지는 못한다.
- 목표 설정과 달성 분야에서 사고를 활용한다.
- 사고 → 계획 → 행동 → 달성 → 사고 같은 순환 패턴에 집중한다. 이런 패턴이 당신이 일에 지나치게 집중하게 하는 원인이다.

■ 자신을 관찰할 때는, 당신이 누구와 함께 있든 무슨 일을 하든 상관없이 변함없는 당신의 존재 방식을 확인하려 애쓴다. 다른 사람이 선호한다고 여기는 이미지를 만들어 내지 않고도, 그 행위를 당신 존재를 세우는 기초로 활용하는 법을 배울 수 있다.

■ 날마다 일종의 묵상 훈련 시간을 낸다. 처음에는 이 방법이 맘에 들지 않겠지만, 6개월만 시도해 보면 마음이 바뀔 것이다.

■ 감정을 끌어내는 능력이 향상될수록 다른 사람들과 보내는 시간이 더 보람 있고 혼자 있는 시간도 더 만족스러울 것이다.

■ 가능한 한 정서적으로 취약한 상태에 시간을 투자하고, 생활을 정돈해 혼자 보내는 시간을 낸다. 둘 다 큰 유익이 있을 것이다.

■ 사고-계획-행동 패턴과는 다른 뇌의 부위를 활용해 예술성을 추구해 본다.

■ 생활에서 일기 쓸 여유를 낼 수 있는지 살핀다(당신에게 무슨 일이 생기면 일기를 폐기해 달라고 신뢰할 만한 사람에게 부탁해도 좋다). 일기 주제로는 다음 몇 가지를 제안한다.

- 마음속으로는 나누어야 하는 이야기인 줄 알면서도 침묵을 지킨 이유는 무엇인가?

> "3번은 사고나 행동 둘 중 하나가 지배적이지만,
> 이 둘이 함께 작용해 일을 추진한다."

- 영성 훈련이나 묵상 시간을 내는 걸 꺼리는 이유는 무엇인가?
- 당신이 남에게 알려 주지 않는 정보는 구체적으로 어떤 종류이고, 그 이유는 무엇인가?

■ 하는 일이 아니라 존재 자체로 자신을 평가한다.

생각해 볼 질문

이틀마다 자신의 감정과 필요를 확인할 공간을 어떻게 만들 수 있겠는가? 그런 다음에는, 그중 한 가지를 당신이 신뢰할 만한 사람과 나눈다.

당신이 그 문제를 다룰 유일한 사람이라고 생각할 때 다른 사람에게 어떤 책임을 위임할 수 있겠는가? 당신이 옳을 수도 있으니 작은 일부터 시작하자. 하지만 어쩌면 당신이 놀랄 만한 결과가 나올 수도 있다.

관계에서 매력적이면서도 사생활을 유지한다는 것은 어떤 모습일까? 당신은 사생활을 지킬 때 안전하다고 느끼고 대체로 그런 행동 방식이 당신에게 맞는 것 같다. 문제는, 그러면 당신의 성격은 점점 더 커지고 진짜 자아는 점점 더 작아진다는 점이다.

다른 게 더 좋을 수도 있다고 기대하면서 지금 효과가 있는 것을 포기하기는 매우 어렵다. 세상에서 당신의 존재 방식은 아마도 아주 성공적일 것이다. 나는 당신이 더 균형을 잡는다면, 인생이 더 즐겁고 똑같이 성공적일 것이라고 제안하고 싶다. 완전함 혹은 나뉘지 않음을 뜻하는 온전함은 모든 사람의 목적이지만, 3번에게 더 필요한 미덕이다. 내 주변의 3번들은 정기적인 영성 훈련과 함께 일과 쉼과 놀이의 균형을 찾으려 애쓰면서 세 힘의 중심을 균형 잡으려고 노력한 일이 삶에 좋은 변화를 가져왔다고 고백한다. 엄청난 과제처럼 들리지만(실제로 그렇기도 하다), 당신은 이런 도전은 물론 그보다 더한 일에도 맞서는 데 익숙하다.

7번

모든 감정이 중요하다

앞선 사례에 등장한 7번 담임 목사 데이비드는 사고 중심을 통해 세상을 바라보고 해석한다. 그는 정보와 논리에 예리하게 초점을 맞추어서, 둘이 중복되는 부분과 일정한 패턴을 찾아낸다. 그는 이 모든 과정을 흥미롭게 여기고, 그다음에 할 일이나 내일의 계획을 늘 생각하고 있다. 반면에 이런 계획들이 긍정적이고 흥미진진할 때조차도 여전히 일시적이라는 사실은 잘 인식하지 못한다. 다른 모든 7번 유형처럼 데이비드 역시 어느 때라도 더 좋은 일이 생길 수 있다는 사실을 인식하면서 자신의 선택을 열어 두는 경향이 있기 때문이다. 새로운 계획을 시작하는 것은 그에게 아주 쉬운 일인데, 때로는 그런 성향이 너무 강해서 다른 사역자들이 소외감을 느낄 정도다.

    7번에서 힘의 중심을 지원하는 것은 행동이다. 이는 근본적으로 이들이 사고와 행동의 조합으로 삶을 이해한다는 뜻이다. 이들은 행동과 경험을 지향하기 때문에 많은 자유를 경험한다. 활동적이고 에너지가 넘치며 자발적이다. 사실, 7번과 어떤 관계를 맺든 자발성은 절대 필요조건이다. 이들은 원만하고 인맥이 넓은데, 아마도 에니어그램에서 가장 충성스러운 유형이기 때문일 것이다. 이들은 느슨한 애착을 선호하지만,

> **"7번에게 꿈은 필수 요소다. 7번은 감정이 풍부하다고 생각하기에 자신이 감정을 억압한다는 사실을 알고 자주 놀란다."**

한번 누군가에게 빠지면 깊이 몰두한다.

7번은 감정을 억압하기 때문에 자신과 타인에게 있는 감정의 중요성을 무시하는데, 때로는 이것이 피상적인 관계를 낳을 수 있다. 하지만 장난기도 많아서 사람들과 함께 있는 것을 좋아한다. 다른 사람(예를 들면 데이비드의 교역자)들은 7번과 함께 있는 것을 정말 좋아하지만, 7번은 그것이 깊이 있고 풍요로운 정서적 삶과는 다르다는 사실을 깨닫지 못할 수도 있다.

7번은 감정이 풍부하다고 생각하기에 자신이 감정을 억압한다는 사실을 알고 자주 놀란다. 행복에서 슬픔까지 폭넓은 감정을 고려하면서, 7번은 행복한 느낌과는 조화를 이루고 불행한 느낌은 무시한다. 이들의 어린 시절부터 집념과 마찬가지로 매력도 쓸모가 있었다. 그들이 당신에게서 무언가를 원한다면, 그냥 주는 편이 쉽다. 우리 집안에 7번이 있어서 내가 보증할 수 있다. 그런 상황이면 닭들에게 쪼여 거의 죽을 지경이나 마찬가지기 때문이다. 이들의 매력과 유머에 넘어가지 않기란 힘들다. 우리가 이들의 요구 사항에 굴복할 때면 마치 우리가 옳은 일을 하고 있다는 느낌마저 들 정도다. 7번을 사랑하고 돌보면서 그들의 요구를 거절하기는 매우 어려운 일이다.

7번에게 미래의 모든 가능성을 내다보면서 긍정적인 태도를 지니고 유지하기는 숨쉬기만큼이나 삶에 필수적인 일로 보인다. 이들은 유머를 앞세우는 경우가 많지만, 이는 주로 사람들의 기대 때문이다. 이들은 훨

> "7번에서 힘의 중심을 지원하는 것은 행동이다. 이는 근본적으로 이들이 사고와 행동의 조합으로 삶을 이해한다는 뜻이다."

씬 더 많은 것을 제공할 수 있다. 그래서 자신의 지적·정서적 깊이를 나눌 기회가 있기를 진심으로 기대한다.

7번은 자신에게 찾아오는 각각의 기회를 평가해 흡족한 것을 선택함으로써 자신의 자유를 보호한다. 내 생각에, 그들이 개인의 자유에 대해 경계를 두는 이유는, 그것이 슬픔, 후회, 외로움, 분노 같은 느낌에서 스스로를 보호하는 내적 현실을 외적으로 표현하기 때문인 것 같다.

아침에 커피나 차를 한잔하면서, 7번의 상상력에 대한 반응으로 새로운 목록이 드러나고 확장된다. 우리 아들 조엘은 7번이라서, 나는 아들의 꿈을 잘 알아차리고 지금까지 그의 상상력을 지지해 왔다. 조엘은 LTM에서 우리와 함께 일하고 출장도 자주 같이 다닌다. 언젠가 루이지애나에서 주말 사역을 마치고 세 시간 정도 차를 타고 집으로 돌아오는 길에 조엘이 오토바이를 살 계획이라고 말했다.

나는 아들의 말을 귀 기울여 들었지만, 반대하는 기색도 여실히 드러냈다. 우리 아버지와 오빠는 모두 의사인데, 오토바이가 위험하다고 강력하게 주장했다. 두 사람은 아이들이 어렸을 때부터 절대 오토바이를 사 주어서는 안 된다고 주장했다. 나는 조엘에게 온 가족의 염려를 전했지만, 성인이 된 자녀의 부모 노릇이란 인생에서 가장 어려운 일 중 하나가 아니던가. 조엘은 아랑곳하지 않았다. 오히려 기대감이 더 커진 것 같았다. 조엘은 오토바이 색상과 가고 싶은 곳, 첫 번째 여행 계획을 들려주면서, 머리부터 발끝까지 무엇을 입고 신을지도 알려 주었다.

7번이 꾸는 꿈은 현실로 이루어지지 않을 때가 많다. 설령 현실이 된다 해도, 7번의 기대감에 미치지 못한다. 그래도 **꿈꾸기는 꼭 필요하다**. 꿈이 없다면, 7번은 일상을 견뎌 내지 못할 것이다. 그래서 7번을 아끼고 사랑하는 우리는 그들이 상상하는 것은 대부분 열매를 맺지 못하고 그들은 꿈꾸는 과정을 즐길 뿐이라는 것을 인지하고, 적절한 때에 관여하는 법을 배워야 한다.

7번이 감정을 끌어내려면

7번이 사고와 행동을 구분할 수 있을 때 변화가 시작된다. 생각하고 행동하고 생각하고 행동하는 패턴에는 자각이 일어나기 힘들기에 제한이 있다. 일이 잘되지 않는 경우는, 만족감과 활력을 주고 안전함을 느끼는 생활 리듬 가운데 있는 7번에게 대체로 뜻밖의 상황이다. 안타깝게도, 당신이 자신의 감정을 억누를 때는 타인의 감정도 중요하지 않게 다룬다. 자기 성찰과 타인에 대한 의식을 의도적으로 허용하면서 세 중심을 구분해 모두 사용할 수 있다면, 당신을 아끼고 사랑하는 다른 사람들이 당신의 감정을 반드시 공유하지는 않는다는 사실을 발견할 것이다. 그리고 그들의 감정을 평가하면서, 좋든 나쁘든 당신 자신의 감정도 발견할 수 있다.

대항형 번호는 생각이 빠르다. 다른 어떤 에니어그램 번호보다도 훨씬 빠르다. 이들은 한 가지 생각이나 발상에 계속 머무는 것을 힘들어하는 반면, 다른 사람들은 그들을 따라가는 것이 벅차다. 물론 빠른 생각이 정말 도움이 될 때도 있지만, 7번이 자기 생각을 서둘러 행동으로 옮길 때 그것은 대개 불안이나 고통에 대한 두려움이 유발한 탈출 계획의 첫 단계일 수 있다. 그것은 7번에게 꼭 필요한 경종이 될 수 있다.

7번이 보통 수준이나 건강하지 못한 공간에 있을 때는 호기심과 때로는 권리를 뒷받침하기 위해 생각을 행동으로 옮기는 성향이 있다. 느낌을 존중하지 않은 채 이런 일이 생길 때 대체로 합목적성은 실종된다. 이것은 중요한 지점인데, 목적 없는 활동은 이기적이거나 배타적이거나 시간 낭비인 경우가 많기 때문이다.

7번의 격정인 탐닉은 교묘하다. 거의 모든 것이 충분한 정도 이상이면, 만족스럽다. 만족스럽지 않을 때까지는 말이다. 그러면 너무 늦어 버린다. 선호하는 힘인 사고를 사용하는 7번은 지나치다 싶을 정도까지 끊임없이 상상하고 계획할 수 있다. 이들은 이 번호에 공통된 에너지 공급을 통해 자신이 세운 많은 계획을 실행할 수 있다. 하지만 문제는 꼭 그래야만 하느냐다. 이것은 세 가지 힘의 중심을 모두 활용하는 느린 속도의 삶에 대해 고려해 보아야 할 심오한 질문이다. 감정을 끌어내지 못한다면, 이들은 다른 사람들의 의제가 시시하다고 생각한다. 그리고 이에 대해 적절히 조치하지 않는다면, 원하지 않지만 관계에 문제가 생긴다.

그만한 가치가 있다: 조엘 이야기

어렸을 때 나는 직관적으로 주변에 머리형과 장형 사람들만 두고 감정형은 피했던 것 같다. 그런 식으로 관계를 유지하는 편이 훨씬 더 쉬운 듯했지만, 한편으로는 지루했다. 아내인 휘트니와 관계가 좋은 데는 그런 이유도 있다. 아내는 1번이다. 내가 나의 사고로 아내의 감정을 만족시켜 줄 수 없다는 사실을 이해하고 배우기까지는 시간이 좀 걸렸다. 아내도 자신의 감정으로 내 사고를 만족시킬 수 없다는 점을 안다. 서로 의견이 엇갈리거나 말다툼으로 번질 때 나는 아내가 왜 논리적으로 이치에 맞지 않는지를 언제까지고 설명할 수 있다. 그러면 아내는 번번이 이렇게 대꾸한다. "나는 이렇게 느낀다고요." "내가 왜 이러는지 이해할 수 있어요?" 솔직히 말해서, 나는 여전히 거의 날마다 이렇게 말할 수밖에 없다. 생각을 사용해서 감정을 이해할 수는 없다고 말이다. 솔직히, 감정은 말이 안 될 때가 많기 때문이다. 사고에는 옳고 그름, 논리와 비논리가 있지만, 감정에는 윤리적 가치가 없다. 감정은 그냥 존재할 뿐이다.

에니어그램 덕분에 나는 감정을 포함해 정보를 처리하는 과정을 배우고 있다. 그 감정은 내 감정이 아닐 수도 있다. 그보다는 타인의 감정을 허용하고 인정하는 능력이 향상되었다고 할 수 있다. 그게 가능할 때 나는 아내와 나란히 앉아서 내가 때로는 자신과 타인에 대해 사실이 아닌 것을 느낄 수도 있음을 이해할 수 있다. 그때에야 비로소 나는 아내의 감정에 솔직하게 공감하고, 사고와 논리에 의존하지 않고도 아내와 의사소통할 수 있다. 사고와 논리는 아내의 필요를 채워 주지 못하기 때문이다.

실전 훈련

변화를 위해 시도할 만한 연습

- 당신은 직관적으로 감정 쪽으로 움직이는 성향이 아니기에 의도적으로 감정을 꺼낸다. 7번의 날개는 사고(6번)와 행동(8번)이다. 스트레스를 받으면 행동 쪽으로 움직이고(1번), 안전하다고 느낄 때는 사고로 움직인다(5번). 감정을 포함하고 개발하기 위해 애쓰지 않는다면 저절로 감정에 접근할 수는 없다.

- 상황을 벗어나고 싶은 유혹을 받을 때는 다른 방향으로 주의와 에너지를 돌리기 전에 일단 멈추어서, 무슨 일이 벌어졌고 왜 다른 쪽

으로 옮겨 갈 필요를 느끼는지 스스로 묻는다. 갑작스럽게 다른 일을 하려는 욕구가 생길 때는, 당신의 성격이 자동 조종 모드이고 당신이 불안하거나 두려워하고 있다고 확신할 수 있다.

- 부정적인 것을 긍정적인 것으로 즉시 재구성하는 능력은 도움이 되지 않는다는 사실을 인식한다. 모든 일에는 두 측면이 있는데, 7번은 불리한 면을 외면하는 성향이 있다. 어떤 상황에 반응하지 않는다고 해서 그 상황이 당신에게 영향을 주지 않는다는 뜻은 아니다.

- 다음을 염두에 둔다. 당신의 기본 값은 감정의 절반에 제한되어 있다. 아무것도 놓치고 싶지 않다는 것, 곧 나머지 절반의 느낌과 감정을 인정함으로써 당신은 자신의 성격을 속일 수 있을지 모른다. 이는 당신의 자기 인식과 의사소통, 타인과의 관계에 도움이 될 것이다.

- 겸손의 미덕을 추구하고, 연관된 다른 사람들의 지도를 받을 필요 없이 당신 수하에 있는 일을 책임진다. 재구성을 피하고 문제를 인정하는 것이 당신에게는 어려운 도전이라는 사실을 기억한다. 게다가, 당신은 어떤 일에서 자신의 몫을 주장하기가 쉽지 않다. 당신 몫을 주장하면 원치 않는 고통이 늘어날 것이라는 두려움은 사실이 아니다. 오히려 그 반대다.

- 양보다 질을 선택한다. 예를 들어, 7번은 저택에서나 아주 작은 집에서나 흥미를 느낄 수 있다. 어느 쪽이든 나름의 방식으로 만족할 것이다. 하지만 시간이 흐르면서 양은 당신의 자유를 너무 많이 요구하고, 작은 집은 자유를 늘려 줄 것이다.

- 인생을 수월하게 만들어 준다고 약속하는 일을 할 때는 유의해야 한다. 장기적으로는 수월하지 않을 수 있기 때문이다. 때로는 지난한 여정이 더 큰 보상을 준다.

- 마음을 여는 것(당신이 선택한 때나 특정한 사람에게만이 아니라)에 대해 생각하는 시간을 갖는다. 당신에게 억압된 슬픔과 후회가 상당히 많을지도 모른다. 슬픔과 후회는 둘 다 견디기 힘들지만, 감정 중심을 끌어내지 않으면 둘 중 어느 쪽도 다룰 수 없다.
- 침묵의 시간을 갖는다. 당신은 지나치게 많은 외부 자극에 자신을 노출하는 성향이다. 침묵에 대한 글을 읽는 영성 훈련부터 시작해, 날마다 침묵을 위한 시간을 떼어 놓는다. 침묵의 시간이란 그저 소음이 없는 상태를 뜻하지 않는다. 이 훈련에 전념하면서 당신은 새로운 방식으로 자신을 신뢰하는 법을 배우고, 당신을 만족시키는 새로운 기준을 발견할 것이다.
- 지금 당신이 원한다고 생각하는 것이 장기적으로도 좋을지를 확실히 한다. 결과를 고려하지 않고 무언가를 추구하려는 것은 당신에게 아주 큰 유혹이다.
- 미래에 집중하는 성향에 주의한다. 그런 성향이 현재의 어려움과 문제에서 해방될 수 있다는 환상을 심어 준다.
- 잊지 마라. 당신 자신이나 다른 사람들을 항상 '기분 좋게' 하는 것은 당신 일이 아니다.

생각해 볼 질문

행복이 무언가의 부산물이라면 어떻게 될까? 행복을 추구할 때 결과에 집중하면 무슨 일이 생길까? 다른 무언가의 결과로 행복이 찾아온 때를 떠올려 보자.

당신이 외향적인 7번이라면, 말을 줄이고 남의 말을 끊지 않고 경청하는 법을 배운다면 어떻게 될까? 내향적인 7번이라면, 어떻게 하면 딴생각에 빠지지 않고 대화에 집중하는 법을 배울 수 있을까?

    삶에서 당신의 관심이 가장 필요하고, 가장 중요한 한 가지 영역은 어디인가? 상황을 개선하기 위해 당신이 할 수 있는 일 두 가지는 무엇인가?

    당신에게 분노나 짜증을 일으키는 다른 사람들의 특징이나 행동을 생각해 보자. 당신도 그런 행동을 하지는 않는가?

    에니어그램의 지혜는 7번에게 배짱(fortitude)이 필요하다고 제안한다. 메리엄 웹스터 사전에 따르면, 배짱이란 "사람이 위험에 직면하거나 고통이나 역경을 용기로 감내하게 만드는 마음의 힘"이다. 7번이 용기가 없거나 역경을 다루지 못한다는 말이 아니다. 당신이 두려워하는 것들을 피하려고 활동으로 위장할 수 있다는 뜻이다. 그 점에 주의해야 하는데, 당신의 주된 두려움은 감정 범위에서 슬픔의 끝에 있는 감정이기 때문이다. 인간은 두려움과 상실과 슬픔을 끊임없이 마주할 것이다. 7번은 이 세 가지를 모두 성공적으로 재구성할 수 있지만, 그런 재구성은 바꾸는 것보다 미루는 게 더 많다. 부정적인 감정이라고 당신이 부를 만한 것들이 올라올 때 거기 머무는 법을 배우라. 지금 슬퍼하지 않으면 미래에 인정하고 슬퍼해야 하기 때문이다.

8번

취약성은 약함과 다르다

대항형에 속한 다른 사람들처럼, 앞선 이야기에 등장한 엘리자베스 같은 8번들은 행동 중심을 통해 세상을 바라보고 해석한다. 실제로, 이들은 다른 어떤 번호보다 더 행동에 집중한다. 움직이든 잠을 자든, 전력투구하든 아예 빠지든 말이다. 에너지가 너무 많은 8번은 다른 사람들—데이비드와 매릴린 같은 엘리자베스의 동료들—이 따라오도록 기다리는 것을 엄청난 시간 낭비처럼 느낀다. 데이비드와 매릴린 둘 다 엘리자베스가 자신의 질문에 짜증을 내는 것을 가끔 느꼈다고 말한다. 8번에게 결단력은 제2의 천성과 같아서, 개인의 권력과 통제를 유지하려는 그들의 강력한 욕구에 힘을 실어 준다.

  내가 통제는 환상에 불과하다고 가르치면 거기에 수긍한다는 뜻으로 머리를 끄덕이지 않는 사람들이 8번 유형이다. 기회가 생기면, 그들은 내게—사람들, 개인적 공간, 자신의 취약성에 대한—통제가 꼭 필요하며 자신은 그럴 수 있다고 믿는다고 이야기한다. 이들은 일부분이 아니라 전체를 통제하려 한다. 그들에게는 그렇게 생각하는 편이 도움이 되는데, 그래야 다른 사람들이 개인적으로 받아들일 수도 있는 행동을 비인격화하기 때문이다.

에니어그램 워크숍에 참석한 8번들에게 무엇이 두려운지 써 보라고 하면, 어떤 사람들은 빈 종이를 내고 어떤 사람들은 아무것도 두렵지 않다고 주장한다. 8번은 스스로 매우 강하고 유능하다고 생각한다. 하지만 이들이 조금씩 인식이 향상되면, 배신과 배신이 드러내는 취약성을 끊임없이 두려워한다는 사실을 발견한다. 그들의 해결책은 누가 내 편이고 누가 적인지 결정하기 위해 계속 긴장을 놓지 않는 것이다.

8번은 자신을 보호할 때 사용한 것과 똑같은 힘과 규율로 힘없는 사람들을 열렬히 옹호한다. 소외된 사람들에 대한 이들의 관심은 직관적이다. 그 관심이 감정 중심에서 비롯될 리는 없기 때문이다. 감정이 관련될 수도 있고 무관할 수도 있다. 행동하려는 충동 때문에 이들은 자신이 무슨 일이든 해서 불의를 해결할 수 있다고 믿는다. 옳은 일을 하는 데 초점을 맞추고, 사고를 활용해 그 결과를 평가한다. 이 과정에서 감정은 빠져 있을 때가 많다.

8번에게 사고는 행동을 지원하는 힘의 중심이다. 이들은 행동과 사고를 결합해 정보를 처리하지만, 행동을 지향한다. 사고 중심의 논리와 영리함이 8번의 무한한 에너지와 결합하면 아주 유능한 전술가가 탄생한다. 8번에게 밉보인 사람은 어마어마한 적을 만들게 되는 셈이다. 8번은 일거수일투족을 치밀하게 계획하고 계산한다. 자신의 직감과 능력을 완전히 신뢰하기 때문에 확신이 넘친다.

또한 8번은 결론에 집중한다. 데이비드와 매릴린과 회의할 때 엘리자베스는 결과를 보고 그들이 하는 모든 일이 그들의 목적에 어떻게 기여할지 알아야 한다고 늘 주장한다. 항상 다음 일을 계획하는 데이비드와 그 일이 교인들에게 어떻게 비칠지 염려하는 매릴린에게는 힘든 일이다. 하지만 엘리자베스는 솔직하고 말을 가리는 법이 없다. 그녀가 직설적

> "사고와 행동과 감정의 균형을 잡으려고 애쓰는
> 8번은 에니어그램에서 가장 동정심이 큰 사람들이다."

이고 눈치가 없으며 너무 딱딱하다고 말하는 사람들도 있었다. 하지만 엘리자베스의 관점에서는 할 일이 너무 많은데, 세부 사항과 잡담으로 시간을 낭비하면 그날 하루에 할 수 있는 일을 제한하게 된다.

8번은 억압된 느낌 때문에 감정과 관계의 중요성을 소홀히 여긴다. 세 중심 중에 두 가지만 사용하기 때문에 자주 기계적으로 반응한다. 자신에게 중요한 일들을 의도적으로 하고 그렇지 않은 일은 무시하는 것이다. 실제로는 관계에서 정서적 연결을 가장하기 위해 공통 관심사를 논의하면서 표현력과 열정을 사용할 때 겉으로는 감정 중심을 포함한 것처럼 보인다. 커피 한잔하거나 소그룹에서 8번과 정서적으로 연결되려 애쓴다 해도 성공하기 힘들 것이고, 잘해 봐야 어색해질 것이다. 하지만 해비타트 활동(Habitat, 국제적인 민간 단체 해비타트가 주도하는 활동으로 주택이 없는 서민들에게 자원봉사자들이 무료로 집을 지어 준다—편집자)이나 무료 급식소 자원봉사를 통해 의미 있는 방식으로 8번과 연결되는 것은 가능하다.

8번은 자신의 감정을 알아차리지 못하거나 관심이 없다. 그래서 자신이 어떻게 느끼는지 끊임없이 이야기하고 싶어 하는 다른 사람들을 참기 힘들어한다. 8번이 감정 중심을 끌어내는 작업을 시작할 때는 자신의 감정을 보호하는 상태다. 이들에게도 연약한 부분이 있지만, 그런 모습은 극소수에게만 드러낸다. 이들의 부드러운 측면을 경험한다면, 그들이 솔직하고 순수한 감정을 드러냈다는 점을 알게 된다.

8번이 감정을 끌어내려면

8번은 힘의 중심이 상호작용하는 방식이 지배하고 권력을 얻고 다른 사람을 흥분시키고 상황을 더 빨리 움직이려는 충동을 키운다는 사실을 의식함으로써 알아차림을 시작할 수 있다. 이들은 행동에 집중하고, 사고가 이를 지원한다. 감정은 뒤로 물러나 있다. 이것이 다른 두 행동 방식과 이들의 차이를 설명해 준다. 8번은 타협이 자신을 다 내주는 것처럼 느껴지더라도 의견을 조율할 필요가 있다. 다른 해결책은 없다. 내가 8번에게 해 주고 싶은 조언은 이것이다. 그들이 모임에서 가장 크고 옳다고 확신하는 때를 알아차리고, 그때를 인내하고 호기심을 갖고 좀 더 포괄적인 때와 비교하라는 것이다. 그러고 나서 이렇게 물어보라. 각각의 경우, 결과에 어떻게 영향을 미치는가? 무언가 달라진 게 있는가?

8번은 행동과 사고가 너무 강하게 결합해 있기에 둘을 구분해 독립적으로 활용하는 법을 배워야 한다. 감정은 빠진 채 행동이 지배적으로 작용하고 사고가 지원할 때 그 부차적인 피해를 거의 인식하기 힘들다. 생각하기 전에 행동하는 8번 때문에 사람들은 종종 상처를 받는다. 행동하기 전에 생각하면 그런 분열은 피할 수 있다. 이것이 세 중심을 모두 활용하는 법을 배우는 첫걸음이다.

8번의 격정은 정욕인데, 이것이 영향력과 강렬함, 통제에 대한 당신의 욕구에 영향을 미친다. 8번은 자신이 가진 모든 것을 하나도 감추지 않고 주고 싶어 하고, 에너지가 높은 상황에서 가장 편안함을 느낀다. 안타깝게도, 정욕을 다른 감정으로 대체하기란 쉽다. 분별력이 있으면 당신이 다른 감정들을 억압하고 있음을 인식하는 데 도움이 될 것이다.

한 걸음 뒤로 물러나서 세 힘의 중심 사이에 균형을 잡는 방향으로 선택하는 건 큰 도전이지만, 그것이 당신의 알아차림을 키워 주는 열쇠다. 당신은 가장 선호하지 않는 중심을 활용해야 할 텐데, 그러면 우선순위가 재정립될 것이다. 균형을 선택하면, 당신이 상상하는 것보다 제공할 게 많아질 테고, 다른 대항형 번호들을 위한 길을 만드는 일에서 당신은 소중한 자산이 될 것이다.

그만한 가치가 있다: 젠 이야기

나 같은 8번에게 감정이 억압되어 있다는 말은 감정이 아예 없거나 너무 강해서 통제하기 힘들다는 뜻이었다. 내가 이야기를 할 때면, 지난 세월 조심스럽게 세워 온 감정을 보호하는 벽에 부딪히기라도 한 것처럼 목소리가 자주 갈라진다. 행동에 이런 틈이 생기면, 감당하기 힘든 감정의 홍수로 이어질 수 있다. 뜻밖의 감정이 갑자기 틈을 깨뜨리고 나와 폭발한 것만 같다. 그러면 나는 벌거벗고 취약해진 느낌이 든다. 끔찍한 기분이다.

나는 짝이 없어도 만족하는 독신이다. 그래서 다른 사람들과 함께 취약성을 연습하는 데 의도적으로 참여해야 한다. 내가 속한 친구 공동체는 서로 더 열려 있고 정직하며 취약해지기로 동의했다. 작년에 우리는 예상치 못한 감정이 솟구칠 때도 대화를 유지했고, 그런 엉망진창인 공간에 진실을 말하는 용기를 잃지 않았다. 그들은 내가 수십 년 동안 몸에 지니고 있으면서도 알아차리지 못했던 느낌과 경험을 표현하고 거기에 이름을 붙일 수 있도록 도와주었다. 연민과 사랑으로 우리는 서로에게 거룩한 공간을 만들어 주었다.

실전 훈련
변화를 위해 시도할 만한 연습

- 생각해 보자. 당신은 통제당하는 것을 좋아하지 않는다. 에니어그램 성격이 당신을 장악할 때 바로 그런 일이 생긴다. 당신이 당신의 성격을 관리하지 않는다면, 그 성격이 당신을 관리하고 있다고 할 수 있다.

- 권력 공백을 목격하고 그 공백을 채우기 위해 개입하고 싶을 때는 주의한다. 그 문제를 해결하더라도, 당신의 선택을 보상받지는 못할 것이다. 지도자 역할을 맡을 다른 누군가를 위해 무대를 마련하는 것이 당신의 역할임을 고려한다.

- 당신은 취약성을 느끼면 금세 지루함으로 바꾸어 해석하는 습관이 있다. 따라서 취약하다고 느낄 때는 잘 알아차려야 한다. 이런 해석이 발생하면, 과함으로 해결하려 한다(과도한 업무, 과식, 과음, 무분별한 파티, 마구잡이 쇼핑 등).

- 당신의 권력을 사용해 다른 사람들에게 영감을 준다.
  - 당신에게 영감을 준 사람들의 명단을 만든다. 당신이 닮고 싶은 그들의 자질을 생각해 본다.
  - 다른 사람들이 당신에게 영감을 받았다며 고마워했던 때를 생각해 본다. 그때 감정 중심이 개입했는지 자문해 본다.

- 당신이 감정 중심을 끌어내기 위해 노력하면 다른 사람들의 애정을 받는 데 도움이 된다는 점을 고려해 본다.

- 당신의 관심이 어떻게 자연적이고 습관적인 장소로 옮겨 가는지 관찰한다. 이렇게 질문해 본다. "이 상황을 다른 방식으로 볼 수 있는가?" 그런 다음, 다른 대안을 최대한 활용해 당신의 관심을 다른 데

로 옮긴다.
- 당신의 권력 때문에 당신에게 끌리는 사람들이 당신을 있는 모습 그대로 사랑하지는 않고, 당신도 그들에게 애정이 없다는 점을 염두에 둔다. 서양 문화에서 권력을 과대평가하려는 유혹을 물리치기가 쉽지 않음을 기억한다.
- 당신이 직장, 가족, 지역 사회에서 통제를 느슨하게 할 때 벌어질 수 있는 긍정적인 일들을 생각해 본다. 자신을 친절하게 대하고, 당신이 안전하다고 느끼는 장소에서 안전하다고 느끼는 방법으로 그것을 연습한다.

생각해 볼 질문

속도를 늦추고 관상 훈련에 참여하기를 계속 거부하는 당신은 어떤 두려움을 피하고 있는가?
  당신이 전적으로 옳다고 확신할 때는 틀렸을 확률이 꽤 높다.
  당신의 정의관을 다른 사람들에게 강요한 적이 있는가?
  당신이 가끔 다른 사람들에게 기꺼이 양보한다면 무슨 일이 벌어지겠는가?

나는 자신이 다른 사람들의 마음속 깊은 곳에 간직되어 있다는 사실을 아는 8번을 별로 만나 본 적이 없다. 그들이 그 사실을 안다고 생각해 사람들이 말하지 않는 것 같다. 사고와 행동과 감정의 균형을 잡으려고 애쓰는 8번은 에니어그램에서 가장 동정심이 큰 사람들이다. 내 생각에는 이들이 열정적이고 정의롭기 때문인 것 같다. 이들은 어떤 사람들은 취약성을 수용하기가 얼마나 힘든지 잘 안다.

헨리 나우웬은 오래전에 "대면을 피하지 않는 긍휼"(Compassion: Not Without Confrontation)이라는 글을 썼다. 그는 자신을 2번으로 알고 있었지만, 나는 그가 스트레스를 받아 8번으로 이동했을 때 이 중요한 점을 배웠으리라고 추측한다. 그는 이렇게 썼다.

우리가 빈곤을 초래하는 사람들과 제도를 대면하기 꺼린다면, 가난한 사람들과 함께 고통받을 수 없다. 열쇠를 쥐고 있는 사람들을 대면하기 꺼린다면, 억류된 사람들을 해방할 수 없다. 압제자를 대면하기 꺼린다면, 억압받는 사람들과의 연대를 고백할 수 없다. 대면을 피하는 긍휼은 성과 없는 감상적인 위로의 표현으로 금세 사그라들고 만다.

8번은 나우웬이 말한 내용을 직관적으로 알고 실천한다. 이들은 안전 번호인 2번에서 감정이라는 선물을 받아들일 때 부차적 피해 없이 더 흔쾌히 그렇게 할 수 있는데, 그럼으로써 긍휼로 불의한 상황에 대면할 수 있다.

6장 의존형

타인에게로 향하는 유형

 LTM을 포함해 내가 잘 알거나 함께 일한 적 있는 비영리 단체는 모두 좋은 지도자와 적정 인원의 헌신된 자원봉사자들로 유지된다. 우리가 세상에서 선행을 베풀기 위해 애쓰는 동안, 자원봉사자들은 우리 단체를 꾸려 가는 일상 업무 대부분을 감당해 준다. 다양한 성격의 사람들이 함께 일할 때 발생할 수 있는 위험을 피하면서 자원봉사자들이 서로(와 직원들과) 잘 협력하게 하는 요령은 서로가 세상을 어떻게 바라보고 반응하는지 인식하고 이해하는 것이다.

 우연히도, 우리 핵심 집단 중 하나에 의존형 세 사람이 모였다. 이것은 세 사람 모두 사고를 억압한다는 뜻이다. 그렇다고 해서 그들이 생각하지 않는다는 뜻은 아니다. 에니어그램 1번인 신디는 마이카 센터의 일상 업무에서 핵심을 담당한다. 신디는 우리가 하는 모든 행사에 나가서 세부 사항이 제대로 이루어지고 있는지 확인한다. 우리는 다 에니어그램을 알기 때문에 그녀가 자신이 하는 일과 센터 사역의 모든 면에서 끊임없이 완벽을 추구하는 것을 이해한다. 그리고 그녀가 그렇게 하도록 허락해야 한다는 점도 이해한다. 그래서 우리는 그녀의 제안과 비판을 나머지 우리가 일을 더 잘하도록 돕기 위해 애쓰는 것으로 간주한다. 신디는 우리가 일을 잘 못한다고 생각하는 것이 아니라, 늘 개선의 여지가 있다고 생각한다.

우리가 신디의 노력을 거부하지 않고 환영하며 그녀가 옳고 선하다는 생각에 그녀의 비판이 기초했음을 이해한다면, 신디는 적극적으로 참여해 성과를 많이 낼 것이다. 하지만 우리가 신디에게 그녀가 할 수 있는 일을 개선할 여지를 주지 않는다면, 그녀는 감정이 상한다. 1번의 행동은 감정의 지원을 받기 때문이다. 감정이 상할 때 그녀는 자기 의견을 완강하게 고집하기도 한다. 변화를 거부하려 하고, 자신이 적합하다고 생각하는 대로 이미 강화된 모든 것을 고수하기 원한다. 하지만 에니어그램의 지혜가 그런 역학을 바꾸어 놓았다. 신디는 다른 사람들이 자신과 똑같이 보거나 생각하지 않는다는 사실을 깨달았다. 더 중요한 점은, 자신의 억압된 사고를 끌어내 다름을 인정하는 방법을 배웠다.

또 다른 핵심 자원봉사자 마이크는 35년간 우리와 함께했다. 2번인 그는 필요한 사람이 되어야 하고, 늘 그래 왔다. 마이크는 건물 관리 전반을 책임지고 있다. 식료품과 청소 도구 등 물품을 구매하고, 묵주를 만들고, 회의나 행사가 있을 때마다 설치하고 마무리하는 일도 맡고 있다. 행사를 시작하기 전에는 바닥을 쓸고 탁자를 닦고 다음 날 간식을 확인한다. 행사 기간에는 매일 아침 일찍 나와 참가자들을 위해 커피와 도넛을 준비하고, 강연자들을 위해서는 특별한 아침 간식을 마련한다. 한두 해 전에 마이카 센터에서 더 먼 곳으로 이사했지만, 그가 늘 하던 일을 여전히 책임지고 싶어 한다. 그러려면 댈러스의 교통 체증을 뚫고 25분이나 운전을 해야 하는데도 말이다.

신디는 마이크를 편하게 해 주고 싶은 생각에, 그가 굳이 그렇게 먼 길을 올 필요가 없다고 제안(꽤 강하게 주장)한다. 신디와 다른 사람들은 마이크가 저녁에 와서 정리하면 출근 시간에 힘들게 올 필요가 없다고 생각했다. 마이크가 아

> **의존형에 속한 1, 2, 6번은 감정과 행동에 의존하면서 사고를 억압하는 번호 유형이다. 이들은 기준점이 자기 외부에 있어서 의존성을 띤다.**

침에 하는 일은 자신들이 얼마든지 도와줄 수 있다는 것이다. 하지만 마이크는 생각이 다르다. 사실, 생각하는 게 아니다. 그는 기분이 상한다. 신디와 다른 직원들은 그를 배려해서 도와주려 했지만, 이들은 마이크가 행사에서 저녁에 도착하면 아침저녁으로 모임에 참석하는 사람들을 만나고 어울려야 하는 그의 필요를 채우기 힘들다는 사실을 염두에 두지 못했다. 신디에게 최선을 다하는 것이 중요한 것만큼이나 마이크에게는 다른 사람의 필요를 감지하고 채우는 것이 중요하다. 마이크에게 그들의 제안은 그가 도움을 주고 관대하게 베푸는 것을 막고, 2번인 그에게 활력을 주는 관계를 누리지 못하게 하는 것처럼 보일 수 있다.

우리 공동체의 일원으로서 마이크의 성장 기회는 그가 하려는 일을 허용하는 것에 국한되지 않는다. 그가 이런 일들을 하기 원하는 이유는 부분적으로 그가 우리와 행사 참가자들과 함께하기를 좋아하기 때문이다. 그의 성장 기회는 이런 것이다. 그는 자신에게 별달리 욕구가 없어서 독립적이라고 생각하지만, 자신의 가장 큰 필요는 다른 사람에게 필요한 사람이 되는 존재임을 인식하는 것이다. 이런 욕구를 확인하는 것은 다른 자원봉사자들과의 관계에서 상호의존성을 받아들이고 가끔은 그들의 보살핌을 받도록 허용하게 나아가는 수많은 단계 중 하나다. 2번은 받는 것을 어색해한다. 때로 우리가—특히 그가 보살펴야 할 다른 일이 있을 때—그가 맡은 책임을 돕도록 허용해 받는 것을 연습하는 일은 그에게 쉽지 않다.

여러 해 동안 자원봉사자로 일한 우리 팀의 세 번째 일원인 린지는 지금도 자

> "어쩌면 의존형에 속한 사람들에게 가장 큰 도전은 자신의 힘을 내려놓고 다른 사람에게서 자신의 정체성을 얻는 것이다."

원봉사를 하지만 파트타임 직원으로도 일하고 있다. 린지는 내향적이지만, 강하고 영리하고 목소리 내기를 주저하지 않는다. 다른 6번들처럼 그녀도 호기심이 생기거나 당황스러운 무언가에 관심이 가지 않는 한, 조직적으로 업무를 해나간다. 흥미롭거나 당황스러운 일이 생기면 그녀는 질문을 던진다. 에니어그램은 그녀가 질문하고 지적하고 관심을 보일 여지를 마련해 주는 것이 우리가 존중과 존경을 보이는 대응 방식임을 보여 주었다. 린지가 우리 사역에서 잘못 해석하거나 잘못될 가능성이 있는 일들을 매의 눈으로 지켜보고 있어서 얼마나 다행인지 모른다. 우리가 세상을 더 좋은 곳으로 만들기 위해 함께 일하는 동안, 그녀는 여러 번 우리를 구해 주었다.

린지가 던지는 질문들은 (대부분의 6번이 그렇듯) 매우 도전적일 수 있다. 그래서 때로는 나머지 자원봉사자들과 직원들이 살짝 불편해하기도 한다. 우리는 딱히 염려할 게 없는데도 그녀가 불필요한 걱정을 만들어 낸다고 생각할 수 있다. 하지만 에니어그램은 6번은 사고가 지배적이면서도 억압되어 있다는 점을 기억하라고 가르쳐 주었다. 그 말은 린지는 사고 중심으로 정보를 받아들여서 감정과 행동을 사용해 상황을 이해한다는 뜻이다. 그녀가 무슨 생각을 하든 그리 생산적이지 못하고—사실 걱정할 게 하나도 없을 수도 있다—자신도 그 사실을 대개는 알기에, 자신의 생각을 신뢰하지 못할 수 있다. 우리는 린지가 무언가를 선택하거나 결정할 때 직관적으로 생산적 사고를 활용하지는 못한다는 점을 기억하고, 린지가 그 점에 주의하려고 노력할 때 인내심을 발휘해야 한다. 신디와 마이크처럼 린지도 의도적인 사고를 선택해야 한다.

신디는 모든 사람이 다 그녀가 하는 일마다 완벽해야 한다고 보지는 않는다는 점을 인식해야 한다. 마이크는 일하느라 자신을 소진하지 않고도 사람들이 그를 정말로 필요로 하고 그가 한 모든 일을 가치 있게 여긴다는 사실을 볼 수 있어야 한다. 린지는 자신의 생각이 끊임없는 두려움과 불안에 대한 습관적인 반응임을 인식하는 법을 배워야 한다. 이런 알아차림과 의도성이 있다면 세 사람 모두 더욱 생산적인 사고를 할 수 있을 뿐 아니라, 자원봉사자로서 함께 더욱 생산적인 활동을 할 수 있다.

사고를 억압하는 세 유형

의존형에 속한 1, 2, 6번은 감정과 행동에 의존하면서 사고를 억압하는 번호들이다. 이들은 기준점이 자기 외부에 있어서 의존성을 띤다.

1번은 행동이 지배적이고 감정이 행동을 지원하는데, 이는 이들이 행동 중심을 사용해 정보를 받아들이고 행동과 감정을 사용해 그 정보를 이해한다는 의미다.

2번은 감정이 지배적이고 행동이 감정을 지원하는데, 이는 이들이 감정 중심을 사용해 정보를 받아들이고 감정과 행동을 사용해 그 정보를 이해한다는 의미다.

에니어그램의 핵심 번호 중 하나인 6번은 사고가 지배적인 동시에 억압되어 있다. 이들은 사고(3중심으로 정의된 지배적인 힘의 중심)를 사용해 외부 환경에서 정보를 받아들이지만, 받아들인 정보를 이해하거나 그 정보로 무슨 일을 할지 결정할 때 그 중심을 활용하지는 않는다. 그 결과, 행동이나 감정이, 6번이 상황을 이해하는 방식을 지배할 것이다. 둘 중 하나가 이끌고 나머지 하나가 지원하는 식이다.

의존형

번호	3중심	행동 방식	선호되고 지배적인 중심	지원하는 중심	억압된 중심
1번	장	의존형	행동	감정	사고
2번	가슴	의존형	감정	행동	사고
6번	머리	의존형	사고	감정/행동 행동/감정	사고

    1, 2, 6번의 사고가 억압되어 있다고 해서 이들이 생각할 수 없다는 뜻은 아니다. 오히려 이들은 자신이 항상 생각한다고 주장한다. 문제는 무슨 생각을 하느냐다. 1번에게는 모든 일에 대해 끊임없이 이야기하는 내면의 비판자가 있다. 이들은 자신을 변호하기 위해 그 목소리와 말없이 논쟁하는 데 사로잡혀 있다. 1번은 틀림없이 이 내면의 대화를 생각으로 느낄 것이다.

    2번도 자신이 항상 생각하고 있다고 믿는다. 문제는 그 시간을 대부분 관계에 대해 생각한다는 것이다. 그런 생각은 비생산적인데, 2번은 고려와 행동이 필요한 일들을 포함해 자신이 생각하고 있는 것들에 대해 수많은 시나리오를 만들어 내기 때문이다.

    다른 의존형 번호들처럼 6번도 생각이 끊이지 않는다고 주장한다. 사실이다. 이들은 머리형이기 때문에 사고를 활용해 정보를 받아들인다. 하지만 이들의 생각은 대부분 비생산적이다. 그 까닭은 이들이 자신이 두려워하는 것, 그리고 일어날 가능성이 있는 최악의 상황에 대비한 계획에 집중하기 때문이다. 하지만 그런 일은 거의 일어나지 않는다. 생산적인 감정과 행동은 빠진 채 지나치게 생각에 몰두하는 이런 불균형은 세 유형 모두의 진을 빼놓는다.

> **의존형은 시간에 대해 현재 지향적 태도를 취한다.**

나는 세 행동 방식이 똑같지는 않다고 제안하고 싶다. 행동이 억압된 사람들이 자신의 책임에 소홀해 일을 제대로 처리하지 못할 때 사람들은 그 사실을 눈치챈다. 독촉을 받고 잔소리도 듣는다. 아무 일도 하지 않고 그냥 넘어가기는 어렵다. 그리고 우리는 감정이 억압된 사람을 쉽게 알아차릴 수 있다. 이들은 어린 시절부터 자신의 감정을 더 표현해야 한다는 이야기를 듣고 자란다. 하지만 사고가 억압된 사람을 가려내기는 쉽지 않다. 이런 행동 방식에 속한 사람들은 특히나 자신들이 생각하고 있다고 믿기 때문에 오랫동안 그럭저럭 행동하고 느낄 수 있다.

다른 행동 방식에 속한 번호들처럼, 1, 2, 6번도 자신이 세 힘의 중심 중에서 두 힘만 주로 사용하는 것을 처음 알면 다소 기분이 상한다. 사고 중심이 덜 발달하면 타인과 사회의 생각에 매우 쉽게 동화된다. 이 행동 방식에 속한 사람들은 오랫동안 재검토하지 않은 의견과 신념 체계에 근거해서 계속 결정을 내릴 수 있다.

1, 2, 6번은 어떤 대처가 필요하고 자신이 그 일을 해야 할 사람인지 아닌지 평가하기 위해 의식적으로나 무의식적으로 상황을 살핀다. 이들은 자신의 권한 내에 있는 모든 것을 더 낫게 만들 책임이 있다고 느끼기 때문에 눈앞에 닥친 상황이 이들의 의제를 결정한다. 다른 사람들이 기대하는 일을, 그것도 잘해 내야 한다고 믿으면서 스스로 아주 높은 기준을 세운다. 1번은 지금 필요한 일에 집중하는 성향이 있다. 2번은 자기 눈앞에 있는 사람의 필요에 관심을 둔다. 6번은 자신이 날마다

해야 하는 책임과 일정에 초점을 맞춘다.

이 세 유형이 계획을 세우고 거기에 충실하기는 매우 어렵다. 그날과 사람들이 그들에게 요구하는 것에 따라 모든 게 달라지기 때문이다. 이 행동 방식에 속한 번호들은 늘 하루 24시간이 부족해서 할 일 목록을 완료하는 경우가 드물다. 1번은 자기 일을 하고 나서 다른 사람이 제대로 하지 못한 일을 다시 하는 경우가 많다. 2번은 지나치게 몰두한다. 대부분의 6번은 어떤 일에 얼마나 시간이 필요한지를 제대로 가늠하기 어려워한다.

의존형에 속한 사람들은 경계 문제로 많은 곤란을 겪는다. 자기 시간에 어떻게 경계를 설정해야 할지 모른다. 저마다 다른 이유로 자신이 할 일이 아닌 일을 승낙한다. 1번은 일을 제대로 처리해야 하기 때문에 승낙한다. 2번은 자신이 가치 있고 필요한 사람이라는 느낌을 원해서 승낙한다. 6번은 늘 도움이 되고 싶어 하는 팀 플레이어라서 승낙한다.

세 번호 모두 자기 선을 지키는 데 문제가 있고, 경계를 잘 설정하는 사람들에게 자주 상처를 받는다. 1번은 철저히 경계를 지키는 사람들이 일 처리 방식에 대한 자신의 조언을 인정해 주지 않을 때 기분이 상할 수 있다. 2번은 타인의 경계선이 거절도, 사적인 감정도 아니라는 사실을 인정하기 힘들다. 역공포형인 6번은 공포형 6번과 1, 2번보다는 타인의 경계를 정중하게 수용하는 편인데, 그들에게도 나름대로 경계가 있기 때문이다. 하지만 공포형 6번은 자신의 경계를 지키느라 타인의 경계를 얼마나 크게 침해하는지 알아차리지 못한다(공포형 6번이 다른 사람들에게서는 받고 싶지 않은 질문을 많이 던지는 데서 이 점을 알 수 있다).

이 성격 유형들은 객관적인 상황 판단을 어려워한다. 날마다 자신의 성과를 어떻게 평가해야 할지 알지 못하고 객관적으로 삶의 계획을 세우지 못한다. 이는 모두 세 힘의 중심 중에 두 가지만 사용하기 때문이다. 둘만 사용해도 괜찮아 보일 수 있지만, 그것은 시간과 노력을 기울여야 이해할 수 있는 착각에 불과하다. 1, 2, 6번과 가까운 사람들만 그들의 사고가 억압되어 있다는 결론에 도달한다. 오히려 보통은 그들이 사려 깊고 너그럽고 친절하다고 생각할 것이다.

의존형은 시간에 대해 현재 지향적 태도를 취한다. 이 말은 이들이 지금 벌어지고 있는 일에 매여 있다는 뜻이다. 하지만 세 유형 모두 불안에 시달린다는 면에서 또 다른 도전을 안고 있다. 이들은 너그러움과 분주함으로 이 불안을—자신에게조차—감추려 애쓴다. 데이비드 화이트가 『위로』에서 던지는 도전, 곧 과거와 현재와 미래를 한꺼번에 살아야 한다는 것은 1, 2, 6번에게는 익숙한 말이다. 이들이 과거, 현재, 미래를 동시에 적절하게 그리고 모두 붙들 수 있을 만큼 성숙해서가 아니라, 경계가 없는 의존형은 자신들이 상대하는 사람의 시간 지향에 쉽게 적응하기 때문이다.

내가 어릴 적에는 종이 고리를 만들어 크리스마스트리에 걸었다. 색종이를 길게 오려 서로 연결하는 고리를 만들어 풀로 붙였다. 2번과 6번이 두려움과 기억, 과거의 상처와 실망을 대하는 자세가 종이 고리와 비슷하다. 새로운 상처나 실망을 경험하면 그들은 그것을 자기 삶에서 비슷한 경험과 연결하는데 그 때문에 두려움과 불안이 더 커진다. 예를 들어, 상대가 떠날까 봐 두려워지면, 그 감정을 자신이 버려지는 상황을 두려워하게 만든 (상대를 비롯한 다른 누구와도 연관된) 모든 일에 갖다 붙인다. 때로는 이런 고리의 무게를 견디지 못해 관계가 붕괴한다. 2번과 6번이 사고를 활용해 이 패턴을 확인하는 법을 배울 때만 이런 상황을 멈출 수 있다. 정말로 힘들지만, 그럴 만한 가치가 있다.

1번도 이런 연쇄 작용에 빠지기 쉽지만, 자신이 선천적으로 나쁘다거나 실패자로 낙인찍힐 것이라는 느낌과 대개 관계가 있다. 이들은 현재 벌어지고 있는 일을 과거에 인지했거나 실제로 있었던 실패와 연결하는 반응을 보이는데, 이것이 이런 연쇄 작용을 일으킨다. 1번이 열등감을 느낄 때 내면의 비판자는 특히 끈질기다. 이 고리를 끊을 수 없다면, 4번의 좋지 않은 행위를 금세 받아들이게 된다. 1번은 자신을 폄하하는 내면의 목소리와 이 사슬의 무게를 감당하기 힘들다.

어쩌면 의존형에 속한 사람들에게 가장 큰 도전은 자신의 힘을 내려놓고 다른 사람에게서 자신의 정체성을 얻는 것이다. 외부에서부터 내부로가 아니라, 내부에서부터 외부로 자신을 아는 법을 배우고, 그렇게 할 수 있도록 생산적인 사고를 끌어내는 것이 이 세 번호의 목표가 되어야 한다.

1번
"그리고 좋았더라"

마이카 센터의 신디 같은 1번들은 행동으로 세상을 바라보고 해석한다. 이들은 옳거나 좋거나 바른 일을 해야 할 끊임없는 욕구가 있고, 그에 미치지 못하는 다른 사람들을 이해하기 힘들어한다. 에니어그램 문서들에 자주 나오듯이 이들이 꼭 '완벽주의자'로 불리기를 좋아하는 것은 아니다. 하지만 생각과 말과 행동에서 끊임없이 완벽을 추구한다. 그건 결코 쉬운 일이 아니다! 이들은 행동과 함께 결단력을 중시하고, 이 둘이 합쳐져서 책임과 일이 가장 중요하다는 이들의 세계관에 영향을 미친다.

1번은 자격이 없다거나 충분히 훌륭하지 못하다는 끔찍한 원초적 감정과 늘 싸운다. 그래서 올바르기 위해 기를 쓰고 노력한다. 이런 강한 욕구 덕분에 이들에게는 어떤 상황이든 개선할 잠재력이라는 놀라운 능력이 있다. 이것이 바로 신디가 우리를 위해 항상 해 주는 일이다. 그녀는 반드시 해야 할 일이 있다면 기꺼이 희생을 감수하는데, 이는 확실히 칭찬받을 만하다. 하지만 모든 일에는 양면이 있다. 이런 1번의 헌신에 단점이 있다면, 남들도 자신과 똑같이 헌신해야 한다고 기대하는 것이다.

비교는 1번이 세상을 보는 방식에 영향을 미친다. 이들은 머릿속으로 자신과 타인을 비교하고, 자신만큼 열심히 노력하지 않는 사람들을 판단한다. 안타깝게도, 신디가 완벽을 추구할 때 마이크와 린지에게 그랬듯이, 그런 판단에는 분개가 따르는 경우가 많다.

1번의 지원하는 힘의 중심은 감정이다. 따라서 이들은 행동으로 정보를 받아들이지만, 행동과 감정을 사용해 그 정보를 이해한다. 1번은 자신이 하는 일과 그 방식에 강렬한 감정을 품는다. 그래서 관계에 사용할 에너지가 얼마 남지 않는다. 1번은 일을 잘할 때 기분이 좋다. 하지만 일이 계획대로 되지 않을 때는 부정적인 감정으로 빠져든다. 자기 비난은 자기 합리화를 낳고, 자기 합리화는 다른 사람에 대한 비난을 낳으며, 그 최종 결과는 또다시 분개다.

의존형에 속한 다른 번호들처럼, 1번은 사고를 활용해 자신이나 자신이 하는 일을 적절히 평가하지 못한다. 아무리 좋아도 만족하지 못하기에 그저 더 열심히 노력하고 항상 최선을 다한다. 내면의 비판자는 이런 행동을 더욱 강화한다. 모든 사람이 자기 대화를 하지만, 1번의 경험에 비할 바는 아니다. 내가 하는 일이 틀렸다거나 고작해야 부족하다고 끊임없이 지적하는 목소리가 머릿속에서 들린다면 어떨지 상상하기 힘들다. 이런 비판의 목소리는 1번이 날마다 일상에서 듣는 소리의 일부에 불과하다. 그에 대한 반응으로 이들은 지나친 분석과 지나친 사고로 자신의 경험을 평가하려 애쓰는데, 둘 다 사고 중심을 잘못 활용한 것이다.

에니어그램이 없으면, 1번은 자신이 정말로 심각하고 회복하기 힘들 정도로 흠이 있음을 증명할 방법을 찾는 듯하다. 이들이 감정과 행동을 사용할 뿐 아니라 에니어그램의 지혜를 사용해 사고를 적절한 방식으로 끌어내는 법을 배운다면, 자기 수용, 자기 존중, 평화를 찾을 수 있다. 내면의 비판자를 인식하고 잠재울 수 있다. 에니어그램에서 평화를

> "1번의 지원하는 힘의 중심은 감정이다. 따라서 이들은 행동으로 정보를 받아들이지만, 행동과 감정을 사용해 그 정보를 이해한다. 비교는 1번이 세상을 보는 방식에 영향을 미친다."

누릴 자격이 있는 번호가 있다면, 그 누구보다 1번이다.

1번이 사고를 끌어내려면

행동 중심과 감정 중심을 분리할 수 있다면, 자신이 하는 일에 정서적으로 덜 애착하기 때문에 창의성과 실험의 여지가 많아진다는 사실을 발견한다. 그러면 영혼의 작업을 위한 공간을 만들 수 있다. 당신이 추구해야 한다고 생각하는 그런 완벽한 작업이 아니라, 조금 엉망진창이더라도 보람이 있는 성장 가능성의 영역 말이다. 일단 행동과 감정이 따로따로 기능하면, 더 자신감을 가지고 할 일을 결정할 것이다. 내가 관찰한 바에 따르면, 1번이 세 중심 각각의 다른 기능을 확실히 구분할 수 있게 되면 일 이외의 활동을 할 시간이 생긴다.

자기 관찰은 알아차림을 훈련하는 사람 누구에게나 중요하지만, 특히 1번에게 그렇다. 마치 드론처럼 자신을 위에서 내려다보면서 관찰하고 정보를 기록할 수 있다고 상상해 보자. 판단하지 않고 그저 관찰하는 것이 목적인데, 아마도 당신에게는 가장 힘든 도전일 터이다. 하지만 이 일은 꼭 필요하다. 당신이 날마다 온종일 하듯이 스스로를 판단할 때는 자신을 변호하기 때문이다. 이런 패턴은 당신의 성격을 더 넉넉하게 만들어 줄 것이다. 그래서 당신의 성격을 적절한 크기로 조정해 그 아래 숨어 있는 진정한 모습이 드러날 여지를 주는 것이 목적이다.

1번은 창문에 너무 가깝고 유리가 없이 비뚤어지게 걸린 그림 혹은 누군가 얼룩을 가리려고 페인트 밑칠만 해 놓고 덧칠은 하지 않은 천장 구석처럼, 잘못된 일이나 제대로 다시 해야 할 모든 일을 의식하는 성향이 있다. 1번은 버튼다운 칼라 셔츠를 입고 단추를 한쪽만 채운 사람을 보면 어이가 없다. 저자 이름의 가나다순이 아니라 책등의 색깔에 따라 장서를 정리한 사람을 이해하지 못한다. 이런 시선을 바꾸려면 훈련이 필요한 긴 여정이 될 테지만, 그럴 만한 가치가 있다. 당신이 집중하는 것이 당신이 놓치는 것을 결정하기 때문이다. 그런데 당신은 너무 많은 것을 놓치고 있다.

1번의 격정은 분노인데, 대개 이 분노는 불완전함에서 촉발된다. 먼저 자신에게 화를 낸다. 그러고 나서 다른 사람들에게 그 분노를 표현하면 분개하게 된다. 분개는 분노보다 훨씬 다루기 힘들고, 사람들에게 잊기 힘든 상처를 준다. 현대 에니어그램의 창시자 오스카 이카조(Oscar Ichazo)는 "분노는 현실에 맞선다"라고 가르쳤다. 현실에 반하는 전쟁에서는 이길 수 없다.

현실은 설령 그 완벽함을 달성할 수 있다 하더라도 그것이 얼음 조각 같다는 것이다. 주변 환경이 조금만 변해도 그 완벽함은 사라진다. 어디서나 불완전함을 찾아내는 1번이 완벽함을 달성하더라도 그것을 지속할 수 없다는 사실을 받아들이면 생각의 전환이 이루어지기 시작한다. 그러고 나면 당신이 무엇을 추구하고 추구하지 말아야 하는지 분별하도록 도와줄 것이다.

자신의 번호와 그 격정에 휘둘리면 자유롭지 못하다. 캐나다 원주민 형제자매들은 불완전함도 필요하다고 우리에게 가르쳐 준다. 그 덕분에 위대한 정신(Great Spirit)이 탄생할 여지가 생겼기 때문이다. 그런 종류의 사고는 고려해 볼 만한 가치가 있다.

그만한 가치가 있다: 조어진 이야기

수잰이 1번을 설명하는 이야기를 처음 듣자마자 내가 1번이라는 사실을 알았다. 하지만 내가 사고가 억압되어 있다는 말은 별로 실감이 나지 않았다. 오히려 불쾌했다. 내가 사고가 억압되어 있다고? 천만의 말씀! 나는 학위가 세 개인데, 감히 잘난 척하며 말하자면 스스로 무척 자랑스럽게 여긴다. 어쨌거나 우리 집안에서 대학에 간 사람은 내가 처음이다. 나로 말하자면, 당연히 생각하는 사람이다. 내 행동을 곱씹고 관찰할수록 내가 거의 항상 다른 사람들이나 내가 해야 할 일에 대해 생각한다는 점이 더 분명해졌다. 꼼꼼하게 계획을 세우고, 많은 계획을 실천하고 있으며, 항상 생각이 끊이지 않았다. 하지만 대부분은 내 지배적인 중심인 행동에 대해서 생각했다.

나는 내 사고가 덜 발달했음을 서서히 그러나 확실하게 인정하고, 그에 대한 작업을 시작했다. 쉽지 않은 일이다. 자리에 앉아 관상 기도 시간을 준비하려면 온갖 잡생각이 든다. 처음에는 이런 생각이 든다. '이 방에 뭐가 잘못됐지? 어떻게 하면 개선할 수 있을까? 이 시간과 공간을 더 낫게 만들려면 내가 무슨 일을 할 수 있을까?' 일기장을 꺼내면 공책이 예쁜지 안 예쁜지부터 생각한다. 종이에 줄은 똑바로 그어져 있나? 표지 느낌이 좋은가? '딱 맞는' 필기도구가 있나? 이런 생각을 점점 더 알아차리기 시작하면서, 그 생각을 흘려보내는 데도 조금씩 익숙해진다. 내 지배적 행동을 조절하는 데 가장 크게 도움이 된 것이 바로 흘려보내는 연습이다. 실제로, 흘려보내는 것이야말로 전 과정에서 가장 중요한 부분이다. 나는 이 연습을 "흘려보내는 근육" 키우기라고 부른다. 이것을 훈련할수록 어떤 일이 발생한 시점과 내가 반응하는 시점 사이에 공간과 시간을 늘릴 수 있다. 변화가 생길 때까지 멈춰서 심호흡하고 기다릴 여지가 생긴다. 그러고 나면 내 행동과 감정에 생각을 포함할 수 있다. 이 과정은 일직선이라기보다는 나선형이지만, 거의 날마다 진전이 있다.

실전 훈련
변화를 위해 시도할 만한 연습

- 언제 못 견디겠다고 느끼는지 의식한다. 이는 당신이 당신처럼 하지 않는 다른 사람들을 판단하고 있음을 암시한다. 혹은 당신이 부족하다고 말하는 내면의 비판자가 내는 메시지에 굴복하고 있다는 암시일 수 있다. 세 중심의 균형을 잡기 시작하면, 인내심을 발휘할 수 있다. 더 균형 잡힐수록 더 많이 참는다.
- 완벽함에 대한 당신의 기준은 **당신의** 생각에 불과하다는 사실을 알아차린다. 다른 사람은 당신과 생각이 다를 텐데, 당신이 옳다고 장담할 수 없다.
- 도달하기 힘든 당신의 기준이 당신과 다른 사람들을 분노하게 만들 가능성을 허용한다.
- 다음에 당신이 올바르고 좋은 결과를 위해 필요 이상으로 뭔가를 해야 한다고 느낄 때 그 점을 생각해 본다. 당신이 모든 과정을 제대로 해야 한다고 믿는다는 점은 나도 알고 존중한다. 하지만 가끔은 손쉬운 지름길도 괜찮을지 모른다. 다는 아니어도 일부는 만족스럽다. 완벽하지는 않겠지만 충분히 괜찮다.
- 당신과 다른 생활 방식, 사람, 종교, 가치관, 신념 등을 판단하지 않고 인정하는 (당신의) 방법을 찾는다. 당신과 다른 사람들을 소중히

여기는 법을 배운다. 여기에 지름길은 없다. 사람들을 알아 가는 데 시간을 내야 한다.

- 당신과 의견이 다른 저자들의 책을 읽어 본다. 그들이 생각하는 내용, 그렇게 생각하는 이유, 그렇게 믿는 이유 등을 이해하려 해 본다. 그들이 그냥 다 틀렸다고만은 할 수 없다. 어떤 다른 설명이 가능할까?
- 파커 파머(Parker J. Palmer)가 가르친 대로 "솔직하고 열린 질문"을 던지는 법을 배운다. 결론이 열려 있고 예/아니오로 답할 수 없는 질문, 답을 알 수 없는 질문 말이다. 모든 일에는 한 개 이상의 정답이 있다는 사실을 배우고 받아들여야 하는 1번에게 이것은 정말 큰 훈련이 될 것이다.
- 적어도 한 달에 한 번은 당신이 아끼는 사람과 재밌는 뭔가를 계획한다. 인생에는 일과 책임만 있는 것이 아니다.
- 내면의 비판자가 늘 당신 안에 있다는 현실을 다루기 위해서 고요한 마음을 개발하는 법을 연습한다. 관상 기도가 가장 좋은 방법이다. 행동, 감정, 사고가 동시에 필요한 묵주를 사용하는 것도 좋다.
- 치료사나 영성 지도자를 찾아가는 것도 고려해 본다. 그들에게서 유익을 얻지 못한 사람은 아직 만나 보지 못했다.
- 일기를 써 본다. 일기 쓰기가 당신에게 좋은 훈련이 된다면, 당신이 신뢰할 만한 사람을 골라서 만약의 경우에 일기를 폐기해 달라고 부탁할 수 있다.
- 자신을 다정하게 대한다. 나는 내면의 비판자와 싸우는 일이 얼마나 힘든지 잘 안다. 그 내면의 비판자에게 이름을 붙여 주고, 당신을 초라하게 만드는 이야기에 반박하면서 큰 소리로 자주 불러 본다. 한번 이름을 붙이면 끝까지 갈 수 있으니 이름을 고를 때는 신중해야 한다.

생각해 볼 질문

불완전함과 불의에 대한 분노가 당신을 좋은 사람으로 만들어 준다고 생각하는가?

분개를 흘려보내지 못하면 어떤 대가가 따르는가? 분개를 흘려보내기는 쉽지 않지만, 분개를 붙들고 있기는 더 힘들다.

당신이 직장과 집에서 하는 일에 경계를 잘 설정하면 어떤 점이 좋아질 수 있을까?

당신이 변화를 거부하는 이유를 찬찬히 들여다본 적이 있는가? 혹시 두려워서인가? 삶에서 뭔가를 바꾸면 어떤 이유로든 그것이 잘못이라고 인정하는 셈이 될까? 그 변화가 생명을 주는 변화가 될 수도 있을까?

적어도 일주일에 한 번은 멈추고 안식하는 삶의 공간을 찾도록 고려해 보겠는가? 모든 일을 완벽하게 하는 것과 얼마간의 평화와 휴식을 맞바꾸는 일은 한번 시도해 볼 만하다.

당신은 늘 넉넉하게 시간을 내준다. 또한 무슨 일이든 잘하기 위해 애쓰는 모습은 존경할 만하다. 당신의 직업의식이 세상을 더 좋은 곳으로 만들었고 계속 만들어 주리라는 사실은 의심의 여지가 없다. 완벽주의 성향 대신에 앉아서 곰곰이 생각하고 꿈꾸는 시간을 더 내기로 한다고 해서, 그 점은 크게 달라지지 않는다.

무엇보다도, 당신은 있는 모습 그대로 하나님의 사랑받는 자녀임을 기억하라. 당신이 무엇을 하더라도, 하나님이 지금 당신을 사랑하시는 것보다 더 사랑하거나 덜 사랑하지는 않으신다.

2번

내게 무엇이 필요한가?

2번은 감정 중심을 통해 세상을 바라보고 해석한다. 2번은 다른 사람들의 감정을 느끼기 때문에 에니어그램 번호 중에 가장 민감하다. 사람들의 마음을 희한하게도 정확하게 읽고 도와줄 방법을 찾으려 애쓴다. 그리고 대개는 도움이 된다. 이들은 다른 사람들에게 어떻게 반응해야 하는지 직관적으로 안다. 이것저것 재지 않고 관계를 맺으며 마음이 따뜻하기 때문이다. 우리 단체의 자원봉사자 마이크는 내가 워크숍을 열 때 무엇이 필요한지 항상 아는 것 같다. 그게 오전 간식이든, 오후 시간의 시원한 음료든, 피곤할 때 안아 주는 것이든 말이다.

  2번의 지원하는 힘의 중심은 행동이다. 따라서 이들은 감정으로 정보를 받아들이지만, 감정과 행동을 사용해 그 정보를 이해한다. 에니어그램의 불균형한 중심 가운데 더 좋은 조합을 상상하기는 힘들다. 2번은 느끼고 행동한 다음에 자신이 한 일을 칭찬할 수 있지만, 그러고 나서 또 다른 사람에게서 또 다른 감정을 알아차리고 이 패턴을 반복한다. 이것은 큰 만족을 주고 매우 건강하지 못할 가능성이 있기에 교묘한 조합이다. 2번은 멈춰서 이 행동이 정말로 상대에게 도움이 되는지 혹은 자신의 필요를 소홀히 하는 게 좋은지 고려하지 않는다. 마이크는 살인적인 출퇴근에도 불구하고 일찍 와서 늦게 돌아가는 데 굉장히 집착한 나머지, 나중에는 그저 피곤하기만 한 게 아니라 평소처럼 친절하지 못한 경우도 있었다.

2번이 투영하는 이미지는 너그러움, 친절, 언제든 시간을 내주는 유용성이다. 다른 사람들처럼 이들의 욕구는 순수하지만, 동기는 이기적일 때가 있다. 2번은 필요한 사람이 되어야 한다는 필요 때문에 베푼다. 필요한 존재가 아닌데, 사람들이 그들을 원한다는 것은 상상할 수 없기 때문이다. 그들에게는 사람들이 원하는 존재가 되고 싶은 욕구가 있다. 문제는, 다른 사람들이 그들의 필요를 감지하고 채워 주어야 한다는 무언의 전제가 있다는 점이다. 2번은 마지막 하나까지 다 퍼 주고 나서 아무것도 남지 않은 상태로 자신의 삶으로 돌아간다. 사람들이 자신을 당연히 여기고 이용하기만 했다는 느낌이 들 때 상처와 분노로 반응한다. 그들은 자신이 감당할 수 있는 것보다 더 많은 관계를 권하기도 한다. 다른 사람들과 관계를 맺는 능력이 다른 사람들을 위해 낼 수 있는 시간을 넘어서고, 때로는 자신이 가장 사랑하는 사람들과의 관계에서 큰 대가를 치르기도 한다.

사고가 억압된 2번은 자신의 즉각적 반응이 적절한지 아닌지 제대로 질문하지 못한다. 이들은 일정에 충실하지 못하고, 상대가 누구든 자신이 도우려는 사람들에게 반응하기 때문에 개인의 목적도 실종된다. 간단히 말해서, 2번은 경계 문제가 심각하다. 자기가 어디까지고 타인이 어디서부터 시작되는지 모른다. 그 결과, 어떻게 일상에 대처해야 할지 객관적으로 결정하는 일을 힘들어한다. 2번은 자기 감정을 따르기 좋아하고 다른 사람들은 이들의 배려하는 반응을 좋아한다. 그래서 2번은 생각의 필요성에 대해 거의 의문을 제기하지 않는다.

에니어그램은 우리의 약점을 일관되게 강조하지만, 더 성찰한 선택을 위해 우리가 가진 강점도 언급해 준다. 2번의 모든 감정이 행동 중심에서 반응을 요구할 때 2번은 자신의 이익을 대부분 밀쳐 두거나 무시한다. 하지만 2번이 세 중심의 균형을 잡으면 사고를 통해 자신이 할 일과 하지 말아야 할 일을 확인할 수 있다.

2번이 사고를 끌어내려면

세 힘의 중심을 사용해 균형을 찾고 잡으려면 가장 먼저 알아차림이 필요하다. 2번은 기준점이 자기 외부에 있기 때문에 자기 관찰을 훈련하라는 요구를 받을 때 산만해지기 쉽다. 이들은 자신이나 자신의 일, 혹은 어떤 식으로든 연결하려는 초대에 다른 사람들이 보이는 반응을 통해 자신을 안다. 그들은 자신의 감정과 행동에 주의를 집중할 때만 사고를 활용해 그 적절성 여부를 평가할 수 있다. 사고가 개입할 때만 객관적이고 진정으로 현실을 마주할 수 있다.

먼저 느끼고 나서 "내가 무슨 일을 할 수 있을까?"라고 반응하는 이런 패턴에 한계가 없다는 점을 주목해야 한다. 2번은 뉴스 보도나 한 번도 만나 본 적 없는 사람에 대해 아주 격렬한 감정을 품고 자신이 무슨 일을 해야 할지 고민할 수 있다. 그 답은 '아무것도 없다'인 경우가 많다. 당신이 할 수 있는 일은 없다. 하지만 그렇다고 해서 그 욕구에 아무 의미가 없지는 않다. 억압된 사고를 끌어내어 이런 종류의 제약을 인식하는 것이 수용과 평화에 이르는 길이다.

2번의 격정은 자만이다. 돈 리소와 러스 허드슨은 에니어그램의 자만을 "다른 사람의 필요는 돌보면서 자신의 필요와 고통은 인정할 줄 모르거나 인정하려 하지 않는 것"으로 정의했다. 2번에게 자만은 "나는 당신이 만난 가장 아낌없이 주는 사람이고, 별로 필요한 게 없어요. 그러니 그냥 당신을 도와줄 수 있습니다"라는 말처럼 들릴 수 있다. 필요한 것이 없다고 생각하면, 필요한 것이 있는 사람보다 조금 더 우월한 것처럼 생각할 수 있(고 자신의 결핍을 견디지 못하게 된)다. 따라서 자신의 필요를 인정하고 확인하는 것이 핵심이다.

2번인 내가 받는 질문 중에 가장 힘든 질문은 이것이다. **"기분이 어때요?" "필요한 게 뭐예요?"** 내 반응은 늘 한결같았다. "잘 모르겠는데요." 나는 이 두 질문에 답하기 위해 부단하게 노력했고, 그럴 수 있게 되자 내 삶은 더 좋아졌다. 그런데도 이 질문들에 답하기가 여전히 불편하다.

그래서 나는 두 가지를 고려해 보라고 제안하려 한다. 첫째, 나는 내가 필요한 것을 요청했는데 받지 못하면 그 상황에 대처할 수 없을까 봐 두려워한다는 사실을 알았다. 내가 틀렸다. 조금 복잡하기는 해도, 나는 그 상황을 다룰 수 있다. (실제로는 내가 무엇을 느끼는지 아는 것이 훨씬 더 어렵다.) 둘째, 타인의 필요와 욕구를 읽고 충족할 때 직관적인 지식을 남용하면 세상을 살아가는 데 도움이 되는 반면에 큰 희생을 치를 수도 있다. 내가 타인의 감정을 습관적으로 해석하고 거기에 반응할 때 자신의 감정은 오히려 이해하기 힘들어진다. 2번이 사랑하는 사람들과의 관계에서 상호성을 경험하기 원한다면, 자신의 감정을 확인하고 주장하는 연습을 해야 한다.

> **"2번의 지원하는 힘의 중심은 행동이다. 따라서 이들은 감정으로 정보를 받아들이지만, 감정과 행동을 사용해 그 정보를 이해한다."**

그만한 가치가 있다: 데브라 이야기

몇 년 전에 더는 이대로 살 수 없다고 결심했다. 친구들과 대화하고 행동 방식 작업을 시작하면서 내가 인간관계에서 진정한 내 모습과는 전혀 거리가 먼, 종속적이고 도움이 필요한 상태를 드러내고 있다는 사실을 깨달았다. 힘의 중심에서 균형을 잡기 위해서는 자동으로 행동하지 않고 사고를 끌어내는 작업에 몰두해야 했다. 날마다 이렇게 자문했다. "오늘 내가 해야 할, 나 혼자 감당해야 할 일은 무엇인가?" "나는 내 자원(시간, 돈, 에너지, 감정 등)의 현실을 존중해 왔는가?" 내 필요가 무엇인지 끊임없이 정의하고, 충실하게 대답해야 한다.

엄청나게 힘들었지만, 더는 관계나 우정에서 나를 정의하거나 내게 가치감을 줄 것을 찾지 않는다. 내 선택과 지속적인 치유, 자기 용서에 대해 나는 책임이 있는 유일한 사람이고, 이제야 비로소 내 모습을 있는 그대로 드러내는 게 편하다. 내 필요를 채워 줄 책임은 다른 누군가에게 있지 않다.

실전 훈련

변화를 위해 시도할 만한 연습

- 당신은 사고에 접근하려고 에니어그램에서 직관적으로 움직이는 법이 없기 때문에 의도적으로 사고를 끌어내야 한다. 당신의 날개는 (1번) 행동과 (3번) 감정이다. 스트레스를 받으면 (8번) 행동으로 움직

인다. 안전하다고 느낄 때는 (4번) 감정으로 움직인다.
- 홀로 있는 시간을 마련한다. 방에 한 사람만 더 있어도 그 사람에게 관심을 둘 것이다. 혼자만의 조용한 시간에 당신이 사고 중심을 어떻게 활용하거나 오용하는지 관찰할 기회가 생길 것이다.
- 당신이 생각하는 내용에 집중한다. 그러고 나서 당신의 생각에 어떻게 반응하는지에 집중한다. 이렇게 해 본다.
  - 사람이나 상황에 즉시 반응하지 않는다.
  - 하루 일정을 세우고 그 일정에 충실한다.
  - 자신의 필요를 간접적이 아니라 직접적으로 알 때 그것을 전달한다.
  - 전화 통화, 이메일, 문자 메시지를 차단할 방법을 찾는다.
  - 요청을 거절하는 법을 훈련한다.
- 당신의 관심을 끄는 주제들을 다룬 비소설을 읽고, 생산적이고 더 객관적인 사고를 개발한다. 회고록과 전기와 소설은 피하는데, 감정에 대한 반응에 갇히기 쉽기 때문이다. 그런 책들은 만족감을 주지만 성장에는 도움이 되지 않는다.
- 특정한 종류의 음악이나 과학, 플라이 낚시, 시, 세계사 등 전에는 전혀 관심이 없던 분야에 갑자기 관심이 생길 때가 언제인지 알아차린다. 왜 관심이 가는지 스스로 물어본다. 당신이 더 알고 싶은 사람이 거기에 관심이 있기 때문이라면, 당신의 성격이 지배하고 있다고 확신할 수 있다.
- 경계를 설정한다. 그렇지 않으면, 다른 사람의 경계를 인식하고 존중하는 법을 어떻게 배울 수 있겠는가?
- 당신이 남들이 바라는 존재로 바뀔 때 무엇을 잃어버리게 되는지 목록을 작성한다. 모든 사람이 당신을 좋아하게 만들려는 욕구를

흘려보낼 때만이 있는 모습 그대로의 당신을 존중하고 가치 있게 여길 수 있다.
- 멈춰서 쉬고 자신을 돌본다. 세상에서 좋은 일을 하느라 지쳐 있다면 칭찬받을 만한 일이 아니다.
- 몸의 소리에 귀 기울이는 법을 배운다. 대부분의 2번은 자기 몸을 좋아하지 않기 때문에 쉬운 일은 아니다. 머리와 가슴은 거짓말을 할 수도 있지만, 몸은 절대 그렇지 않다. 따라서 당신의 신체적인 자아와 다시 연결되기 위해 할 수 있는 일이 있다면, 엄청난 선물이 될 것이다.
- 사고 중심을 끌어내기 위해 관상 훈련을 활용한다. 2번인 내가 감정 중심을 관리하고 억압된 사고를 끌어내는 작업에 관상 기도가 가장 큰 도움이 되었다. 매일의 '정좌'가 내 삶에 더해 준 리듬은 이제 그것이 없는 삶을 상상하기 힘들 정도가 되었다.

생각해 볼 질문

다른 사람들을 돌보지 않으면 사랑받지 못할까 봐 두려운가?

사람들이 당신을 좋아하게 만들려고 애쓰다가 당신의 진정한 모습을 잃어버리지는 않는가? 이 질문을 하루에 한두 번씩 해 보기를 권한다. '나와는 다른 모습으로 사람들이 나를 좋아하게 만들려고 애쓰고 있지 않은가?'

당신이 할 일은 무엇인가? 내가 도움을 받았던 다음 질문들을 활용하고 싶어 할지도 모르겠다. 직접 만나건 문자를 보내건 전화를 하건 내가 다른 사람과 연락을 고려할 때는 다음과 같은 질문을 스스로 던진다.

- 나는 왜 이 사람에게 끌리는가?
- 그 대가로 내가 기대하는 것이 있는가?
- 이 사람은 내가 도와주기를 바라는가?

타인에 대한 당신의 관대함은 타의 추종을 불허한다. 시간이 흐르면서 당신이 자신에게도 너그러워지는 법을 배울 수 있기를 간절히 바란다.

6번

다 잘될 것이다

6번은 사고를 선호하는 동시에 억압한다. 이들이 사고 중심을 통해 세상을 바라보고 해석하지만 이렇게 받은 정보를 처리하거나 이해할 때 사고를 생산적으로 사용하지는 못한다는 뜻이다. 6번은 자신이 정말로 생각하고 있다고 주장하지만, 실제로는 그들이 생각하는 내용이 그들을 다양한 염려와 두려움으로 끌고 가거나 중요하지 않은 일들에 집중하도록 잘못 인도한다. 이들의 습관적인 사고 패턴은 자신의 삶이나 주변 세상을 이해하는 데 아무 도움이 되지 않는다.

6번은 정보와 분석에 집중한다. 주변에서 벌어지는 일에 호기심이 많지만, 사고가 억압되어 있기 때문에 자신의 판단이나 해석을 의심한다. 그래서 전문가와 주변에 있는 정보를 잘 아는 듯이 보이는 사람들의 의견을 수집함으로써 반응한다. 안타깝게도, 이들이 받는 반응들은 더 많은 정보를 얻고자 하는 이들의 욕구를 달래 주지 못한다. 이들에게는 정보가 곧 안정감이지만, 그런 안정감을 찾기란 쉽지 않다. 예를 들어, 린지가 직원들과 다른 자원봉사자들에게 우리가 맞닥뜨린 어떤 문제를 다룬 인터넷 기사를 소개하는 링크 여섯 개가 담긴 이메일을 보낸다고 해 보자. 우리가 그 문제를 린지만큼 진지하게 받아들이지 않으면 그녀는 화를 낼 것이다.

　6번에게 사고가 까다로운 까닭은, 끊임없이 정보를 수집하면서도 그 정보를 어떻게 할지 잘 모르는 경우가 많기 때문이다. 대개는 그 정보가 믿을 만한지 알지 못해서다. 그래서 이들은 안정감을 확보하기 위해 질문을 수없이 던지지만, 딱히 생산적이지는 않은 것 같다. 6번에게 충분한 답이란 없기 때문이다. 질문과 모호한 말이 다른 사람들을 짜증 나게 할 수 있어서 6번은 (자리를 떠나지는 않지만) 더는 참여하지 않는다. 이 모든 현상 배후에는 많은 6번이 자신을 신뢰하지 못한다는 사실이 자리한다. 6번은 자신(과 자신의 생각)을 믿지 못하기 때문에 다른 사람들도 신뢰하기 어렵다.

　6번에는 두 종류가 있다는 점을 염두에 두자. 둘 다 전문 지식과 권력을 지닌 권위에 집중하지만, 각각의 반응은 상당히 다르다. 공포형 6번은 자기 삶에서 권위 있는 인물을 따르면 안전할 것이라고 믿는다. 어떤 의미에서 이 권위 있는 인물들이 6번의 생산적인 생각을 대체한다. 역공포형 6번은 권위 있는 인물이 스스로를 증명할 때까지는 그들을 신뢰하지 않는다. 다른 사람들이 6번의 신뢰를 얻기 전까지는 역공포형 6번은 철저히 독자적으로 생각한다. 공포형 6번은 사고를 별로 하지 않고 역공포형 6번은 과도하게 생각하고 지나치게 분석한다고 말해도 좋다. 두 예는 모두 사고가 억압된 결과다. 억압된 생각은 비생산적이기 때문이다.

　6번의 격정은 공포다. 리처드 로어는 "격정은 한 사람의 유아기 발달 과정에서 자신의 환경에 타협하기 위한 방법으로 사용된 비상 해결책으로 이해할 수 있다"라고 말했다. 하지만 자라면서 우리의 격정이 비상사태가 되어 버린다. 6번과 공포도 마찬가지다. 이들은 잘못될 수도 있

> **6번은 사고가 억압되어 있기에 행동과 감정을 사용해 삶을 이해한다. 이 두 중심의 결합을 통해 우리는 6번을 알 수 있다.**

는 일을 모두 알아차리고 대처하면 안전할 것이라고 믿는다. 하지만 그것은 사실이 아니다. 아예 불가능한 일이기 때문이다.

나는 6번들이 실제로 2020년의 팬데믹에 대비했다고 생각한다. 화장지를 포함해 비상식량과 용품을 넉넉하게 준비했다. 하지만 격리 경험에 대비하지는 못했는데, 그런 경험에 대처할 만한 준거 틀이 없었기 때문이다. 현실에서 우리 모두는 각자의 유형에 특정한 방식으로 두려움을 경험한다. 생각을 선호하는 6번은 정보가 중요하다고 믿는다. 하지만 억압된 사고 때문에 자신의 공포를 가라앉히기에 적절하거나 충분한 정보가 있는지 확신하지 못한다. 지배적인 사고와 억압된 사고는 공포를 조성한다.

6번의 경우, 공포가 잠시 쉬는 동안에 불안이 그 자리를 대체한다. 사람들은 이 두 용어를 맞바꾸어 사용하는 경우가 많지만, **불안**은 미래에 일어날 수 있는 사건에 대한 염려를 뜻하는 반면, **공포**는 실시간으로 벌어지는 일과 관련이 있다. 공포와 자신을 동일시하는 공포형 6번의 해결책은 도망치는 것이다. 공포에 맞서는 역공포형 6번은 싸움을 선택한다.

이들은 현재 지향적이고 모든 일에 똑같이 관심을 갖고 있기에 6번은 시간 계획을 세우고 하루를 정리해야 할 필요를 느낀다. 계획을 세우면, 그 계획을 반드시 따르지는 않더라도 모든 일을 처리해야 한다는 불안이 다소 누그러진다. 이들이 개인 작업을 충실히 하지 않고서는, 하루가 어떻게 흘러가고 다른 사람들이 무엇을 요구하느냐에 따라 이 계획은 쉽게 대체될 수 있다. 다른 번호들처럼 6번도 피곤하거나 스트레스를 받거나 두려울 때는 성격의 영향을 받는다. 다른 것이 작동하지 않을 때는, 우리가 무엇을 선호하는지 모르거나 자신의 선택을 이해하지 못할 때조차도 에니어그램 번호가 작동한다. 억압된 사고와 결합하면, 6번은 그것이 적절한 행동 방침인지 분별하지 못한 채 한쪽에서 다른 쪽으로 충실하게 움직인다.

6번은 사고가 억압되어 있기에 행동과 감정을 사용해 삶을 이해한다. 이 두 중심이 결합한 결과가 우리가 아는 6번이다. 이들은 할 일 목록과 프로젝트를 완성하고, 보통 공유된 경험을 통해 다른 사람들과 쉽게 연결된다. 이 모두는 행동 중심에서 비롯된다. 감정은 6번이 다른 사람들과 관계를 맺도록 도와주고, 거기에는 인맥을 넓히는 것도 포함된다. 이는 6번이 다른 어떤 번호보다 집단에 소속되기를 좋아하는 이유를 설명해 준다.

6번은 에니어그램 번호 중에 공공선에 가장 관심이 많다. 아마도 이 점은 6번이 사고로 정보를 받아들이지만 감정과 행동으로 반응한다는 사실과 매우 관련이 있을 가능성이 크다. 이것은 6번이 더 큰 공동체에 제공하는 최고의 선물이다. 이들은 모임에서 그다지 두드러지지 않는다. 얼마든지 모임을 이끌 능력이 있지만, 굳이 그렇게 할 필요를 느끼지 않는다. 자신보다 더 큰 무언가에 소속되는 데 만족한다. 6번은 충성도가 매우 높지만, 그 충성심을 검토하지 않을 수 있다는 것이 단점이다. 사람과 환경은 변하기 마련이어서, 충성심도 그 변화에 따라 바뀌어야지 변화를 막아서는 안 된다.

> **" 6번은 에니어그램 번호 중에 공동선에 가장 관심이 많다. "**

6번이 사고를 끌어내려면

6번은 **습관적** 사고와 **생산적** 사고의 차이를 이해할 필요가 있다. 다른 번호들처럼, 알아차림이 핵심이다. 6번은 언제 단순히 질문을 던지고, 언제 공포나 불안에 반응해 심각한 긴급 상황에 대비해야 하는지를 배워야 한다. 이것은 당신의 생각이 불안과 염려에 휩싸일 때가 언제인지 주의를 기울여야만 알 수 있다. 그럴 때는 생각을 멈추고 당신 앞에 있는 문제를 다룰 다른 방법은 없는지 질문해야 한다.

  습관적 사고와 생산적 사고를 구분하는 법을 배우면, 인생의 결정을 내리는 방식이 크게 달라진다. 결정은 그리 어렵지 않지만, 그 결정을 고수하는 것이 어렵다. 덴마크 철학자 쇠렌 키르케고르(Søren Kierkegaard)의 말을 생각해 보자. "인생은 뒤돌아볼 때만 이해할 수 있지만, 앞으로 나아가며 살아가야 한다." 처음에는 당신의 생각을 뒤돌아볼 때 더 많이 이해할 것이다. 그것도 괜찮다. 시간이 흐르면서 당신이 알게 된 사실이 앞으로 나아가며 하는 선택에 긍정적인 영향을 줄 터이다.

  행동과 감정을 분리하고 각각의 고유한 목적에 맞게 사용해야 한다. 그렇게 되면 덜 움직이면서도 더 생산적일 수 있다. 대항형은 자신의 감정을 생각할 수 없다. 움츠림형은 무언가를 하는 것을 생각하거나 느낄 수 없다. 의존형은 자신의 생각을 느낄 수 없다.

그만한 가치가 있다: 레슬리 이야기

에니어그램 6번이 머리형이고 사고가 지배적이라는 것을 처음 알았을 때 난생 처음 누군가에게 이해받은 느낌이었다. 6번이 사고 중심을 억압한다는 사실을 알았을 때는 내 머릿속의 피드백 고리(feedback loop)를 누가 확인해 준 것만 같았다.

나 같은 경우, 처음에는 에너지와 잠재력, 심지어 희망에 찬 생각으로 시작한다. 그러다가 갑자기 내가 원치 않는 방향으로 생각이 흘러가서 두려움과 걱정에 빠진다. 그다음에는 그렇게 처지는 마음을 바로잡으려고 새로운 생각이 떠오르지만, 결국에는 똑같은 길로 흘러가서 피드백 고리가 반복된다.

심호흡을 하고 몸을 움직이며(걷기나 스트레칭) 생각이 어디로 흘러가는지 살펴보면서 속도를 늦추면 내 생각의 힘과 억압된 사고 활용을 관리하는 데 도움이 된다. 나 자신을 다정하게 대하려 애쓰면서 이렇게 말한다. "내가 생각하고 있는 이 사람은 내게 중요하기 때문에 그들을 잃을까 봐 두려워하는 것은 당연해. 암울하거나 무서운 생각이 드는 것은 이상한 일이 아니야. 나는 지금 매우 취약해진 것처럼 느껴." 나를 위로하는 것은 속도를 늦추는 데 도움이 될 수 있다. 이게 가능하면, 그다음에는 이렇게 묻는다. "나는 무슨 일이 벌어지기를 바랄까?" 내게는 무척 어색하고 힘든 변화지만, 균형을 잡으려는 이런 훈련이 없다면 내 생각은 번번이 걱정으로 돌아갈 것이다.

내게는 평안과 희망이 익숙하지 않기에 희망찬 밝은 미래를 상상하는 것은 내 생각에 아주 좋은 영향을 끼친다. 또한 가벼움과 즐거움을 제공하는 통합적 두뇌의 세계관을 형성한다.

실전 훈련

변화를 위해 시도할 만한 연습

- 두려워하는 것을 목록으로 만들어 본다. 당신이 확인하고 이름을 붙인 것만 바꿀 수 있다는 사실을 잊지 말라. 이 목록을 취합해 불안과 공포를 분리하는 추가 작업을 한다. 예를 들어, 코로나에 걸릴까 봐 두려워하는 것은 이해할 수 있지만, 백신 효과를 염려하는 것은 불안이다.

- 위험 요소를 열심히 찾기보다 초점을 바꾸어 잠재적으로 좋은 점과 안전성을 찾으려 해 본다. 당신이 무엇에 집중하느냐가 무엇을 놓치느냐를 결정한다.

- 왜곡된 사고 패턴과 인식을 바로잡는 데 힘쓴다. 그것들은 대체로 불안과 투영의 결과다. 의존형 번호가 모두 이야기를 지어내지만, 1번과 2번은 6번만큼 비생산적인 사고에 집착하지 않는다.

- 다른 사람들이 하듯이, 자신을 신뢰하는 법을 배운다.

- 당신의 염려를 검토하고 조금 더 가능성 있는 것을 선택함으로써 일어날 일을 대비하는 일에 선을 긋는다.

- 내부 지향적이고, 삶에서 일어나는 혼란스럽거나 무섭거나 낯설거나 충격적인 많은 일을 다룰 수 있는 자신의 능력을 존중하는 법을 배운다. 이것이 당신의 진정한 모습이다. 자신을 과소평가하지 말라.

- 당신 삶에서 다른 사람과 나누고 싶은 것이 무엇인지 계획을 세운다. 말을 너무 많이 하면서 엉뚱한 사람에게 당신을 드러내는 경우가 있는가 하면, 정반대인 경우도 있다. 그럴 때 다른 사람들은 당신이 그들에 대해서는 알고 싶어 하면서 자신은 드러내길 원하지 않는다고 믿는다.

- 당신과 다른 사람들에게 온갖 의문에서 쉴 틈을 준다. 그런 질문들 자체가 당신이 일상에서 경험하는 지속적인 우려의 원인일 수도 있다. 그리고 당신이 던진 질문의 답을 정말 모르는지 확인한다.
- 침묵의 시간을 따로 마련한다. 의존형 번호들은 조용한 시간을 별로 좋아하지 않는다. 내 생각에는 우리가 고요한 시간에 이런저런 생각을 떠올리기 때문인 듯하다. 생산적인 사고를 끌어내기 위한 작업에 힘쓰느니 차라리 분주한 편을 택하는 것이다. 침묵 속에서만 당신이 받은 인상과 사고 과정을 신뢰하는 법을 배울 수 있다. 다른 사람과 함께 있을 때는 자기 생각보다 그들의 생각을 더 가치 있게 여길 가능성이 크다.
- 6개월 동안 날마다 관상 기도 훈련에 집중해 본다. 매일 같은 시간에 '앉을' 수 있다면 더 많은 유익이 따를 것이다. 사고가 억압된 사람들에게 이보다 더 좋은 훈련은 없다. 이 훈련을 통해 언제 생각이 가치 있고 언제 시간 낭비인지 배울 수 있다. 당신이 잘못할 수 있는 일이라고는 약속 시간에 나타나지 않는 것뿐이기 때문이다.
- 날마다 일기를 쓴다. 일기 쓰기는 확실히 훈련이다. 하지만 자신을 알아 가는 데 도움이 되어서, 당신이 얼마나 지혜로운지 발견한다. 당신은 자신이 생각하는 것보다 훨씬 더 많이 알고 있다! 내 친구 헌터 모블리(Hunter Mobley)의 다음 말을 지침으로 사용할 수 있다. "오늘 이후로 나는…을 기억한다."

생각해 볼 질문

불안정한 변화를 피하려는 성향의 뿌리에는 무엇이 있는가? 어쩌면 6번은 억압된 사고의 결과를 상상하기 힘들 수 있다. 당신도 그런가?

자신을 더 잘 이해하기 위해 한두 주에 걸쳐 따로 시간과 공간을 마련해 다음 질문을 던져 본다.

- 당신이 가장 존경하는 사람들은 누구인가? 가장 싫어하는 사람들은 누구인가?
- 그들의 긍정적인 자질이나 부정적인 자질에는 어떤 것들이 있는가?
- 어떤 점이 그와 비슷한 당신의 장단점을 보지 못하게 하는 걸까?

과거부터 현재까지 모든 일을 고리로 연결해 점수를 기록하고 자신을 보호하고 있지 않은가? 용서에 대해 어떻게 생각하고 느끼는지 충분히 검토해 보기를 권한다. 용서가 괴롭게 생각되고 느껴진다면 적절한 치유법을 고려해 본다. 과거의 죄를 용서하지 않으면 당신은 무엇을 얻거나 잃는가?

생산적으로 사고를 활용해 자신이 신뢰할 만한 사람임을 알게 돼 더 단순하고 쉽고 즐겁게 살 수 있다면 어떨까? 그러려면 당신은 무엇을 포기해야만 하겠는가?

충성심이 강한 당신은 당신 뜻대로 되지 않더라도 단체나 조직을 떠나지 않는다. 목회자가 당신의 선택과 정반대로 변화를 꾀한다 하더라도 교회를 떠나지 않는다. 공동체에 속한 사람들이 나쁜 행동을 하더라도 당신은 그들을 배신하지 않는다. 외부 관점에서 보면, 당신은 인류의 선함을 순수하게 믿는 것처럼 보인다. 당신이 다른 사람들도 그렇게 하도록 가르칠 방법을 찾을 수만 있다면, 세상은 훨씬 더 안전한 곳이 될 것이다. 6번을 설명하는 표현이 많지만, **변함없다**라는 말은 더 자주 언급해도 좋다.

결론: 변화를 위해 무엇을 포기할 수 있는가?

> 영혼에 무언가를 더하는 것이 아니라 빼는 과정에서 신을 발견한다.
> – 마이스터 에크하르트(Meister Eckhart)

우리 부부는 적어도 1년에 한 번 영성 피정 시간을 갖는다. 조용하고 편안한 장소를 선택한다. 좋은 날씨와 맛있는 음식을 기대하고 방해 거리가 없기를 바란다. 남편은 다음 해 우리의 영성 추구를 인도해 줄 이 시간에 대한 계획을 늘 세운다. 2011년에는 시간이 좀 빠듯해서 남편은 샌안토니오에 있는 피정의 집에 머물기로 계획했다. 우리에게 영적 지혜를 조언해 주는 두 분과 우리가 힘써야 할 독서와 영성 훈련에 대해 상의했는데, 두 분은 우리의 피정에 '뺄셈의 영성'이라는 주제를 정해 주었다.

댈러스에서 샌안토니오까지는 차로 다섯 시간 정도 걸리는데, 저녁 식사 전인 늦은 오후까지만 도착하면 되었다. 남편은 차를 타고 가는 중에 단순함의 영성 훈련에 대한 리처드 로어 신부님의 강의를 들으면서 피정을 준비하는 게 좋겠다며 제안했고, 나도 그의 의견에 동의했다.

남편이 카세트(2011년 일이었다) 버튼을 눌렀는데 내가 다시 끄고는 이렇게 말했다. "여보, 그전에 가는 길에 있는 아울렛에 잠깐 들르면 어떨까요?" 남편은 썩 맘에 들지는 않는 눈치였지만 이렇게 대답했다. "알겠어요. 근데 뭐 사야 할

게 있어요?"

"흠, 주방 기구 파는 곳에 들러서 토스터를 하나 볼까 하고요."

"지금 사용하는 토스터도 괜찮은데. 굳이 새 토스터가 필요한가요?"

"새로 나온 입구가 큰 토스터가 있으면 좋을 것 같아요."

"왜요?"

"베이글 때문에요. 지금 있는 걸로는 베이글을 구울 수 없어요. 새 토스터를 사면 베이글을 구울 수 있거든요."

"베이글 잘 안 먹잖아요."

"그러니까요. 입구가 넓은 토스터가 없어서 그래요!"

9번인 남편은 내 제안에 자기 생각을 맞추어 찬성해 주었다. 남편은 다시 카세트를 틀었고 나는 강의를 들으면서 몇 가지를 메모했다. 리처드 로어는 대략 이런 이야기를 하고 있었다. "우리는 영적으로 항복할 능력이 있기는커녕 그것을 이해할 수조차 없는 사람들이다." 그는 우리가 '내려놓음'과 '항복'과는 반대되는 '집착'과 '소유'의 영성을 선호한다고 말했다.

나는 강의를 들으면서 동의한다는 뜻으로 고개를 끄덕이면서 기억하고 싶은 생각들을 받아 적었다. 남편은 중간중간 "진짜 명언인데? 방금 그 말씀 들었어요?"라고 말하곤 했다.

아울렛이 가까워지자 남편은 고속도로를 벗어나 건물 앞 주차장에 차를 세웠다. 남편은 카세트를 잠시 멈췄고, 우리는 토스터를 찾아 건물로 들어갔다. 주방 용품점을 찾는 동안 나는 남편에게 베이글 토스트에 발라 먹을 잼에도 종류가 많다고 이야기하면서, 집으로 돌아가는 길에 잼도 사 가면 좋겠다고 말했다.

토스터는 금세 찾았다. 이 토스터에는 베이글 용도의 특별한 버튼이 따로 있었다. 나는 우리 집 주방에 필요한 물건이 또 있을까 싶어 가게를 조금 더 둘

> **" 변화와 변혁에는 큰 차이가 있다. "**

러보았다. 남편이 바로 나가고 싶어 하는 것 같아서, 나는 재빨리 주방 장갑을 두 개 골라 계산대 위에 올려놓았다. (주방 장갑은 늘 여유분이 필요하지 않은가?) 남편이 계산하고 우리는 차로 돌아왔다.

주차장을 나가는 동안 나는 베이글과 크림치즈와 주방 장갑에 대해 계속 떠들었다. 고속도로에 진입하자 남편이 카세트 버튼을 눌렀는데, 거짓말 하나도 안 보태고 진짜로 리처드 로어가 이렇게 말했다. "마치 입구가 큰 토스터를 사야겠다고 생각하는 사람들과 같습니다…"

나를 쳐다보는 남편의 얼굴에 안도와 정당화의 표정이 다 드러났다. 그는 아무 말도 하지 않았지만, 굳이 말할 필요가 없었다. 그 순간, 그리고 지금 이 글을 쓰면서도, 나는 내가 여전히 욕심이 많고 사랑과 관심에 목말라한다는 점을 알아차린다. 솔직히 말하면, 앞으로도 늘 그럴 것이다.

내려놓음은 정말 힘든 일이다.

변화와 변혁에는 큰 차이가 있다. **변화**(change)는 우리가 무언가 새로운 것을 받아들이는 것을 말하고, **변혁**(transformation)은 대개 나의 의지와 상관없이 오래된 것이 떨어져 나가는 것을 말한다.

피정을 갔다 돌아올 때마다 나는 내가 변화되었다고 자주 말했다. "내 삶을 바꾼" 책을 여러 권 읽었다. 좋은 영화를 보고 나서 남편에게 "앞으로는 달라질 거야"라고 선언하기도 했다. 설교를 듣고, 팟캐스트를 듣고, 강의를 듣고, 잡지에서 좋은 기사를 읽고는 그 각각이 나를 변화시켰다고 이야기했다. 그랬을지도 모르겠다. 하지만 변화와 변혁은 다르다. 내가 존경하는 에니어그램 교사들은 내려놓음이야말로 가장 위대한 영성이라고 주장한다. 나도 그렇게 믿는다. 그런데도 내려놓는 법을 훈련한답시고 내 삶에 뭔가를 계속 **더하려는** 성향이 있다. 말도 안 되는 소리 같지만, 어쩌면 당신도 나와 같을지 모른다.

변혁을 도모할 때 가장 큰 도전은 언제 변혁의 기회가 찾아올지 우리가 통제할 수 없다는 것이다. 그래서 우리는 온전함을 추구하는 과정에서, 새로운 일이 일어날 수 있도록 알아차리고 열려 있어야 한다. 또한 우리가 아무것도 포기할 필요가 없다고 믿으려는 유혹을 거부해야 한다. 우리는 그걸 썩 좋아하지는 않는다. 오히려 많은 사람이 우리 시대와 사회의 광란에 사로잡혀서 계속 더 많은 것을 더하고 더 빨리 움직인다. 그러면서 우리가 들어 본 평강, 곧 모든 지각에 뛰어난 평강을 찾는다.

당신도 나와 같다면, 이 책을 읽고 나서 **하고** 싶거나 **생각하고** 싶은 것이 많을 것이다. 어쩌면 소그룹을 초대해 에니어그램과 온전함과 균형에 대한 느낌과 생각과 아이디어를 함께 나누고 싶어 할지도 모르겠다.

하지만 닥터로(E. L. Doctorow)가 글쓰기에 대해 한 말을 살짝 빌려서 표현해 보자면, 나는 우리를 영적 변혁과 온전함으로 이끄는 여정이 안개가 자욱한 밤에 운전하는 것과 같다고 제안하고 싶다. 헤드라이트가 불을 비춰 주는 만큼만 앞을 볼 수 있지만, 그렇게 해서 끝까지 갈 수 있다.

나의 가장 큰 바람은 당신이 이 작업에 흥미와 열심을 느끼고 이 여정을 지속해 나가는 것이다. 이것은 평생에 걸친 여정이므로 날마다 우리 앞에 펼쳐진 길에 조금씩 빛이 비치는 동안 인내심을 잃지 말아야 한다. 알아차림과 의도적 관여가 없다면, 우리는 허용하기보다는 뭔가를 자꾸 더하려 하고, 따르기보다는 앞서려 하며, 분별하기보다는 결정하려 한다.

이 여정에는 선택해야 할 것이 많다. 따라서 우리가 삶을 바라보고 반응하는 방식에 영향을 미치려면 시간을 들여서 각각의 선택을 훈련해야 한다. 그리고 우리가 변혁될 준비가 되어 있는지, 우리 여정을 방해하는 것들을 내려놓을지를 진지하게 생각해 보아야 한다.

즉각적인 만족이라는 기대감을 기꺼이 포기할 수 있는가?

우리가 좋아하고 편하게 여기는 습관들이 균형 잡힌 삶으로 이끌기보다 오히려 거기서 멀어지게 한다는 사실을 깨닫고 그 습관들을 바꾸려 할 때는, 자신을 친절히 대해야 한다.

미지의 것을 위해 익숙한 것을 기꺼이 포기할 수 있는가?

때로는 우리 성격(personality)에 맞는 좋아하는 일을 거절해야 할 때가 있다. 그래야 우리의 영혼을 채우는 일을 허락할 수 있을 테니 말이다.

승낙하기 위해 기꺼이 거절할 수 있는가?

당신의 진정한 모습을 찾아가는 사이 성격은 서서히 사라지는 이 작업을 꾸준히 해 나간다면, 당신이 맺는 관계들에 어떤 변화가 찾아올 것이다. 당신이 사랑하고 아끼는 사람 중 일부는 그런 변화와 성장을 원하지 않을 수도 있다. 그들은 당신을 있는 모습 그대로 좋아한다.

내면의 평안을 위해 당신이 맺는 일부 관계들 가운데 거짓 평안을 기꺼

이 포기할 수 있는가?

　에니어그램이나 요가, 관상 기도, 혹은 다른 어떤 영성/관상 훈련을 통해 배우고 성장하든, 다음을 기억하는 일은 정말 중요하다.

- 각자 자신의 선택을 해야 한다.
- 각자 자신의 경험을 소유해야 한다.
- 각 경험에는 나름의 목적이 있다.

당신은 다른 사람들이 당신의 렌즈를 통해 삶을 보고 당신의 관점에서 결정하게 하고 싶은 욕구를 포기하고, 그들이 자유롭게 자신의 방식대로 자기 삶의 경험과 배움, 성장을 선택할 기회를 기꺼이 줄 수 있는가?

　나는 이것이 변혁의 열쇠가 되는 질문들이라는 사실을 안다. 대답하기 쉽지 않은 어려운 질문이라는 것도 안다. 사실, 이 질문들에는 반복해서 대답해야 한다. 날마다, 때로는 하루에도 몇 번씩 스스로 이렇게 묻는다. "수잰, 변혁을 위해 무엇을 기꺼이 포기할 수 있어?" 그래서 내 삶에 가장 중요한 이 질문에 대답할 수 있도록 말이다. "**내가 할 일은 무엇인가?**"

　변혁은 평생에 걸친 과정, 내려놓음과 내면 작업을 놓치지 않는 지속적인 과정이다. 온전함으로 가는 이 여정에서 에니어그램을 동반자로 만난 것을 아주 다행스럽게 느낀다. 에니어그램은 내게 아주 많은 것을 주었다. 이렇게 풍요롭고 유익한 에니어그램의 통찰을 당신도 발견할 수 있기를 간절히 바란다.

　내게 그 여정은 아직도 진행 중이고, 당신에게도 그럴 것이다.

감사의 말

내게 에니어그램을 가르쳐 주는 교사들은 어디에나 있다. 내가 가르치는 학생 가운데 있고, 강연을 듣는 청중 가운데 있다. 내가 여행하는 공항에, 예배하는 교회에, 장을 보는 마트에, 내가 사는 동네에도 있다. 그들은 모두 자신의 소유와 관점으로 최선을 다해 세상을 살아가는 사람들로, 나는 그들에게 큰 빚을 지고 있다.

가장 먼저, 남편 조지프 스태빌에게 감사한다. 나와 우리 가족에 대한 그의 끊임없는 헌신은 존경할 만하며 큰 도전을 준다. 그는 우리가 부름받은 사명에 계속 헌신해야 한다고 주장한다. 우리 자녀들과 사위, 며느리, 손주들은 세상을 더 좋은 곳으로 만들고자 내가 내 역할을 더 열심히 하도록 동기를 부여해 준다. 모두에게 진심으로 고맙다. 조이, 빌리, 윌, 샘, 제니, 코리, 노아, 엘, 파이퍼, 조엘, 휘트니, 그레이시, 졸리, 제이스, 조세핀, 비제이, 데번, 정말 고맙다! 이 책을 쓰느라 원하지 않지만 너희를 거절해야 할 때가 많았구나.

조엘 스태빌과 로라 애디스, 두 분이 없다면 이 세상을 어떻게 살아가야 할지 잘 상상이 되지 않습니다. 시부모님의 은사와 재능은 너무 다양하고, 두 분의 사역은 탁월하며, 두 분의 헌신과 창의성은 부족할 때나 풍성할 때나 LTM을 유지하는 데 도움이 됩니다.

롭과 진 에스티즈, 토미와 캐리 존스턴, 웹과 로즈 에스티즈, 여러분의 관대함이 없었다면 팬데믹 기간을 무사히 넘길 수 없었을 거예요. 말할 수 없이 감사합니다!

LTM 사역에 시간과 에너지를 제공한 사람들이 많습니다. 남편의 57년 지기 마이크 조지와 그의 아내 팻시, 린지 오코너와 신디 쇼트, 당신들이 없었다면 지금과 같은 사역은 불가능했을 겁니다. 52년 동안 나의 가장 좋은 친구가 되어 준 캐럴린 틸, 루시 뉴먼, B. C.와 캐런 호시, 존과 스테파니 버크, 크리스틴 민, 존 브림, 톰 호크스트라, 제인 헨리, 고마워요.

리처드 로어 신부님은 내가 이 고대의 지혜를 공부하도록 초청해 준 분이다. 그래서 내가 가르치는 모든 내용은 그분한테로 거슬러 올라간다.

에니어그램을 공부하는 동안 나를 이끌어 준 모든 분께 감사 인사를 전하고 싶다. 그들의 통찰 덕분에 이 지혜를 모든 사람이 더 쉽게 이해할 수 있었다. A. H. 알마스, 베아트리체 체스트넛, 토머스 콘던, 데이비드 대니얼스, 시어도르 돈슨, 안드레아스 에베르트, 러스 허드슨, 캐슬린 헐리, 마거릿 키스, 제롬 D. 러비 박사, 샌드라 마이트리, 록산느 호우머피, 클라우디오 나란조, 헬렌 파머, 버지니아 프라이스, 수전 레이놀즈, 돈 리소, 리넷 셰퍼드, 클래런스 톰슨, 수잰 주에르케르 OSB에게 감사를 전한다.

친구이자 에이전트인 셰릴 풀러턴에게 감사합니다. 간단히 말해, 그녀는 최고입니다.

지난 12년간 내 실습 프로그램과 코호트 연구에 참여해 준 모든 분께 진심으로 감사드립니다. 그들은 내가 에니어그램에 대해 알게 된 진실을 아주 많이 가르쳐 주었습니다. 지난 33년간 자신의 주말과 사연을 제공해 준 수많은 사람에게 감사합니다. 그들이 내게 제공해 준 정보가 모여서 에니어그램의 지혜가 되었습니다.

IVP의 전 대표 제프 크로스비, 진심으로 존경하고 모든 문제에서 당신을 신뢰합니다. 부대표이자 편집장인 신디 번치에게 특별히 감사합니다. 내가 출판계에서 내 길을 찾도록 계속 도와주었습니다. 당신의 융통성과 격려와 끊임없는 인내로 더 좋은 책이 탄생했습니다. IVP 직원들은 하나같이 모두 똑똑하고 창의적이며 자신이 하는 일에 전문가입니다. 무엇보다도, 진짜 좋은 사람들입니다. 편집부에 감사합니다. 엘리사 샤우어, 에니어그램에 대한 내 지식과 이해를 믿어 주어 감사합니다. 앨리슨 리크, 애슐리 대빌라, 리사 레닝어에게 감사합니다. 내지 디자인과 편집에서 대니얼 반 룬의 시각과 재능이 잘 드러납니다. 아름다운 표지를 만들어 준 데이비드 패싯에게도 감사합니다. 전 세계 독자들에게 이 책을 전달해 준 마케팅팀 로리 네프와 앤드루 브론슨에게 감사합니다.

(작고하신) 셜리 코르빗 박사와 마지 뷰캐넌에게 감사합니다. 이들은 내 성인기의 증인이자 글을 써야 한다고 내게 처음으로 말해 준 분들입니다. 지난 18년간 우리 가족과 동행해 준 밥 휴즈 박사님께 감사합니다.

에니어그램을 가르치면서 내 삶을 잘 살고 내가 할 일을 하라고 격려해 준 많은 분께 큰 사랑을 받았고 지금도 받고 있습니다. 한 분 한 분 모두에게 진심으로 감사합니다.

주

추천 서문
15 기독교 영성적 에니어그램을 개발하고 가르친 리처드 로어: Richard Rohr의 *Enneagram: A Christian Perspective* (New York: Crossroad, 2001). 『내 안에 접힌 날개』(바오로딸).

서문
31 저는 공중 날기를 할 때: Henri J. M. Nouwen, *Our Greatest Gift: A Meditation on Dying and Caring* (New York: HarperCollins, 1995). 『죽음, 가장 큰 선물』(홍성사).

1부 3중심: 지배적인 힘의 중심 파악하고 관리하기

1장 나는 무엇을 느끼는가?
58 사람이 감정을 만들어 내는 것이 아니라: Suzanne Zuercher, OSB, *Enneagram Spirituality: From Compulsion to Contemplation* (Notre Dame, IN: Ava Maria Press, 1992). 『에니어그램 동반여정』(다른우리).

59 인간 본성을 이해하려면: Sam Sommers, *Situations Matter* (New York: Riverhead Books, 2011). 『무엇이 우리의 선택을 좌우하는가』(청림출판).

3번: 나는 감정을 허용할 수 있다
72 감정 바퀴: www.gottman.com/blog/printable-feeling-wheel을 보라.

2장 나는 무엇을 생각하는가?
95 두려움이 적이라고: James Hollis, PhD, *What Matters Most: Living a More Considered Life* (New York: Gotham Books, 2010), p. 13. 『나를 숙고하는 삶』(마인드빌딩).

96 　신학자 폴 틸리히는 은혜란: F. Forrester Church, ed., *The Essential Tillich* (Chicago: University of Chicago Press, 1987).

　　8번: 나는 속도를 줄일 수 있다
134 　8번의 '정욕'은 강렬함,: Don Richard Riso and Russ Hudson, *The Wisdom of the Enneagram* (New York: Bantam, 1999). 『에니어그램의 지혜』(한문화).

　　1번: 둘 다 사실일 수 있다
151-152 　1번은 분노가 억압되어 있어서: Don Richard Riso and Russ Hudson, *The Wisdom of the Enneagram* (New York: Bantam, 1999).

2부 행동 방식: 억압된 힘의 중심을 확인하고 관리하기

개요: 억압된 중심을 끌어내 균형 찾기
162 　제대로 발달하지 못한 영혼은: Kathy Hurley and Theodorre Donson, *Discover Your Soul Potential: Using the Enneagramw to Awaken Spiritual Vitality* (Lakewood, CO: WindWalker Press, 2000). 『에니어그램과 함께 영혼잠재력 발견하기』(한국에니어그램교육연구소).
162 　끊임없는 염려의 세계: Hurley and Donson, *Discover Your Soul Potential*.
168 　의존형, 대항형, 움츠림형: Jerome Wagner, "Karen Horney's Three Trends (Moving Towards, Against, Away From) and the Enneagram Styles," https://enneagramspectrum.com/184/karen-horneys-three-trends-moving-towards-against-away-from-and-the-enneagram-styles.

4장 움츠림형
177 　과거와 현재, 미래를 한꺼번에 살아 내는: David Whyte, *Consolations: The Solace, Nourishment and Underlying Meaning of Everyday Words* (Langley, WA: Many Rivers Press, 2015), p. 139. 『위로』(로만).

　　9번: 선택하기—마음은 얼마든지 바꿀 수 있다
199 　자기를 주장하면 안 된다: Don Richard Riso and Russ Hudson, *The Wisdom of the Enneagram* (New York: Bantam, 1999), p. 31.

　　8번: 취약성은 약함과 다르다
237 　우리가 빈곤을 초래하는 사람들과: Henri J. M. Nouwen in Henri J. M. Nouwen, Donald P. McNeill, and Douglas A. Morrison, *Compassion: A Reflection on the Christian Life* (Image/Doubleday: New York, 1982), p. 124. 『긍휼』(IVP).

6장 의존형
247 　과거와 현재, 미래를 한꺼번에: David Whyte, *Consolations: The Solace, Nourishment*

and Underlying Meaning of Everyday Words (Langley, WA: Many Rivers Press, 2015), p. 139.

1번: "그리고 좋았더라"

252 분노는 현실에 맞선다: Oscar Ichazo in Claudio Naranjo, MD, *Ennea-type Structures: Self-Analysis for the Seeker* (Nevada City, CA: Gateways), p. 21.

2번: 내게 무엇이 필요한가?

259-260 인정할 줄 모르거나 인정하려 하지 않는 것: Don Richard Riso and Russ Hudson, *The Wisdom of the Enneagram* (New York: Bantam, 1999), p. 23.

6번: 다 잘될 것이다

266 격정은 한 사람의 유아기 발달 과정에서: Richard Rohr and Andreas Ebert, *The Enneagram: A Christian Perspective* (New York: Crossroad, 2001).

옮긴이 **이지혜**는 연세대학교 영문학과와 영국 옥스퍼드브룩스 대학원을 졸업했으며, 현재 번역가와 출판 기획자로 활동하고 있다. 역서로는 『뜻밖의 손님』『죽음을 배우다』 『냅킨 전도』『그리스도인의 양심 선언』(이상 IVP), 『그리스도 이야기』『망가진 이정표』 『하나님과 팬데믹』(이상 비아토르), 『틈입하시는 하나님』『희망의 이웃』(이상 성서유니온선교회), 『오늘도 평안』『공허함을 채우시는 하나님』(이상 생명의말씀사), 『끝까지 나를 포기하지 않으시는 하나님』(규장) 등이 있다.

변화가 필요할 때, 에니어그램

초판 발행_ 2024년 9월 30일

지은이_ 수잰 스태빌
옮긴이_ 이지혜
펴낸이_ 정모세

펴낸곳_ 한국기독학생회출판부
등록번호_ 제2001-000198호(1978.6.1)
주소_ 04031 서울시 마포구 동교로 156-10
대표 전화_ (02)337-2257 팩스_ (02)337-2258
영업 전화_ (02)338-2282 팩스_ 080-915-1515
홈페이지_ http://www.ivp.co.kr 이메일_ ivp@ivp.co.kr
ISBN 978-89-328-2292-1

ⓒ 한국기독학생회출판부 2024

책값은 뒤표지에 있습니다.
무단 전재와 복제를 금합니다.